先勝心態

打造強韌自信，不再被壓力拖累，
擺脫停滯和平庸，改寫人生

THE
CONFIDENT
MIND

A Battle-Tested Guide to Unshakable Performance

納特・辛瑟 Nate Zinsser────著

韓絜光────譯

目錄 Contents

獻給每一位敢於超越平凡

日日探求潛能之人

用心理技能啟動人生的正向循環

洪聰敏

臺灣師範大學體育與運動科學系研究講座教授

從小學開始的十多年半職業競技運動經歷，然後進入學術圈超過三十年從事跟提升運動表現有關研究，到超過二十年為我國亞運、奧運、職業運動員、發展中運動員提升心理技能，甚至近年擴大到訓練軍人、警察、企業主管、業務人員、學生、家長、傷害防護與物治人員……，如果要從這些工作要求相異的眾多對象中，挑選出一個最能影響績效表現的心理技能，個人認為那非自信心莫屬了！

有人將自信心比喻為是一棵成長非常緩慢的植物，必須時時用可助其成長的養分來灌溉，才會一小吋、一小吋地長高。而且，這棵植物在還未長大前，特別容易被人踩在腳底下而受摧殘，因此格外需要小心照料。

很高興辛瑟博士所著的《先勝心態》即將有繁體中文版。在閱讀這本書時，個人感到許多有趣與訝異的地方。有趣的是，本書與個人近期出版的心理技能科普書《衝破慣性》有諸

多相似處。自信心是心理技能的一個要素，其他還包括動機、專注、逆境調適、情緒控制、心理韌性與彈性、團隊互動等。心理技能是「可以習得與改善、最大化與環境互動效益的心理操作能力」，這當中，「可習得與改善」的觀點，與本書作者「要讓大眾知道信心是可以被改變」的觀點相互呼應。另一點則是，雖然許多人想要提升個人的心理技能，但卻不得其門而入。殊不知，了解心理技能雖然很重要，後續有系統並持續的練習，才是成功提升心理技能的重要步驟。這一點，與本書將自信比喻成銀行帳戶，並教導人們要經常往帳戶裡存入更多信心存款的觀點也不謀而合。

雖然書中採用的是像選擇性注意力、自我對話、意象、心理計畫等運動心理學書本中常見的方法，但是本書非常有結構地提供了每日可行的具體操作方法，供讀者立即可以使用，大大降低「知與行」之間的鴻溝。畢竟，關於心理技能的重要性，大部分的人都能很快理解，然而最關鍵的還是如何去改變。本書在這一部分所下的工夫特別多，非常有實用價值。另外，書中提供非常多提升心理技能的方法，並與優秀運動員、軍人的應用經驗相結合，這些栩栩如生的案例，充分說明了心理技能在「通用性」上的可能。同時，也讓我們更加確信，一旦掌握了像是自信心這種軟實力，會讓自己在面對人生各種挑戰時更有勝算的。就讓我們一起來為自己的信心帳戶儲值吧！

自信是成功的練習

蔡淇華

文華高中圖書館主任、作家

「你哪裡來的自信？」二十年前創辦中台灣聯合文學獎時，詩人蕭蕭笑著問我：「只有三校聯合，怎敢號稱中台灣？」當時我微笑未答，但卻相信未來一定可以成立「名符其實」的組織。二十年後，這個組織真的成長到中彰投三縣市、十六所高中的規模。

事實上，自己以前在貿易與廣告公司任職時，位微言輕，入不敷出，並未擁有如此的自信。直到經濟陷入困境，進入補教界，站穩 200 人的大講堂，協助償還家中債務後，才慢慢具有「擁先勝，不畏戰」的自信。

是的，是強大的自信，幫助自己擔任主管二十年，創立全台灣最大型的模擬聯合國會議，同時指導六個社團，協助弱勢團體募款超過千萬，甚至出版的寫作書，印量超過百刷。

然而「自信」是個抽象的名詞，很少看見有系統的相關書

寫。直到閱讀了美國西點軍校績效心理學程的主任辛瑟博士所著的《先勝心態》後，終於相信「自信」是可以透過觀察、分析、量化、歸納得到的「實證科學」。

辛瑟博士提到七種過往對於「自信」的迷思，例如「要先很厲害，才能對一件事有自信」是錯的，因為「信念能催生行為，所以信心先行」。就像自己當初有機會上台授課時，英文並不夠厲害，但我有信心，只要願意「做中學」，很快就能踩穩講台。如同本書所言：在知識爆炸的時代，知識永遠學習不完，能穩定應用知識，才是吸收知識的關鍵。

另一個迷思是「凡事必求合理，三思而後行」。辛瑟博士不認同這個觀點，他相信「用邏輯與創意實現理想」。也就是說，只要知道這件是符合邏輯，而且自己擁有他人缺乏的創意，那就大膽去執行吧！例如我的本科是英文，然而在引導學生創意寫作十年後，累積一些自創的方法，便大膽在學校的文創班應用。一開始受到很大的阻力，認為英文科教師不應跨到國文領域，但如果因此卻步，就不可能有日後學生得到七百多座文學獎，甚至累積的教材出版後，銷售超過 10 萬冊的奇蹟。

挫折最容易打擊信心，作者教導我們要擁有「建設性的完美主義」，要追求有失誤的完美；還要利用「心理濾鏡」做「選擇性思考」，也就是要在最挫折的時候，去回想自己的高光時刻，將它儲蓄起來，成為自己的心裡資產。

　　書中提到運用心裡濾鏡「篩選記憶」、「每日用 ESP（effort, success, progress）回顧紀錄」、「即時進步檢核」等三個步驟，幫助四分衛伊萊・曼寧（Eli Manning）率領紐約巨人隊，擊敗新英格蘭愛國者隊，贏得超級盃第四十二屆冠軍。作者還幫助《七十二小時前哨救援》（The Outpost）一片中，真實世界的主角，史東尼・波特斯（Stoney Portis）上尉，如何在西點軍校學到建立自信的呼吸心法，最後在阿富汗帶領美國陸軍特遣部隊，面對塔利班軍隊居高臨下，榴彈和機關槍等重裝火力的強襲，最後以 53 名士兵，力抗 300 名塔利班，殲敵逾百。

　　這不是一本「倖存者偏差」的「心靈雞湯」，這是一本累積大量精采故事、科學心法練習的「管理」經典。讀完這本書，我們不僅能夠學會管理自己的緊張與壓力，知道「足夠的緊張才能接近完美」；更能夠學會利用「七步驟預想的練習」，帶領組織邁向理想未來，讓想像變成真實，而不是妄想。

　　想了解建立信心的「先勝」，想學會將挫折感降到最小的「先勝布局」，想要認出、制止、並換掉自己的負面思考，那就打開辛瑟博士的《先勝心態》吧！

前言

信心，能讓你更強大

　　2011 年 8 月 17 日，紐約巨人隊四分衛伊萊·曼寧在練習結束後，接受 ESPN 廣播現場訪談。被問及是否自認為球壇「前十名、前五名」四分衛時，曼寧說：「我認為我是。」記者接著追問，他和新英格蘭愛國者隊的當家四分衛湯姆·布萊迪（Tom Brady）是不是同等級球員，曼寧想了想，然後說：「對，我自認和他是同一等級……湯姆·布萊迪是優秀的四分衛。」

　　曼寧此言一出，媒體譁然。專欄作家和部落客無不長文批評他的看法站不住腳。曼寧生涯至今，也就拿過一次超級盃冠軍和年度最有價值球員獎、入選職業盃明星賽兩次，怎敢自比布萊迪？布萊迪六次入選明星賽，拿過三屆超級盃冠軍、兩屆年度最有價值球員；2010 年賽季目前也成績亮眼，擲出 36 個達陣傳球，只有四次被攔截。反觀曼寧，到目前傳出全聯盟最多的 25 個被攔截球，怎敢自認可與布萊迪匹敵？

　　答案直指人類能力表現的核心關鍵：曼寧相信自己和全聯

盟每個四分衛一樣好，因為他知道自己非如此相信不可。他明白，所有傑出球員就算不是直覺明瞭，也會在職業生涯中學到，如果真心希望表現出最佳實力，除了全心相信自己以外，別無選擇。

是信心讓人得以有巔峰表現，所以對任何必須上場施展能力的人來說，信心才會如此重要。想想曼寧面對的現實吧。秋冬兩季幾乎每個星期天下午，他都必須在現場 8 萬名觀眾和電視機前數百萬人的注視下登場，而在場上的一舉一動（乃至場邊的小表情）都會受到美式足球專家或球迷的放大檢視、分析、批評。他要是沒有堅定的信念、不相信自己能做得和其他人一樣好（哪怕是公認時代最佳的那個人），他就會在賽場上為自己招來不安、猶豫、緊張和平庸。沒有充分的信心，曼寧永遠無法發揮實力。

不僅是曼寧，國家美式足球聯盟每個四分衛都必須具備同等程度的信心，才能展現最佳實力。其他競爭性事業的每一名參賽者，也都需要信心來幫助自己表現到最好。我指的不單是大專賽、職業賽或奧運賽事選手這些相對小的族群，我說的是在任何一個領域、努力想邁向成功的人。不論從事什麼「競賽」，假如你能處在確信的狀態，不再去想打不打得到這一球、投不投得好這一球、這樣移動／說話／提議對不對，或者勝負代表的意義，那麼你反而能表現得最好。以上種種念頭都

會干擾你（一）感知現況（如球的飛行軌跡、對手動向、對顧客的理解）；（二）自動喚出累積的經驗，以做出正確反應；以及（三）無意識指揮肌肉關節依序準確縮放，在正確的瞬間做出正確的動作或指令。不論你的競賽包含即刻判讀對手的防禦、準確傳球到位、回擊對手發球，還是得在滿屋子狐疑的投資者面前發表銷售簡報，當你對自己確信無疑、充滿信心，你的意識流會放緩到接近最小，這時你更能穩定一致地發揮最佳實力。

先在內心和意志上求勝

回到曼寧和他的自信宣言。時間從 2011 年 8 月訓練營的訪談，快轉到 2012 年 2 月 5 日，該賽季超級盃落幕。曼寧在印第安納波利斯的魯卡斯石油體育場（Lucas Oil Stadium）中央舉起冠軍金盃，同時獲頒他的第二座超級盃年度最有價值球員獎。在這個賽季，曼寧所在的紐約巨人隊後來居上，擊敗布萊迪領軍的新英格蘭愛國者隊。比賽第四節鳴哨結束前幾分鐘，巨人隊落後，但曼寧發動 88 碼的致勝進攻，做出四次關鍵傳球，包括一次 38 碼的精準長傳，球不偏不倚傳進被嚴密防守的隊友手裡，賽後全票當選「全場最佳演出」。曼寧讓全世界看到，在那一場比賽，他確實稱得上「前十名、前五名的四分衛」。他在前一年夏天的宣言，無非是一名自信球員的誠實表述。

　　好吧，說個小祕密：曼寧也不是天生就這麼有自信。他雖然是 2003 年美足聯選秀狀元，但從大專生轉進職業之路，他走得並不順遂。很多人懷疑首輪就中選的他，真能滿足外界的高度期待，率領球隊奪冠嗎？但 2007 年 3 月起，曼寧開始接受我的指導。他目標明確，想「成為更強、更自信的領袖」，[1] 擁有「與認真苦練相符的魄力」。十一個月後，在勤奮練習如何建立、保護、運用自信心後，曼寧率領巨人隊（擊敗布萊迪領軍不敗且備受喜愛的新英格蘭愛國者隊）贏得超級盃第四十二屆冠軍。他在那整個賽季屢屢引起注目，體育記者和播報員都說：「伊萊・曼寧脫胎換骨了。」[2]

　　所以時至 2011 年 8 月，當曼寧被問到和布萊迪是不是同等級球員，他的回答毫不令我意外。那個當下，他做到了所謂的「先勝」，也就是說，他相信自己的能力足可在頂級賽場上與任何對手對陣。這時，他已經把自信心當做肌肉鍛鍊了四年有餘，雖然期間球隊兩度換教練，他必須重學兩種全新的防守套路，雖然近兩個賽季都含恨告終，雖然進攻線鋒和其他隊友更換頻仍，但曼寧始終相信自己在這個位置表現得和任何人一樣好，他已經先在內心和意志上取勝，所以即便在場上遇到最艱難的局面，他也有最大機會得勝。

　　美式足球專家至今為了曼寧到底算不算是「前十名、前五名四分衛」還爭論不休。但無可置喙的是，在這個競爭激烈的

職業裡，曼寧多年來始終在責任最大、最重要的位置上展現自己最大的實力，直到 2020 年退休。透過建立信心、保護信心、運用信心，他發揮自己最大的才能和準備，攀上他堪當的高度。現在，輪到你了，你在工作上、專業上、熱情上，充分發揮實力了嗎？倘若你也能做到先勝，就能和曼寧一樣有自信（不用靠強壯手臂或足球天賦，只要信心），你的人生是否會不同？我敢說，答案必定是肯定的。很好！你期待的方法就在接下來的章節裡。

真的自信，假的自信

「勝兵先勝而後求戰，敗兵先戰而後求勝。」

——《孫子兵法・形篇》

2000 年夏天，史東尼・波特斯離開德州尼德瓦爾德的家鄉小鎮（人口僅 576 人），展開在西點軍校近四年的「歷練」。抵達哈德遜河岸不久，他就向排長表示想繼續受訓參加舉重比賽，他喜歡挑戰自我極限，考驗自己推得動幾斤鐵。排長立刻送他到我的辦公室來，波特斯在我的監督和教練戴夫・切斯紐克（Dave Czesniuk）的直接指導下，學習並精進各項心理能力，幫助他在任何賽場上都能充分展現辛勤訓練所累積的每一分力量和技術。2004 年，波特斯以西點軍校舉重隊隊長身分畢業，體重只有 67 公斤，卻能臥推 156 公斤、蹲舉 210 公斤、硬舉 229 公斤。五年後，他也憑藉同一套能力，在阿富汗戰場的殊死地面戰打下一場勝仗。

波特斯的名字你可能覺得耳熟。2020 年那部緊張刺激的改編電影《七十二小時前哨救援》，或紀實作家傑克・泰普（Jack Tapper）在 2012 年出版的精采同名原作，你說不定看過。片名中的「前哨」，指的是阿富汗東部努里斯坦省的基廷前哨站（Combat Outpost Keating）。美軍 2006 年設立該哨站，做為美國主導的一部分連橫策略，以阻擋叛軍和武器從鄰國巴基斯坦邊境流入戰區。哨站座落於深谷，周圍高山環繞，四面八方都

易受敵火進犯。軍中向來不怕拿死說笑，往後三年，這座哨站被戲稱為「卡斯特營」（Camp Custer），暗指殘殺隨時可能發生。而此處也正是波特斯上尉指揮的營地。2009 年 10 月 3 日，美國陸軍第六十一騎兵連第三中隊特遣部隊就駐紮於此。

是日清晨，當地時間六點整，基廷前哨站遇襲。偏生不巧，波特斯上尉人還在 30 公里外的營部，博斯提克前進作戰基地（Forward Operating Base Bostick）。兩天前他才剛飛抵基地，研議要關閉基廷前哨站。波特斯在外接到壞消息，基廷前哨站的 53 名士兵正遭塔利班軍隊以火箭推進榴彈和機關槍等重裝火力強襲。上午八點半，波特斯上尉和 6 名隨行士兵已乘坐黑鷹直升機在基廷前哨站上空盤旋，隨時準備降落參戰。這不是波特斯第一次實戰行動，2006 年他也曾在巴格達北部與敵軍交火。現在，他採取和當年相同的步驟來抑制士兵開戰前都不免湧現的負面念頭。他後來告訴我：「我坐在直升機上不禁想，看來我要死在今天了。但我止住念頭，放慢呼吸，反覆以擔任指揮官以來一直用的說法鼓勵自己：我是領導者，關鍵時刻決定在我。接著我開始具體想像我們該在哪裡降落、落地後每個人該做什麼事。不知不覺間，我已經徹底放鬆下來，只專注於當下。」他做到了先勝。[3]

但世事難料，波特斯的準備趕不上事態變化。他乘坐的黑鷹直升機在前哨站上空盤旋，燃油逐漸耗盡，又承受敵軍砲

火。駕駛員示意波特斯，唯一的降落區已遭到塔利班軍隊控制，他們最好掉頭飛回 30 公里外的基地補充燃油，重整旗鼓。波特斯又一次必須克制自己對麾下士兵的擔憂和恐懼，他知道被圍攻的弟兄此刻一定正絕望地奮戰保命。等他在基地降落，緊急召集美軍及阿富汗軍的快速應變部隊，再率隊準備返回基廷時，要控制心境又更難了。尤其當他見到的一名阿帕契攻擊直升機的飛行員後，更加深了他的恐懼。這架阿帕契直升機和他稍早乘坐的黑鷹一樣，在基廷上空遭敵火重創。駕駛叼著菸，搖頭對波特斯說：「我不確定他們撐得下去。」

情勢險峻危急，但波特斯上尉在接下來的九小時內，持續尋求專注於當下，放慢呼吸，收束感知，反覆在心中重申信念，一次取得一個小小的先勝。他協助快速應變部隊登上黑鷹直升機，飛抵附近山頭最近的降落區，再與應變部隊克服艱險地勢，徒步迂迴走了五個小時的山路下山，終於回到基廷。下山的路上，他們屢次擊潰伏兵，同時呼叫砲兵及空軍火力支援，擊退數波進犯的敵軍。抵達基廷哨站時，天色已暗，大約晚間六點，波特斯清算敵軍至少陣亡 100 人。同時，特遣隊的 53 名士兵則以過人勇氣，力抗估計約 300 名進犯的塔利班軍，堅守了惡夢般的十二個小時。特遣隊有 8 名隊員陣亡，22 人輕重傷。事件後，波特斯的屬下士兵共獲頒兩面美國最高軍事榮譽勳章、十一面銀星勳章（第三高等級）、十九面紫心勳章

（授予參戰負傷軍員）。至於波特斯自己則獲頒銅星勳章。他告訴我：「我不是英雄，我只是剛好身在其中。」

自信與謙遜可以兼得

那一整天，波特斯在最壞情勢下尋求「專注於當下」。他這個決定，突顯了大眾對自信心常有的一項誤解：很多人在遭遇災厄時，不會選擇對未來抱持正向信心，只有好事發生時才允許自己感到自信。他們的內在狀態隨外部事件而動，就像坐困雲霄飛車般；生活順遂，他們才飛上雲霄，其餘時間只能在谷底翻滾。然而，想在真實的行為世界建立、維持並運用信心，我們必須先消滅這個常見的誤解。

承認吧，對於自信心和有自信的人，我們的社會態度矛盾、暗懷敵意。沒錯，我們都知道自信心很重要，但我們也知道，萬一你的自信心一不小心沒給人謹言慎行的印象，十之八九會被貼上傲慢自負的標籤。就連在專業上平和表述信心，比如曼寧 2011 年的採訪發言，也會招來質疑和批評。自信似乎有個大缺點：它置你於不利，你要不被看成口無遮攔的自大狂，惹人討厭，要不被看成懶惰自滿，再不然就是（拜託不要啊）兩者兼具。也因為這個缺點太過明顯，許多立意良善、認真積極的人，寧可不下必要的工夫改變對自己的看法，建立並保護自信心。他們覺得還是謙遜低調些比較好，不必對自己建立太

高的評價。又或者多年前，在他們的知識或能力還不足以取勝時，曾經有誇誇其談、自吹自擂的人擊敗過他們，因為印象太過深刻，不願意自己也成為那樣的人。

但我告訴你，如果你生來安靜內斂，從小相信最好別輕易引來關注，鍛鍊心性、增進自信並不會把你變成傲慢的吹牛大王。世上有多少自信外放的人，就有多少同樣自信只是生性安靜內斂的人。況且我們對自信外放者的印象，普遍來自媒體的負面報導轟炸，從 1960 年代初的拳王阿里，到今日的綜合格鬥冠軍康納‧麥奎格（Conor McGregor）和隆姐‧魯西（Ronda Rousey）都是。事實是，你可以內心富有自信（可以有好表現），外在也彬彬有禮、恭敬謙和（可以與人友好）。2021 年 3 月宣布退休的美足聯四分衛德魯‧布里斯（Drew Brees）就是這樣的人。他是四分衛這個位置的首選好手，也曾獲頒超級盃年度最有價值球員，但他很少談論自己，他讓場上的表現和其他善舉代替他發言。例如 2006 年紐奧良卡崔娜風災後，他積極投入慈善工作，獲頒美足聯年度最佳人物獎。「我是很謙讓的人，」2010 年，布里斯上新聞節目《六十分鐘》（60 Minutes）時說，「但我也很有自信。關鍵時刻讓我上場，我會展現魄力，我會有點狂妄，覺得沒有做不到的事。」[4] 很顯然，布里斯內在有成功需要的信心，對外也有謙和的態度。

所以請記住，你可以擁有強大自信，又不顯得傲慢自大。

如果滔滔不絕本來就是你的風格，儘管去做無妨。但若你剛好是安靜內斂、比較內向的類型，請儘管放心跟隨本書的指引。

建立無意識的信心

記住這個重點，現在就讓我們繼續用比較簡單、清楚、易懂的方式說明自信心。我在本章會為信心建立一個簡明有效的定義，做為成長及成功路上的指引。有了這個定義，往後上司、教練、訓練員或同事提起自信心時，你不會再搔頭皺眉（因為你懂的可能還比他們多）。甚至，往後不論何時何地面臨何種任務，你在當下就能知道自己的信心是否充分。

接下來，我將討論五個對自信最大的誤解，這幾個廣傳的錯誤觀念大大妨礙了人們建立信心、保護信心、運用信心。待我們消除誤解後，關於自信的真相、先勝的真相就會浮現。到時，你就知道自己何時具備信心，當然沒信心的時候你也會知道，同時明白如何取得信心。

所以，用一個具體有效的方式定義自信吧。

若請 10 個人說明自信心的定義，肯定能得到 10 個簡短的答案，其中又以「相信你自己」和「知道自己做得到」最為常見，多年來我已聽過不下數百遍。但這兩個答案如同其他，幫助都不是太大。所謂的「相信你自己」到底是什麼意思？背後的要素、過程、機制是什麼？除非有心鑽研哲學，不然這個定

義沒有太大用處。字典裡能找到的說法也大多如此。美國最受信賴的《韋氏字典》對自信的定義是：「對自我能力或環境的可靠感受或覺察。」《劍橋詞典》則是：「對你自己和你的能力少有懷疑的感覺。」兩者都不算錯，但對需要表現能力的人來說都不是特別有用。我看過的其他定義也一樣，都忽略了人類能力表現的一個關鍵點，那就是對於已經熟練的技術，例如網球反拍擊球、小提琴獨奏、解代數問題、交叉訊問證人，人們本能上習慣無意識地執行。不論技術多複雜（甚至技術愈複雜，這點愈重要），當我們能夠暫時停止分析、評判及其他各種形式的有意識思慮時，反而更能順利有效地執行。我們大可以抱有「對自我能力的覺察」，但只要還在分析每個步驟、評判每個動作、糾結自己做得好不好，那麼肯定發揮不出全部實力。

這些有意識的思慮會占用很大一部分神經系統，損及我們吸收相關資訊、快速（即時）處理資訊、發送正確反應指令至手腳（如果需要動作）或喉舌（如果需要說話）的能力。「太注意能力的細節，」於芝加哥大學任教十二年、現為巴納德學院校長的認知心理學者席恩·貝洛克（Sian Beilock）說：「其實反而會干擾表現。想像你正在快步下樓梯，我卻要你細想膝蓋是怎麼運動的，這會讓你有很大的機率會滾下樓梯。」[5] 所以真正的自信，尤其是在勝負交關的壓力下想展現最佳實力所需要的自信，是內心雜音和推理分析全部暫停的狀態。

所以，我給自信的操作定義（能實際幫助你有好表現的定義）是：心中對自己的能力有充分把握，而得以忽略有意識的念頭，無意識地執行能力。我們可以進一步拆解成：

- 對自己的能力——對於你做得到或你所知道的事
- 心中有充分把握——感覺有十足的信心
- 得以忽略有意識的念頭——確信到不必再去思考它
- 無意識地執行能力——所以能自動、直覺地展現

自信就是充分確定自己會做某件事（或知道某件事），所以實際要做的時候，不必再去想應該怎麼做。技能或知識已內建在體內，必要時，只要經你允許就會顯露出來。

再仔細想想會更明白，日常所做的事情裡，也有許多其實很複雜，但我們可以不假思索就完成。綁鞋帶就是一例。得動用手指，進行一連串複雜精巧的動作和調整，時而施力拉緊時而放鬆，最後留下適當長度的鞋帶不綁。在整個過程裡，你並未用到有意識的思考分析，而是抱持絕對自信執行了這項能力（你大到能閱讀這本書了，想必是會綁鞋帶的）。再想想刷牙。刷毛角度要擺得剛好，每一刷的施力要適中，來回刷動的次數要足夠。正確刷牙需要的各面向技術，都在無意識間做出來了，你什麼也沒多想，有充分的信心能做到。現在，假設網球

比賽你上前接對手強勁發球的時候、鋼琴獨奏會上在師長朋友面前彈奏複雜樂章的時候、在會議室與難纏客戶溝通協商的時候，如果你也有像這樣的無意識把握，是不是很有用、很有幫助呢？對於我在西點軍校指導的學生和軍人來說，這種無意識的信心，絕對是迎敵前必備的要素。達到這個程度的把握，就是《孫子兵法》中所說的「先勝」了。

　　我先說了，有些讀者可能不確定自己有沒有「好到」（能力夠熟練、頭腦夠聰明、準備夠充分）可以有十足把握。如果你也存有這樣的懷疑，請務必記住：無論體育、藝術也好，商業、科學也好，軍事上當然更是，在任何領域要想成功，信心和能力都缺一不可。缺少必要能力的人，就算自信爆棚也只能成功一半。期末考前只讀完一半內容的大學生，即使自覺游刃有餘，最後成績可能也未必頂尖；讀過的部分可能考得很好（因為他很有信心），但其餘部分可能會丟分。同理，賽季外疏於調整狀態的足球員，不論對自己多有信心，等到球隊恢復練習時，還是會輸人一截。

　　但反過來，讀完所有內容且熟記於心的人，明明下了工夫讀書，臨場卻還是擔心自己哪裡漏了、懷疑自己準備不夠的話，同樣也難有頂尖成績。因為內心持續出現負面雜音，會妨礙我們記起細節。同理，配合計畫調整狀態、一絲不苟辛勤訓練的球員，如果自我懷疑，還是會降低先發上場的機會。只有

做足準備、養足能力，然後不論能力多寡，都決定對自己的能力懷抱信心的人，最有機會在球隊先發，或抱著優秀成績回家。那麼我怎麼知道自己的練習夠不夠？很簡單，如果你能在練習時重複一貫地做出那個技術動作、獨自在家能順利彈出困難的獨奏樂章、考前答得出所有讀書會準備的問題，那麼你差不多練習得夠了。但重要的是，不論準備多寡，也不論實際具備多少能力，關鍵時刻，你的表現永遠取決於對自己目前累積的能力有沒有十足把握。若真心希望有最大機會成功，建立無意識的信心絕對是最佳選擇。

關於自信的五大迷思

所以到底要怎麼做，才能對自己的能力產生信心？關鍵的確信感從何而來？這些是很重要的問題，答案需要稍加挖掘，而最好的起點，就是釐清關於自信心常見的幾個迷思。這些錯誤觀念和片面事實左右大眾看法，但不盡然正確，而且肯定沒啥幫助。透過以下探索，我們將可獲知關於自信的有用事實，幫助我們建立信心、保護信心，並在關鍵時刻運用信心。

迷思一、自信是與生俱來、恆定不變的特質

很可惜，這個誤解流傳甚廣。我見過太多人以為自信心有多少就是多少，再多的訓練、練習或經驗都改變不了。可以想

見，這是一種未戰先降的觀念。認定無論做什麼都改變不了自信心，而你八成也懶得再去嘗試，只會永遠停留在原地。

然而事實不但與此相反，而且有幫助得多。傑出運動員和能力者展現的高度自信，並非人為控制不了的基因使然。事實上，自信心是學習得來的。自信是貫徹建設性思考所得到的結果，這種思考方式能使人做到兩件事：一是保存且受益於過往的成功經驗，二是放下或重組不太成功的經驗。自信是與生俱來的天賦，有就有，沒就沒，這被很多人當成簡單方便的藉口。因為拿著這個藉口就不必花費時間心力去改進思考。

美國奧運女子雪車選手吉兒‧巴肯（Jill Bakken）的故事是個很好的例子，說明人們可以透過刻意練習養成自信心（同時在世界級賽事獲勝後仍保有恭敬謙遜）。巴肯身高165公分，不是特別高，體重約59公斤，笑容青澀，氣質安靜，不是一眼看上去就超有自信的人。從2001年國際雪車世界錦標賽季，到2002年奧運選拔賽，相較於美國另一位雪車選手珍‧萊辛（Jean Racine）的亮眼表現，巴肯一直相形見絀，沒有什麼理由敢說自己對即將到來的奧運有信心。萊辛與搭檔除了是2001年世錦賽冠軍，還是奧運金牌呼聲最高的選手，廣獲各家企業贊助（Visa讓她們登上國內電視廣告）。大家幾乎都忘了巴肯。可惜備受矚目的萊辛隊在2002年冬奧賽場上不敵壓力，第一輪就被刷出奪牌行列，反倒是巴肯擠了進來。

誰也沒想過巴肯有望奪牌，但她半途殺出，駕著雪車在猶他奧林匹克公園雪車賽道上奔馳，奪下奧運首面女子雪車賽事金牌。她與搭檔芙奈妲‧佛洛爾斯（Vonetta Flowers）越過終點線那一刻，鄉親爆出瘋狂歡呼，美國國旗在手上飄揚。巴肯跳下雪車，擁抱搭檔和教練，隨即被引到攝影機前接受 CBS 電視台採訪。體育記者瑪麗‧卡里洛（Mary Carillo）劈頭就問：「你們是不被看好的隊伍，沒人想過你會站在這裡。你們是怎麼做到的？」喜極而泣的巴肯淚汪汪地看著卡里洛，斬釘截鐵地說：「我們只是有信心，這是最大關鍵。」[6]

簡簡單單的回答。但十四個月前的事，讓她這句話對我別具意義。2000 年 12 月，世界巡迴賽將至，在重重壓力和不安之下，巴肯在猶他州奧林匹克公園外一間飯店大廳與我見面，進行首次心理諮商。我們坐在飯店大廳的安靜角落，我問她：「我的專業和幫助運動員的方法你都知道了，聽過之後還想了解什麼？」她直視我的眼睛，毫不猶豫地回答：「我想要更有信心。」於是接下來三小時，我們就在飯店大廳討論什麼是自信心，區分事實與鬼話，羅列出在日常建立信心具體能做的事。

往後十四個月，巴肯認真實踐，期間即使受了傷、分了心，或有幾次小而寶貴的勝利，她都未因此中斷。中間我們見了幾次面，她始終竭盡全力控制思緒和情緒，盡可能常保得勝的信念。隨著思考和心態鍛鍊得愈加精良，她也從一個「想要

更有信心」的運動員，變成談起隊伍得勝只簡單表示「我們只是有信心」的奧運金牌得主。

這個故事寓意很單純也很鼓舞人：自信心是可以培養的特質，方法和培養其他任何技術、能力或本領都一樣，勤加練習就對了。

巴肯就做到了，這也絕對是她能在奧運摘金的一大原因。我希望你明白，此刻你有沒有信心、有多少信心真的不要緊，因為你永遠可以累積更多信心，就像巴肯一樣。

迷思二、自信是涵蓋一切的

正好相反，自信心是很吃情境的。你可能在籃球場上自信十足，但在歷史課忐忑不安，反之亦然。即便在籃球場上，你對比賽不同面向的自信程度可能也完全不同，例如罰球或運球跳投，背身單打或爭搶籃板。依此類推。課堂上也一樣。我遇過的高中生和大學生（很多是醫學和法律系學生）幾乎都有一兩個拿手科目，也會有一兩個沒自信的科目。

這裡的教誨和前面一樣簡單，也一樣鼓舞人：對人生中任何在乎的事，自信心都是能培養的。

懷疑自己當眾演講的能力，但對做研究如魚得水？對網球發球信心滿滿，一旦要上網截球就很緊張？每一個特定領域的自信都是可以學習培養的。

迷思三、一旦有了自信，永遠都會有自信

我希望如此，我的每個學生和客戶也都希望是這樣。自信心如果是一勞永逸的成就多好，可惜事實恰恰相反。自信心非常脆弱，所以維持自信需要時時刻刻努力留心。我在西點軍校指導的學員康納・漢那菲（Connor Hanafee）形容得很好。回憶自己過去四年來摔跤的經驗，他說：「驅散自我懷疑建立自信，像是一場持久消耗戰，沒有一戰定江山的勝利。」這句話切中要旨，但很多人不願面對事實。任何運動要想持續進步，都必須不斷增強體能、磨練技術，任何專業要想持續進步，都必須學習不輟；信心的養成和維持也一樣，需要持續付出關注和努力。漢那菲拿軍事用語形容得很貼切，「一戰定江山的勝利」像美軍對日本投下原子彈，就此為二戰劃下句點，「持久消耗戰」則像阿富汗戰場，兩軍交戰了二十年，衝突仍持續至今。不同類型的戰爭，會需要不同類型的長期投入，用不同類型的持續努力，遏止及抵禦躲在暗處頻頻進犯的敵人。

運動心理學專家鮑伯・羅特拉（Bob Rotella）以教出美國職業高爾夫球賽和女子職業高爾夫球巡迴賽冠軍聞名。[7]他也強調，自信需要持續不輟的練習，他用海邊居民維護沙丘來比喻。沙丘能保護濱海街道和建築，但浪花拍岸勢必會緩緩侵蝕沙丘。有時海浪小，沙丘受的衝擊小，只需要居民小量維護。有時大風大浪損害較大，需要更大規模的維護。但無論如何都

不能把沙丘放著不管，以為砌成的沙丘會永遠完好如初。海邊有日日沖岸的浪，在體壇或商業界追求成功也一樣，路上總有重重阻撓和挫敗，把許多樂觀「正向」的競爭者給擊落。能成功的往往只有願意堅持建立及維護信心的人。

這裡的教誨同樣簡單而令人振奮。簡單的是，獲取先勝的過程永無止盡。令人振奮的是，很多人都以為自信一旦擁有了就不會失去。這樣想的人往後終將遭受挫折打擊，風暴終將侵蝕他們心中的「沙丘」，迫使他們放棄。若你明白這是一場「持久消耗戰」，需要長期建立信心，就能獲得比誰都大的優勢，與你勢均力敵的人會愈來愈少。勝算都落在你這邊！

迷思四、當有了成就，得到正面回饋，自信保證會有增無減

不盡然如此，關鍵在於「保證會」是個誤解。俗語說「成者益成」（Nothing succeeds like success.），其實不完全是這樣。高中時代優秀的運動員，雖然小有成就，但晉升大專賽後也不必然順心如意；成績優異的高中生，即使高中成績和入學測驗科科高分，上了大學也不見得表現頂尖。有些優秀運動員反而還會因此失去信心，因為過往的成就變成了逃不開的壓力。所以，成功經驗和正面回饋雖然是很好的信心來源，但不能保證帶來信心，只有在你允許它們為你增進信心時才有效（後續還會深入說明）。為什麼不能保證？因為有太多人在成功

後養成一種習慣，眼裡只看得見自己的弱點，腦中只記得自己的失敗。假如不懂得善加利用，再多的「成就」其實都沒幫助。

成就不必然能轉化成信心，我要舉電視名人兼美足聯前防守邊鋒麥可‧史特拉漢（Michael Strahan）的經驗為例。他是1993年的選秀榜眼、1995年入隊第二賽季就當上先發防守邊鋒、1997年賽季入選全明星隊，創下全聯盟最高的十四次擒殺紀錄，同時簽下數百萬美元合約。從任何角度分析，史特拉漢都可說是最成功的球員，應該有充分條件點燃高度信心吧。然而2001年，就在他領軍的紐約巨人隊步步邁向第三十五屆超級盃冠軍之際，史特拉漢接受《運動畫報》（*Sports Illustrated*）採訪，透露的卻是截然不同的故事：「自我懷疑糾纏著每個球員……1998年賽季末尾，我十場比賽有十次擒殺，卻還是覺得自己表現很爛……每次都覺得我們沒希望了。」[8]

他可是麥可‧史特拉漢，1997年賽季表現亮眼，1998年賽季每場比賽都累積一次擒殺，怎麼會還是沒信心，覺得自己表現很爛、沒希望了呢？答案就在於這個賽季裡，史特拉漢的自我觀感並不如統計數字美好。他在同一篇訪談這樣描述了他在場上的感受：「我想像自己追著四分衛跑，快追到了，又沒追到，下一秒就眼前一黑被撞翻。」明明每個球員都會羨慕他的成就，但他的自我看法卻糾結於失敗上（「又沒追到」），這些念頭遮蔽了過去所有優秀表現理當賦予他的力量，抵銷了信心

的效力。好在史特拉漢後來改變消極心態，學會回想及享受他確實表現出色的每一場比賽，終而擁有榮登名人堂的輝煌生涯。

這個例子的教訓是，成就本身不見得能增進信心。能否獲得信心，取決於我們如何處置與成功相關的念頭和記憶。你可以像史特拉漢原本那樣，貶低成功經驗或徹底忽視，但也能建設性地善用它們，為邁向成功鋪路。

迷思五、錯誤、失敗和負面回饋，必然會打擊、耗蝕、減弱自信

有用心閱讀的人現在八成知道我想說什麼。沒錯，錯誤、失敗、挫折等等的確令人卻步，擔心未來發展。但就如上一段才看到的，成功只有在我們允許的時候才能累積信心，失敗也一樣。即便是重大的失敗，也只有在我們允許的時候才會耗損信心。你可以選擇把錯誤詮釋成一次學習機會，把失敗看成一起偶發獨立事件，把負面評價視為刺激行動的考驗。簡單來說，只要選擇了用建設性方式回應，遭遇過多少「失敗」都不要緊。「建設性回應」甚至代表你有時候可以徹底無視它。

想像你身在以下情境：你憑著擅長的運動項目挺進了奧運，即將在生涯最大舞台「表現」能力；或者你即將首次操刀主持器官移植手術；又或者你即將面試夢寐以求的工作、即將帶領優秀團隊執行長年夢想的計畫。總之，你期盼已久也努力多年的事就要成真了，你正在「暖身」做最後準備，再過幾分

鐘就要走進手術室、會議室，或踏上「友誼的賽場」。怎知這時卻出了差錯，身體怎麼樣就是放鬆不了、腦中忽然對手術步驟一片空白，或到處都找不到講稿。天大的危機！這時你會有什麼心情？你會怎麼看待即將開始的表現？你會有充分把握能「無意識」執行，還是會被內心擔憂的雜音連環轟炸？

這正是花式滑冰選手伊利亞・庫里克（Ilia Kulik）在 1998 年冬季奧運短曲項目面臨的狀況。他的例行暖身跳得不盡理想，滑了幾個跤、幾次踉蹌搖晃，跳躍也不是特別優雅。但輪到他正式上場，在奧運裁判和全球電視觀眾眼前表演時，他跳得近乎完美，排名首位，金牌在望。演出甫結束不久，他還沒喘過氣，就有電視記者過來近身採訪。他們的對話如下：

記者：短曲項目最大的挑戰是第一組落冰動作和應付巨大的壓力。你開始跳之前會緊張嗎？

庫里克：是，短曲項目是最緊張的，所有指定舞步必須跳得乾淨俐落，不然就等於輸了。[9]

記者：說說你非成功不可的一組動作。你準備跳之前有什麼感覺？（此時他完美三周跳的重播畫面正在身後的螢幕播出）

庫里克：我暖身的時候跳得不太好……但我知道上場後我做得出來，我有百分之百的把握。只要對上場有百分之百的信心，暖身跳得怎樣其實無所謂。

記者：（比出不敢置信的手勢）這樣的自信是哪裡來的？

庫里克：（聳聳肩）我也不知道，我就是從心裡這樣覺得。

在人生重要表現前暖身失常，這種挫折會擾亂大多數人的心情，但庫里克不以為意。與其糾結於暖身失常可能的連帶影響（人很容易陷入這種想法），他把念頭放在做好短曲的每個跳躍（「對上場有百分之百的信心」）。暖身是他最近的一次經驗，也是最有可能影響行為心態的，但這個經驗在他腦中不具意義。潛在的重大挫折、對信心的可能打擊，之於他不過是偶發的小事。真要說有何影響，也只是強化了他正式上場後想要成功的決心。不同於史特拉漢空有許多「成功」經驗，思緒卻糾結於失敗，庫里克正好相反，儘管才剛遭遇「失敗」，心裡卻只想著成功。

這個例子要說的是，就算時逢不巧遭遇失敗，也不見得會摧毀信心。只有你為之糾結，不停檢討、重播過錯的時候，它才會造成影響。失敗的確會引來擔憂、疑惑、恐懼和其他許多負面感受，但失敗也可以充當暗號，提醒你重溫成功的記憶。這位奧運冠軍告訴我們，自信是「發自內心」而來的，不是得自於外在發生的事。

自信的真相

以上例子都來自真實的能力者在專長領域獲取成功。對於自信心，對於如何取得孫子所謂的先勝，這些例子透露出一個

簡單而務實的真相：自信與發生於你的事相對少有關係，而是與你如何看待發生的事大有相關。吉兒‧巴肯放下過去沒受過自信相關訓練的事實（發生的事），學習對記憶做更多仔細的篩選（她的看待方式），成為自信的奧運選手，終至奪得金牌。麥可‧史特拉漢改變想法，不再認為自己在場上苦苦追逐四分衛，而是他在主導比賽，原有的自我懷疑也就不再糾纏。伊利亞‧庫里克拒絕糾結於暖身時的挫折，因而得以維持信心，在冰上滑出金牌表現。

所以，倘若把你的信心、你對自己與自我能力感受到的確信，想成是你對自己與自我能力的看法總和，應該並不為過。在人類行為表現的世界，你對所從事的運動、競賽、專業所持的信心，是你對該運動、競賽、專業所有想法的總和。更進一步說，你對「競賽」裡任一細項的信心，就是你對該細項（在網球，就是正拍、反拍、第一發球、第二發球、截擊等等；在冰上曲棍球，就是傳球、射球、推阻等等；在經商，就是編列預算、趨勢預報、員工管理等等）所有看法的總和。但這個看法的總和，不是一個恆定不變的數值。相反地，這個總和值會隨每一個新的想法和記憶加入而改變，所以是一個「累計總和」，是你對自己和自我能力的每個念頭加在一起的暫定總和，永遠會隨以下條件改變：一是當下的想法，二是當下選擇關注既有經驗的哪個面向，三是對某個特定想法或記憶投入多

少感情。由此說來，人的自信心很像一個心理「戶頭」，是我們對自己及人生事件諸多想法的存庫。銀行戶頭每日有多少結餘，取決於存入或提領多少錢，心理戶頭也一樣，戶頭內有多少信心會隨我們當下的想法增減。將過去成功與進步的記憶「存入」戶頭，「結餘」就會增加。重播過往的挫敗和困難，或執著於未來可能遭遇的挫敗和困難，則會「提領」戶頭，使結餘減少。累積信心、保護信心，然後表現信心，也就是取得先勝的關鍵，全在於妥善管理心理戶頭。

先好好想一想，你的戶頭裡有什麼呢？（或像電視廣告詞說的：「你的錢包裡都裝了什麼？」）捫心自問，每當想到自己從事的運動或專業（或任何對你有意義的事），你的思緒都被什麼樣的念頭占據？是犯錯的回憶，還是完美執行的回憶？是持續不斷煩惱（像「早期」的史特拉漢），還是全心盼望勝利（像後來學會刻意「存入」戶頭的史特拉漢）？你存入戶頭的都是些什麼？不論人生實際發生什麼事，你的戶頭結餘都與日俱增嗎？或者總隨著你最近的表現或測驗結果劇烈浮動？

記住，你的每個念頭和每段記憶都會對往後有多少信心產生影響。明白這點，就能決定是要做自己的主宰，還是把主導權交給人生的起落。掌握主導權，自己決定要往心理戶頭存入什麼，將會為你創造優勢，勝過其他無此自覺的人。有意識地選擇如何解讀個人經驗，讓內心能留住並受惠於成功、進步、

努力的經驗，同時放下或重組挫敗及困難的經驗，這樣的能力存在於每個人心中，也是「先勝」最先仰賴的能力。

心理學家維克多‧弗蘭克（Viktor Frankl）是二戰納粹集中營的倖存者。在自傳中，他把選擇性解讀個人經驗的過程形容為：「人類最後的自由，就是能選擇如何看待身處的環境。」[10]弗蘭克承認，要在威脅性命的真實考驗下維持信心是一段長期抗戰，人的心態確實是一種累計總和，時時刻刻會隨想法增減。「每一天，每一刻，」他觀察道，「都提供一個選擇機會，決定你會不會屈服於威脅，任由外在力量剝奪你的自我，奪去你內心的自由。」[11]接下來的章節就是要探討並指引你練習這個「人類最後的自由」。弗蘭克在監禁期間所承受的恐怖，我們現在很少會再遭遇可堪比擬的事（真是萬幸），但他的經驗仍不失為一個鮮活見證兼有力提醒：我們人人都擁有這樣的力量，能將自己的思想和態度，與自身周圍發生的事件區隔開來。只要做到這點，就能創造可充分展現能力的平台（戶頭）。國家冰球聯盟退役球員兼冰上曲棍球國際賽選手馬克斯‧塔博特（Max Talbot）曾在與我會談時說：「我要是能做到，真的會很富有！」他所指的絕對不是金錢。

第一章將說明如何創建心理戶頭。現在開始每日儲蓄，你也可以變得「富有」。

接受那些
改變不了的事

金妮‧史帝文斯（Ginny Stevens）是一家製藥公司的中階主管。今天本來是十分尋常的一天，她知道公司多位副總裁將到會議室聆聽產品會報，她會出席，但不負責發表，所以她如同往常那般平靜放鬆。沒想到，才剛走出辦公室要去開會，上司就在會議室門外幾步攔住她，說今天的會報要由她來發表，下一秒，驚恐鋪天蓋地襲來。

史帝文斯後來向我描述：「我的腳停在半空中，猛然180度回頭看我的上司，脖子差點扭到。我自認是好員工，所以真的很難開口說不。但當下我心裡高聲尖叫：『你說什麼？開什麼玩笑！你沒事先通知，也沒要我準備，就要我在滿座公司大老面前發表簡報？』我們並肩走向會議室，我覺得眼前那扇門好像在放大，愈走近變得愈大，彷彿正要走入一座偌大的教堂，滿座的長老等著對我做出審判。雖然我也不是不熟產品，但當下真的不知道該怎麼扛起這個擔子。就在我打算認輸時，門打開了，我看到大老們都坐在裡面等我。」

史帝文斯還算幸運，副總裁們很寬待她，產品會報變成一場愉快的雙向對談。但不見得每一次結果都能這樣，剛才那一瞬間的驚慌著實令人煩亂，史帝文斯知道自己必須想想辦法。「我聽說你能協助運動員增進自信，」她對我說，「我也很需要自信，我的整個工作團隊都是。你幫得了我嗎？我不想再有那種感覺了。」

　　與史帝文斯相似的故事，我聽過不下千遍：局勢突來的變化，使人頓時陷入自我懷疑的慌亂之中。心臟突然撲通狂跳，思緒開始狂亂奔馳，就連日常對時間、空間、周圍環境的感知，也可能突然令人不安。上一刻你才正要去做一件平凡無奇的事，下一秒卻驚慌到裹足不前，像是剛被判了死刑。

建立強大自信的四根支柱

　　但你不是毫無選擇。你可以打造屬於自己的精神堡壘，一個萬無一失的信心帳戶，以抵禦任何意外事件發生，對抗生活中種種已知和預期的困難。

　　這個戶頭要怎麼建立？首先，需要一些堅實的基礎。既然是心理戶頭，自然也需要心理基礎。接下來我們將介紹四個心理支柱，能影響人的一切能力表現。一旦接受了這四件事，你會更清楚看見卓越之路，心境也會達到平和，有助於建立長遠的基礎。你可能聽過著名的〈寧靜禱文〉（Serenity Prayer）：「主啊！賜予我寧靜的心，接受我無能改變之事；賜予我勇氣，改變我能改變之事；賜予我智慧，分辨此二者的差別。」

　　我喜歡「寧靜」這個詞，它代表了一定程度的心境平和、冷靜沉著，擁有一個穩定的基礎，使成長和培育得以發生。為了養成自信，為了取得先勝，寧靜的心是容納心理戶頭的堡壘。要奠立寧靜的基礎，首先必須接受四個改變不了的關於人

類行為表現的事實，分別是：身心的連結；人天生的不完美；
自律神經系統的作用；練習必有回報，只是未必立竿見影。

我們可以選擇無視或抗拒這些事實，也可以選擇承認並善
加利用。前者會通往停滯和平庸，後者能迎向成長與成功。選
擇操之在己。現在，就來探討建立強大自信心態的這四個認知。

認知一、身心連結是真的。役使身心，不為身心所役

身心連結一詞，約莫在 1960 年代末至 1970 年代初進入大
眾語彙。這段時期，社會型態與觀念風氣大幅轉變。先前的年
代，西方理性科學觀普遍認為身與心徹底有別，人類的思想和
情感受祭司與詩人掌管，至於身體，則是遵循化學與物理自然
法則，是受機械論訓練的醫師主掌的疆域。所以，不論我們想
什麼或怎麼想都無所謂，我們的身體，也就是讓我們用以從事
運動或勞動的工具，並不在乎我們的想法。直到瑜珈、冥想及
其他東方修行在公眾及科學界引起關注且漸受推崇後，觀念才
開始轉變。哈佛大學及史丹福大學等傳統科學重鎮，接連投入
重大研究，希望測定像超覺靜坐（Transcendental Meditation）
一類的心靈修行術，是否真能影響血壓、心率、耗氧量等身體
機能。實驗結果明確到無可懷疑。當受試者心中轉念，沉澱進
入平和寧靜的情緒狀態後，身體確實也有反應，幾項機能運作
數值都大幅下降。赫伯・班森（Herbert Benson）醫生在 1975

年的暢銷經典《心靈的治療力量》（*The Relaxation Response*）中，詳述這些引人注目的研究發現，以及這對健康療癒隱含的意義。反之，其他研究也顯示，當受試者把心思放在吵架的回憶或壓力時刻，身體機能會加速運行〔見瑞福・威廉斯（Redford Williams）的著作《生氣會致命》（*Anger Kills*）〕。[12]

　　班森醫師的著作及其後數百篇科學論文證實，人的心境對生理狀態有實質影響，對能力表現也有影響。但這個觀念至今仍未獲充分關注，否則應該會有更多追求卓越表現與成就感的人，更加留意自己每分每秒的思考習慣才對。班森的著作初版至今已過近半世紀，但我若現在替你接上簡單的心跳監測儀，再請你回想不同的經驗，相信結果還是會令你驚呼神奇。「回想舒服泡個熱水澡的感覺」會讓受試者的心電圖線條陡落，唇間不由自主發出舒緩的嘆息。「回想高中老師在旁不停批評你的感覺」則會讓心電圖飛竄上天。你可能和所有職業運動員、數百萬名週末球場戰士一樣，仔細監控飲食攝取，虔誠奉行重訓計畫，卻對一個重要事實渾然不覺：人類的思考習慣，對實際行為表現有重大影響。除了賽場或職場上的表現，也包括醒著的每一分鐘的表現。

　　先勝始於接受並善用相關研究在過去幾十年來確立的身心連結：有意識念頭能形塑情緒，左右生理狀態，對行為表現構成重大影響。不只如此。我們的每個表現又會成為後續覺察、

圖一　身心連結

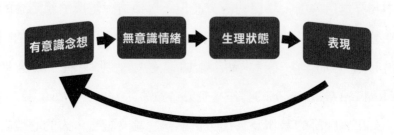

思考的材料，觸發下一輪循環，成為一個全年無休、每天二十四小時連續運作的過程：思想影響情緒，情緒影響生理狀態，進而影響能力執行，而後又會再去「想」上一次的執行。這個循環將影響我們做的每一件事，小自精細的任務，例如在歷史考試中回答申論題，大至重度體能勞動，例如拳擊比賽。我們都是有血有肉的生命，這是人類存在的事實，所以透過控制思考及衍生的情緒來管理生理狀態，是取得最佳表現的前提。

　　這個連結會不斷作用，增進或減損我們的表現，沒有中間地帶。如果你受到一陣擔憂的念頭左右，情緒使你心跳加速、血壓升高、肌肉緊繃、視野收縮、壓力荷爾蒙大量分泌，那麼不論你從事的是哪一類型任務，表現都有高機率會大打折扣。我稱此為下水道循環（你也知道流入下水道的都是些什麼）。

　　反過來想，如果影響我們的是一波建設性的想法（注意，我並沒有說是「正向」想法），情緒狀態會促成截然不同且有

圖二　下水道循環

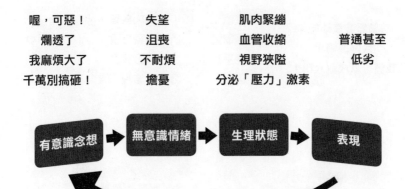

喔，可惡！	失望	肌肉緊繃	
爛透了	沮喪	血管收縮	普通甚至
我麻煩大了	不耐煩	視野狹隘	低劣
千萬別搞砸！	擔憂	分泌「壓力」激素	

有意識念想 → 無意識情緒 → 生理狀態 → 表現

用得多的生理狀態。精力充沛取代了緊繃；視野放大而非縮小，腦內自然分泌緩減疼痛的激素。如圖三所示，這些變化將讓我們有絕大機率做出最佳表現。

　　有三個關鍵對取得先勝至關重要：首先，我們會發現自己經常在下水道循環和成功循環之間來回切換，有時短短一小時內就能切換好幾次。誰也不免偶爾會進入下水道循環走一遭，就算是地球上心靈最堅強、最有自信的人也一樣。所以重要的是問問自己較常處於哪一個循環，次數多頻繁？表現當下，處於哪一個循環？現在就用下面兩個簡單的問題檢測看看。請誠實回答：這一天、這星期、這學期、這一季或這一年裡，你有意識的思緒之中，有多少比例是自我肯定、自我鼓勵？又有多

圖三 成功的循環

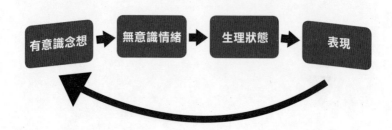

等著看我表現吧！　　自信　　　　肌肉放鬆
　　大好機會！　　　躍躍欲試　　　血管舒張　　　理想中
我們可以成就大事！　心境平和　　　視野寬廣　　　最佳
　　　　　　　　　　信任　　　　分泌「喜悅」激素

有意識念想　→　無意識情緒　→　生理狀態　→　表現

少比例是自我貶低、失意喪氣？每次即將上場表現前，你的思緒通常會流轉到哪裡？這些念頭引導你走進下水道，還是通往成功？你的回答會透露你是否允許自己取得先勝。

　　第二，不管答案為何，好消息是，在這個念頭／表現循環當中，我們是有機會做選擇的。無論某一次的表現好壞，對於這件事或是對自己，都能刻意選擇讓心思停在正確的想法上。不論表現好壞，也不論保持有害想法與有益想法的一定比例有多久了，我們隨時都可以選擇改變主意，讓自己更頻繁地進入建設性的循環中。2007 年初，我剛開始指導伊萊‧曼寧的時候，他很老實承認，他對自己賽場表現看法大概是五五波，「半好半壞吧」。這個比例在往後十個月間大幅轉變，幫助曼寧抱

回第一座超級盃冠軍和年度最佳球員獎。至於該怎麼改變好壞念頭的比例、留住有益的念頭，後面幾章會再詳述。

第三，更一貫地抱持有益想法，無法保證能表現奇佳，場場得勝。取得先勝，是給你最大機會在之後迎敵獲勝。軍中有句老話值得牢記：**敵人也會動腦**。意思是說，儘管已做足準備，也表現到最佳了，但賽事、測驗或戰鬥的結果還會受「敵方」（對手、敵軍或客戶）的舉動影響。我能向你保證的只有一件事，如果你的生活、工作、表現大半時間都陷於下水道循環，那麼結果將永遠不如預期，敵方的舉動將有更具決定性的影響。選擇善用心／身／表現的連結，可使成功機率最大化。我的空手道師父大島劫說過：「意志堅強的人，勝算更大。」所以，培養充滿活力的好奇心，讓自己處於最佳狀態吧。練習讓自己刻意這麼想：就來看看我能跑／唱／說／讀／聽得多好！而不是過於執著地想著：這場比賽／測驗／試鏡／演講／會議超級重要，我真的得好好表現，否則麻煩就大了！

認知二、人生而不完美，既然無可逃避，何妨與之共舞

娜塔莉‧波曼（Natalie Portman）以電影《黑天鵝》裡的角色，贏得 2010 年度奧斯卡最佳女演員獎。這部電影描述一名芭蕾舞者努力練習，希望在紐約市芭蕾舞團製作的柴可夫斯基音樂劇《天鵝湖》扮演主角。波曼飾演的妮娜，從小夢想演出

《天鵝湖》主角。受到童年夢想驅使，她狠下心追求完美，最終墮入自我毀滅的深淵。影史學者雅德蘭卡·史考林─卡波夫（Jadranka Skorin-Kapov）說：「這部電影可謂用視覺意象表現出妮娜追求藝術完美的心理歷程，以及追求完美所須付出的代價。」[13] 在電影裡，這個代價的確很高。妮娜一心想讓她的每個踮步、每個旋轉、每次跳躍臻至完美，卻反而摧毀了她的自尊心和享受生活的能力，逐漸失去對現實的掌握，出現一連串荒誕的幻覺，最終導致自己血濺開幕夜。

沒錯，這是電影情節，不是現實人生，但現實中也不乏同樣令人不安的故事。洋溢才華且認真投入的人，最終卻親手毀掉自己的事業，只因為無法接受自己注定不完美這個簡單的事實。凱特·費根（Kate Fagan）寫於 2017 年的《麥蒂為何而跑》（*What Made Maddy Run*），就是一則揪心的故事，寫出大學生麥蒂·霍蘭（Maddy Holleran）過分追求完美鑄下的悲劇。[14] 或者你若和我一樣，與認真的芭蕾舞者相處過，他們肯定會告訴你，《黑天鵝》的電影情節與真實也相去不遠。

不論真實或虛構，這類故事常見的情節就是成就大業的抱負和動力走過了頭。這些動力起初能幫助人投入練習，確實不可或缺，到後來卻漸漸變成消極的完美主義，讓人下意識拚命想滿足不可能達成的高標準；只要未達標準，就會對自己施加批判和負面評價。這世上最快耗盡信心戶頭、最使人無法取得

先勝的，莫過於拒絕接受人生而不完美的必然事實，並且學會與之共處。如果你堅持拿每一個失誤、過錯和不完美來懲罰自己，絕不可能建立信心的。

毀滅型的完美主義（destructive perfectionism）與追求完美不同，後者是持續努力進步不可或缺的紀律和決心。只要你希望在知識、技術、體能上還有進步，小量的完美主義絕對是必不可少的，就像許多菜餚都需要小量辛香料來提味增鮮。過度的完美主義則會抵銷進步，甚至破壞你的生活，就像過量辛香料會毀了任何一道菜的口味。

每一個人，不論多有天賦或多有成就，在體能、技術、心理上都不會是完美的。也就是說，除了你，你的上司、合作者、競爭者也經常會犯錯。不論練習了多久，也不論多用功、多細心，你在運動、工作或其他每一個所扮演的角色（配偶、父母、兄弟姐妹）上，永遠無法完美。

明明深切在乎一件事，卻永遠不可能做到完美，如果想到這令你氣惱，請容我給你一個小小保證：就算不執著於完美，你一樣能懷抱熱忱追求自己所選的志業，一樣能非常成功、鼓舞人心，甚至成為世界頂尖。研究顯示，任何領域裡的佼佼者，多半是完美主義心態適中的人。[15]完美主義心態最重的人，成就反而只有中等，因為對犯錯的焦慮妨礙了他們果斷行動。

所以我們該怎麼做才好？如何才能善用完美主義振奮人心

的優點，又不致讓它演變成毀滅的力量？以下是我每年都會和上百名西點軍校新生分享的兩個重要原則：

為完美努力，但不要冀望完美。心中明白自己不可能臻至完美，但無論如何盡力去做。用「就來看看我能做得多好」的心態，全力迎擊每項任務、每一個得分、每一個動作、每一場比賽、每一次揮棒、每一場會議。也許你會有逼近完美的表現，也或許不會。如果你做到了，太好了！好好享受那一刻。就算沒做到（這是家常便飯），也別急著把自己貶為廢物。用客觀眼光看看未來能做些什麼調整，承諾自己下一次會那麼做，然後就把發生過的不完美忘掉吧（第三章會再深入討論）。損耗心理戶頭、使我們錯失先勝的，從來不是不完美，而是我們對不完美的負面反應。再說一遍，科學得出的結論很明確。要說完美主義與焦慮情緒的關聯，這裡可以引用一篇已發表的研究：「為完美努力、同時對於不完美也能妥善控制負面反應的運動員，在比賽中的焦慮感較小，自信心較高。」[16]

對不完美的地方保有好奇，那是寶貴的資訊來源。從每個錯誤、挫敗或不完美之中，其實能獲得不少信心，這也正是自信之人會做的事。他們懂得跳脫開來省視種種不完美，然後用最少的情緒問自己：這個錯誤告訴我什麼？下一次我能怎麼調整，讓結果比現在好？就是這種對不完美的好奇心，讓他們能不斷學習成長。若用這種方式看待不完美，那麼每一次失敗不

會只換來挫折懊惱，反而是邁向成功的基石。既然我們（一定）會犯錯，能夠從中獲益豈不更好？

功能型完美主義（functional perfectionism）有個好例子，是跳水運動員葛瑞格・盧甘尼斯（Greg Louganis）。1980 年代，他在跳板及跳台跳水項目共獲得五面奧運獎牌（四金一銀）。盧甘尼斯自稱是個完美主義者，「但很矛盾的是，」他說：「要想做到完美，我不能不先放棄一點完美。跳水的時候，跳板上有一個紅心位置。我很難每次都跳中紅心，有時會偏後，有時會偏前。但這些評審看不出來。不論起跳怎樣，我必須做出對應的調整，不能把心思留在跳板上。我必須放鬆，自然讀取身體記憶。這才是我辛苦訓練的目的。不光是為了做到，還要能從各種錯誤的出發點把動作做好。」[17]

我很想問盧甘尼斯，他在奧運及其他國際賽事跳中「紅心」的次數多嗎？我猜命中率應該很低。我也猜他奪得金牌的幾次跳水，應該大多都沒跳中紅心，只是他「放棄一點完美」，對應起跳做出美麗的翻轉入水動作，最終拿下高分。他深知自己在跳板上不可能次次完美命中紅心，但他沒讓不完美影響接續的動作（起跳、騰躍、翻轉、入水），這是盧甘尼斯能在勝負差距細微的跳水運動中獲勝的關鍵要素。哪怕再小、再輕微，沒跳中紅心的懊惱、沒有做到位的沮喪，都會使身體產生緊張，影響後續動作與最終成績。盧甘尼斯矢志得勝，所

以拒絕讓懊惱和沮喪占上風。他每一次都會盡全力跳中紅心，但不論是否跳中，他都接受結果，保持足夠的「放鬆」（不憂不懼），讓漂亮的動作順勢發生。

工作上沒命中紅心時，你通常的反應是什麼呢？保持放鬆到下一刻，還是會緊繃起來？接受天生的不完美對你有幫助！

認知三、學會愛上自己的忐忑

我們初次或第二次面談時，我和你可能會有如下對話。類似的對話我遇過不下千遍，對象有來自各種你想得到的運動項目選手，也有來自全球醫學、商業和表演藝術界的表現者：

你：醫生，我每天練習真的都做得很好，但只要一上場就會失常。我會緊張到全身僵硬，思緒高速奔馳不受控制。

我：你怎麼知道自己緊張？說說看，是什麼告訴你：「嘿，我現在很緊張？」

你：呃，我會覺得心跳加速，手心流汗，雙手不知道往哪裡擺，然後是我的肚子會開始瘋狂翻攪。

我：我知道了。注意到這些症狀以後，你有什麼想法？

你：我會滿腦子焦慮，惶惶不安。就像我剛才說的，思緒高速運轉。

我：你的思緒高速運轉，想的都是你待會兒能做得很好嗎？

你：不是，不是。我真的會很緊張，擔心得不得了。

我們暫停片刻，分析上述情境。你即將踏入聚光燈下表現，身體似乎進入某種高速運轉狀態，心臟狂跳、肌肉抽搐、掌心冒汗，還有人盡皆知的腸胃翻攪。這些生理感受正告訴你，你現在很「緊張」，而「緊張」在你看來令人擔心。歡迎認識人類表現場域中最「恫嚇」人的事，就是誤解及錯判人體自然的警醒（arousal）程序。這種生理喚醒其實對我們有利，只是以心跳加速、肌肉抽搐、掌心冒汗、腸胃翻攪的形式呈現。你以為自己感覺到的生理徵象代表不正常，但警醒是自律神經系統自然運作的過程，這些徵象其實是我們的盟友。警醒發生只有一個目的，就是要使我們的表現更上一層樓。

字典告訴我們，nervous（緊張）有兩個意思，一是「容易激動或驚慌的」，二是「與神經有關的」。第二個意思比較有幫助。我認為，所謂的「緊張」單純代表神經系統比平常活躍。也就是說，腦、脊髓和全身末梢的神經元全部動得比平常更快。神經系統為什麼會這樣增強運轉？很簡單，每當你準備做一件有重要意義的事，可能是不做不行或是渴望想做的事時，自律神經系統（讓我們不必用意識思考，就能維持心臟跳動、肺葉呼吸、消化運作的生物機制）就會出力來幫忙。

如同總司令下達一連串指令，命令各部隊動員，原本無意識的大腦區塊知道你即將表現，也會發送訊號到身體各部位，告訴器官、肌肉、腺體說：重要任務當前，全員各就各位！訊

號傳達到的其中一處，就是腎上腺，位於腎臟上方的兩團小組織。腎上腺身為盡責的小兵，會忠實聽令，即刻就位，執行它獨一無二的功能：分泌腎上腺素到血液裡（分泌量可少可多，就看大腦認為眼前的情勢需要多少）。

通過神奇的循環系統，這些腎上腺素會循徑回到心臟，再被派發到全身上下血管流通之處。凡是腎上腺素經過的地方都會活躍起來：心肌會搏動得更有力（所以心跳聲大到你聽得見）；全身上下各部位接收到不等量的充能血，加上大腦發送的「就緒」訊號，肌肉會因期待而抽搐，讓我們感覺雙手發抖。連接大腦與腸胃的 1 億個神經元也會加速運作，使胃腸內敏感的平滑肌纖維像蝴蝶振翅般地顫動不已。

種種作用的結果使我們更強壯、更敏捷、更警醒，感官更敏銳（瞳孔也會擴張），以充分準備好挑戰極限。可以說，身體為了獨特的生化需求，在沒有任何意識介入之下，靠自己產出一種可增進表現的特製激素，並在適當時間點投下適當劑量，以發揮最大功效，還不花你一毛錢，而且完全合法！仔細想想，這是多美妙的一件事。每當察覺到我們需要幫助，身體就會送上這麼強而有力的禮物。

腎上腺素分泌與神經活動加速這份禮物，也會額外帶來一些副作用，很多迷思正是這些副作用造成的。心跳加速、肌肉抽搐、腸胃翻攪……，這些讓我們「思緒狂亂奔馳」的感受，

這些讓我們自認「緊張」的原因，其實是身體正發出訊號，提醒著火箭燃料已經裝填完畢，隨時可待發射。收到這些訊號，單純代表身體正在幫助我們去做一件很重要的事。

在這個攸關先勝的關鍵時刻，火箭燃料正在生效，莫忘前面提到的認知一，想法能推動一切。你可能會想：自然而美妙的作用正在我身上發生，幫助我變強，現在就來看看我能做得多好，進而步入成功的循環嗎？或者你想的是：完蛋，我的身體在發瘋，這下慘了，然後落入下水道循環呢？

很可惜，我見過太多人選擇了有害的下水道。原因很可能跟早先的經驗有關。過去該表現的時刻，可能你還是該項運動、任務或情境的新手，尚未養成相應的技術或勝任的能力。因為技術不足，相對比較少成功，而每一個不成功的時刻，又都發生在身體自然警醒、分泌腎上腺素之後，久而久之便習慣把生理警醒的感覺與隨後的失望情緒連在一起了。即使後來取得了更高水準的技術和實力，這種連結仍有可能持續存在；每當感到腸胃翻攪，還是會不禁以為又有事要出錯了。

但你不見得要永遠固守這種連結。暢銷書《先問，為什麼？》（*Start with Why*）的作者賽門・西奈克（Simon Sinek）指出，任何人都有能力「改變敘事」。他在其中一支「賽門說」影片中，建議我們把「緊張」重新建構成「興奮」。他說，人「緊張」的時候，心跳會加速，腦中會想像未來（通常是不幸

的），但人「興奮」的時候，也一樣會心跳加速、想像未來（通常是快樂的）。[18] 賽門說到了重點，緊張和興奮的生物機制是一樣的，兩者都是演化寫在人類生理機制中的自然警醒，是原始先祖留給我們的遺澤；史前人類的生活充滿變數，能快速驅動能量才有生存優勢。如何解讀這種警醒，我們給予自己的「說法」將決定我們會覺得「緊張」不安，還是因「興奮」而產生能量（甚或快樂）。要如何解讀這種警醒有益或有害，是恩典還是詛咒，操之在己。

讀到這裡，希望你已經開始改變對警醒的看法，重新解讀自律神經系統的作用。改變可以在一夕之間發生，像前美足聯外接手海因斯・沃德（Hines Ward）就是。根據《今日美國》（*USA Today*）報導，沃德在 2006 年超級盃賽後隔天改變了他對緊張的看法，因為有退役球員向他保證，重要大賽之前腸胃不適是極其正常的現象。「沃德於是走進洗手間，整頓好作怪的腸胃，然後踏上賽場，在比賽中做出五次 123 碼的接球，獲提名為該場表現最佳球員。」[19]

不管發生於你是什麼樣子，對於每個想提升信心取得先勝的人來說，短跑健將麥可・詹森（Michael Johnson）於 1996 年奧運破紀錄成為唯一在同屆賽事 200 公尺和 400 公尺短跑都奪下金牌後說的話，就是最重要的結論。詹森賽後接受 NBC 記者巴伯・柯斯塔（Bob Costas）採訪，被問及站上 200 公尺決賽

起跑線時，心臟會不會撲通狂跳。詹森回答：「當然了，我的心臟跳個不停。我很緊張，」但他接著說：「但是緊張反而令我自在。」[20] 細細咀嚼他這句話：緊張反而令我感到自在。跟大多數人（很多甚至是退休球員）看待緊張的態度很不一樣吧。這句話顯示，詹森大大扭轉了世俗對緊張的敘述，把緊張從一種不安狀態變成力量來源，變成他期待發生的事。透過改變對緊張的詮釋，把緊張從仇敵拉攏成盟友，詹森取得又一個先勝。回到我和你的對話。

我：現在知道以後，你能接受緊張其實代表你正準備表現出最佳實力了嗎？要不要練習改變你對緊張的看法，與緊張從容共處呢？

你：我倒沒想過可以這樣。的確很有道理。

但在這之後，你以前的誤解通常還會以兩種方式再度出現。

你：博士，可是那麼緊張的時候，我覺得好不一樣。感覺一點也不正常。

我：你當然不會覺得正常。怎麼會正常呢？你即將要做的，是你非常看重的事，不是開車加油或睡前刷牙這些瑣碎的日常小事，你怎麼會期待自己覺得平常呢？像麥可·詹森這些冠軍都知道，走入聚光燈下的感覺一定有異於日常，他們期待那種感覺，他們把那當成特別的信號。

你：這和我以前聽到真的很不一樣。以前都聽人家說，最

好要「冷靜面對壓力」或「泰山崩於前而色不變」。

　　我：不全然正確。他們內心和任何人一樣激昂，只是外表不動聲色，因為他們懂得：

- 重視自律神經系統的智慧
- 料定在重要的事開始前，神經一定會火力全開
- 欣然接受新生成的能量

　　等你消化了這一點後，舊日的誤解還會做出最後一記反擊。

　　你：我從事運動多年，已經很擅長了。現在比賽前，我應該沒必要緊張了吧。

　　我：你的緊張（雖然我希望至此你已經懂得換個說法，稱之為「興奮」）是早在二十多萬年前就寫入人體生物機制的作用。在遠古時代，能在關鍵時刻（如狩獵或逃離威脅時）驅動能量，可以提高生存率。現代人生存雖然不必再仰賴這種原始的戰逃反應，但古老的生物機制依然存在於我們體內，不管你再有經驗或再有能力，這個機制都還是會繼續運作。

　　新英格蘭愛國者隊的王牌總教練比爾・貝利奇克（Bill Belichick）在美足聯執教四十多年，率隊打過六次超級盃，但2019年他上電視受訪時也承認每場賽前依舊會「緊張」。「誰都希望出賽有好表現。我們在比賽中都有自己該做的事，每個

人都想把事情做好，不讓隊友失望，因為大家都指望你做到份內工作。」[21] 貝利奇克在他的領域中可說是經驗老道且能力上乘了吧，但寫在他的生物機制中的原始能量驅動程序，每到星期天照樣會自動打開。在美國海軍特種作戰部隊服役三十年的退伍軍人理查‧馬辛克（Richard Marcinko）也同意：「每趟任務之前，每個人多多少少會緊張，心底忐忑不安。不管你多有經驗、多嫻熟，或者能力多強，也不管你在炮火下多冷靜，遭遇過多少次交火和襲擊，到你實際橫越鐵軌、子彈從上空掠過之前，你的胃一定還是會感受到幾次翻騰。」[22]

接受這個人類存在的簡單事實，有助於消除又一個潛在的疑慮來源。知道這點以後，即使緊張也能從容不迫，在關鍵時刻也會因此對自己更有信心。重視自律神經系統的智慧，料見重要的事開始前，神經系統一定會火力全開，並欣然接受這新生成的能量。這些都是邁向先勝的重要步驟。

認知四、練習一定有回報，只是未必立竿見影

你大概聽過「1 萬小時法則」，這個概念說，只要投入 1 萬個小時的練習，就有望成為某項運動、樂器、專業方面的專家。你可能也看過專業表現的相關文獻，新近研究告訴你，不是隨便練習 1 萬個小時都行，而是要「刻意練習」。意思是說，要循特定的指導方針做練習，才能造就你所期待的專業。這些

主張背後都假定，有品質的規律練習能穩定生成有品質的結果。

　　但它們沒提到兩個關於練習和進步的現實，與你想的不同，對我們追求成功卻是大有影響。首先，我們「投資」於練習後，獲得的報酬是不規律也不一致的；不論多勤奮按照指導方針刻意練習，還是會經歷停滯期，感覺半點進步也沒有。停滯期會被一陣爆發的進步給中斷，但接著又是下一個高原和下一陣爆發，依此類推下去。沒有人跟我們說過這些。辛苦確實會有回報，但回報不會像我們從小聽到大的那樣，怎麼栽種就會怎麼收穫。何況處在高原之上，看不到半點進步，卻還要投入心力堅持下去，又是格外考驗耐心的事。我們的文化追求即刻滿足，隨時想與誰聯繫都能立刻聯繫，身在其中的我們很少培養持之以恆的耐心。也難怪很多人一發現道路滿布險阻，不能持續順暢進步，就很快放棄了理想。

　　第二，我們在選定的領域追求成就愈久，在通往成功的路上走得愈遠，每一次感覺進步之間的停滯期便會拉得愈長，每一陣爆發的進步也會變得愈小。練習的回報不只難預料，且隨著練習日久，效益還會減小。這個現實太容易滋養挫折感和自我懷疑了。既然回報與付出不成比例，還會隨時間減少，那辛苦練習有什麼意義？萬一熬過漫長的停滯期和短暫爆發的進步後，只證明自己沒有成功的天分呢？我是不是應該早點放棄，改嘗試別的事情。這樣想，你就失去了先勝。

打起精神來！你對「練習」的投資絕非毫無意義。趨於漫長的停滯期和短暫爆發的進步，也不代表終究無法成功。其他追求成功的每個人，包括同儕、競爭者、死對頭，他們也全都在經歷同樣的現實。如果能接受現實、順應現實，比其他人適應得更好一點點，就能為自己創造優勢。

想把挫折感降到最小，為先勝布局，方法就是要明白自己刻意練習的每一分鐘、每一次排練或操演，每一節正確執行的訓練，都會為神經系統帶來有益的變化，久而久之必會造就實質的進步。每一次的變化或許很小，但積沙成塔，累積到了夠大的質量，就會造就明顯可見的「驚喜」時刻，像是網球發球突然變準了、可以不假思索說出更流利的法語了、對客戶的銷售簡報更自然了。在練習和用功的當下，我們不會注意到這些進步，但重要的事實是，在我們感覺困於高原、踩涉積水，似乎哪裡也到不了的時候，進步其實一直在發生。

美國教育家及思想家喬治·李歐納（George Leonard）在1991年的著作《精進之道》（*Mastery*）說，這種遲來的練習成效，是大腦在習慣行為系統與認知及努力系統之間做出的交換。簡單來說，你必須以有意識的刻意練習，換取創造新習慣或改變舊習慣。例如以新手來說，就是學會握曲棍球桿，以老手來說，就是改進你的腕擊。當我們的認知及努力系統透過刻意練習，重新編定習慣系統後，負責認知的腦區就可以退場休

息，此後你不必思考就會握桿、不必多想就能更快擊球。「學習看似這時才突飛猛進，但其實一直都在進行。」李歐納如此寫道。[23] 知道學習一直都在進行，能幫助我們在眾多高原階段維持專注並保有士氣。神經系統的變化能促成期望的進步，而變化過程實際上就是在停滯期發生的。明白這點，就沒必要害怕或單純忍耐停滯期，反而應該珍惜停滯期。既然能改變想法，把賽前發抖視為能量增強的徵兆，何妨也改變想法，把停滯期看成「進步製造廠」。

關於練習的延遲回報，新近的神經解剖學研究還提供另一個有用的見解。[24] 我們的總體神經系統是由個別神經細胞構成的，而研究證實，神經元每次活絡起來，每個神經元的外鞘也會跟著增厚。人類產生的每個想法、經驗的每個感受、做出的每個行動，都是某一組特定電訊號通過一連串排列成複雜線路的神經元促成的。就在你閱讀這段文字的同時，由一系列複雜電化學反應發出的電脈衝，也從你眼底的視神經出發，沿著神經元連成的公路通往位於大腦枕葉的視覺皮層。彈鋼琴、投球或分析銷售報表，也會啟動其他同樣複雜的神經線路。這些線路每一條都由上千個神經元構成，神經元從感覺器官接收相應的訊息，然後與其他幾千個神經元連結，根據記憶和經驗判斷該如何反應，再連上其他神經元觸發動作。包裹在神經纖維外的「髓磷脂」（myelin）這種物質，是由腦和脊髓生成的一種磷

脂質（科學界對一種脂肪的稱呼），作用就像家裡包裹在銅電線外的絕緣層。銅線的絕緣膠帶或絕緣層愈厚，電流行進愈快，人體神經系統自然生成的「絕緣體」也一樣，某條神經線路的髓磷脂層愈厚，電化學脈衝行進愈快。誠如丹尼爾·科伊爾（Daniel Coyle）在《天才密碼》（The Talent Code）書中寫的：「髓磷脂的功用就像包裹神經纖維的絕緣層，能提升神經訊號的強度、速度和準確度。愈常活絡某一條線路，髓磷脂愈能使線路最佳化，我們的某個動作或思考會因此更強、更快、更流暢。」[25] 神經線路愈常活絡，髓磷脂生成愈多；生成的髓磷脂愈多，線路運作又會愈有效率。

由此來看，不論是籃球投籃、數學解題，還是在法庭發表終結辯論，人的表現有所進步，起因是控制該表現的神經元效率升級了，通過神經元的電訊號行進得比以前更快、更順暢、時機更準確。待神經線路反覆受到活絡，髓磷脂絕緣層增長到夠厚，電脈衝在線路傳遞的速度可提升達百倍。

這裡只有一個問題：髓磷脂絕緣鞘增長緩慢，過程很花時間。控制法學院學生理解合約內容的神經線路，或四分衛認識對手的神經線路，必須再三受到活絡，才能形成夠厚的髓磷脂，讓線路最佳化，這需要熱情不懈的練習。美足聯傳奇教練文斯·隆巴迪（Vince Lombardi）曾說：「只有在字典裡，成功才會先於努力出現。」他或許不明白原因，但他說得對。練習

造就變化，只是變化發生得很慢且難以預料。

　　不管是李歐納對學習系統的解釋，或是神經科學對於髓磷脂生成與作用的發現，最後得出的結論是一樣的：練習，特別是針對個人現有能力刻意練習，可以促成微小的變化，這些小變化不一定看得見，但一點一滴串聯起來，久而久之越過一定的門檻後，就會促成顯而易見的大變化。這個串聯、累積、成長的過程，亦即我們希望經由練習獲得的進步，就發生在停滯期，而非進步爆發的時期。在當前這個尋求即刻滿足的世界，最推崇超越和突破，也就是所有難以覺察的小變化累積到一定質量後，爆發出清楚可見之進步那一瞬間。但真正的成長都發生在停滯期。李歐納總結說：「懂得愛上停滯期，就是懂得愛上永恆的此刻，享受終將發生的爆發進步和成就的碩果，然後平靜接受下個停滯期就等在後頭。懂得愛上停滯期，就是懂得去愛生命中最基本、最恆久的事物。」[26]

　　你若和我認識的那些認真的選手一樣，大概不會真的「愛上」停滯。但我希望你能和這些選手一樣，慢慢學會接受停滯期。只要不放棄一點一滴累積有品質的練習，必有美好的變化正在發生，只是目前還看不見。你不必深入研究腦功能重組或髓磷脂最佳化的機轉，只需要銘記好事正在發生，且遲早會浮出水面。能夠明瞭並接受這個觀念，就是為先勝打下了基礎。

第二章

建立信心戶頭一

善用心理濾鏡去蕪存菁

回到 1990 年代，當時 Netflix 之類的服務尚未問世，每逢假日到住家附近的影音出租店選片看，是許多家庭常見的儀式。爸爸媽媽可以在店裡找到劇情片或動作片，小朋友則可以挑一部心儀的普遍級或保護級電影。身為盡責的父母，我和太太以前也常跑出租店，租些經典喜劇回家，例如《大老婆俱樂部》、《反斗智多星》和《窈窕奶爸》（是，我知道我都挑自己也愛看的）。晚上全家人窩在客廳沙發，啟動現在已經落伍的錄影帶播放器。

有一次全家到出租店，我那兩個年紀還小的女兒挑好片跑向我：「爸爸，我們可以租這一部嗎？」那是剛發行的喜劇電影《阿呆與阿瓜》，金凱瑞和傑夫‧丹尼爾（Jeff Daniels）飾演兩個傻呼呼的大人，常識和社會經驗跟十歲小孩差不多。我還記得，我對女兒的選片眼光不以為然，但身為寵孩子的老爸，我還是心軟答應了，心想今晚恐怕要感到無聊了。結果和我想得差不多（片中各種插科打諢開黃腔），直到螢幕上出現一幕戲，讓我忍不住按下暫停，倒帶再看一遍。金凱瑞飾演的羅伊是個其貌不揚又欠缺社會歷練的傻大個。那場戲裡，羅伊好不容易接近漂亮的瑪莉（由金凱瑞日後的妻子蘿倫‧荷莉飾演），問她彼此可有機會發展成男女朋友。瑪莉對羅伊完全沒好感，但又不想太沒禮貌，所以用含糊的答案想讓他知難而退。最後羅伊堅持要她明確回答，他的成功機率多大。她說機

率不高。羅伊問：「大概百分之一？」「比較接近百萬分之一，」她回答，心知這個答案勢必傷了這可憐人的心。羅伊聽到宣判，咬著下唇面露失望，他追求的愛情看來是無望了。沉吟片刻後，他忽然又咧開笑容說：「所以你是說，我還是有機會的囉！」然後兀自咯咯傻笑個不停。他認定自己終究是有機會戀愛的。機會不大，那是一定的，但在他心中，機會已經大到足可慶祝。他取得了先勝。

那個瞬間，羅伊展現了人類所能擁有最重要的一項心理能力，想在這個冷漠且往往漫不在乎的世界上累積信心，更是少不了這項能力。他做的事，叫做選擇性思考：只允許能創造能量、樂觀、熱忱的念頭和記憶進入思緒。他或許只有百萬分之一的機率，但他把全部心思都放在這個機會上，因此喜不自勝。因為第一章提到的身心連結持續作用，羅伊的樂觀心態會幫助他在追愛之路上堅持下去。

心理濾鏡的力量

換個說法，羅伊展現的是極其有效的心理濾鏡。他的種種念頭和經驗會先通過這層濾鏡篩選，才計入累計總和，增減心理戶頭。濾鏡對心理戶頭能發揮雙重作用：讓創造能量、樂觀、熱忱的念頭與回憶通過，增加戶頭結餘；防止引起恐懼、疑惑、擔憂的念頭與回憶通過，預防戶頭被提領減少。

如果心理濾鏡功能良好，你可能下午比了一場壘球賽，四打數只有一安打，到了晚上你還是能泰然自若，在餐席間笑談那一支安打。當然，到下次比賽前，你可能還是會希望做點練習，改善打擊站立和揮棒姿勢，但你沒有拿錯失的那三個打數來反覆打擊自己，而是把心思集中在成功擊出的那一球上，這等於是讓負責看球及揮棒的神經系統再三溫習你希望更常做到的畫面，也因此，第一章提到的身心連結會更容易為你效力。

這也是棒壇優秀打擊者經常抱持的想法。棒球名人堂球星東尼·關恩（Tony Gwynn）會在賽後剪輯自己的打擊影片來培養他的心理濾鏡。他把自己穩穩擊中球心的每一球整理在一個檔案夾。第二個檔案夾是他下對判斷，好球揮棒或壞球收棒的每一球。第三個檔案夾是他判斷失準，好球來卻收棒、壞球來卻追打的那些球。第三個檔案夾一整理出來就會立刻被永久刪除。為什麼？關恩說：「我最沒必要做的事，就是看著自己像傻瓜一樣，對著曲球猛揮棒。」[27] 不論在哪個領域，優秀表現者必定有強大的心理濾鏡。不管實際發生什麼事，他們都會善用濾鏡，以有助於成功的眼光去理解自己的所有經驗。即使事情再小，只要是成功的經驗（練習時某個動作做對了、報告或小考有好成績），他們就會全神貫注在這一瞬的勝利上，讓自己為此感到熟練及自信，斷定勝利還能再度發生。心理濾鏡允許有益的經驗再小都能隨時通過，存入戶頭成為永久資產。不順利

的時候，可以完全放出這段記憶，或者重新建構記憶，以防自信心受到負面影響。

接下來的例子將說明，心理濾鏡在最惡劣的困境下也能有效運作。在這點上，應該沒有比美國陸軍上尉約翰·費南德茲（John Fernandez）更激勵人心的故事。費南德茲出身紐約州長島的藍領家庭，個性隨和討喜、勤奮認真，2001年從西點軍校畢業。軍校四年級時，他被選為男子袋棍球隊的隊長，雖然他在隊中從不是最佳球員或風雲人物。2003年4月，官升中尉的費南德茲率領轄下的野戰砲兵排，從科威特北上巴格達。美軍正展開伊拉克自由行動，軍隊快速推進。經過兩天不眠不休的行軍後，費南德茲的部隊在巴格達南方駐紮過夜，他決定在車隊一輛悍馬車頂上小睡補眠。怎麼也沒料到，他即將成為伊拉克戰爭初期幾椿悲劇裡的角色。

費南德茲鑽進睡袋時並不知道，美國空軍一架A-10雷霆戰機正從上空飛過。這架A-10把正在紮營休息的費南德茲部隊錯看成敵軍，駕駛員投出一枚500磅重的雷射導引炸彈，落地瞬間撞擊引爆。爆炸點離費南德茲躺臥的位置很近，他被炸飛到地上，雙腿重傷。要是他原本的頭腳位置顛倒過來，是頭朝向爆炸點的話，他絕對死定了。費南德茲中尉被直升機後送到安全地點，幾個小時後在野戰醫院醒來，馬上接獲至壞的消息。有兩名士兵死於爆炸現場，他自己的雙腿必須截肢，右腿失去

膝蓋以下，左腿失去小腿下半截。這個曾是大學校隊運動員的健壯年輕人，下半生將只能以輪椅代步或靠義肢行走。「我當下就決定，永遠不要心懷遺憾，」費南德茲多年後告訴我，「我告訴自己，我要活出精采人生。」[28] 費南德茲後來回西點軍校演講，或帶妻小來看袋棍球賽，我不只一次聽到他對學員說：「其實也沒什麼大不了……你早上起床穿襪子穿鞋子，我早上起床穿上我的腿。」各位，這就叫做有效力的心理濾鏡。

本章旨在說明如何建立及使用這層濾鏡，讓我們每天都能存入最大值的自信，培養起自信心。用「建立」這個說法其實不太對，我們並不需要從零開始創建個人的心理濾鏡，因為已經擁有一個了，而且此刻也正在運作。此時此刻，頭腦一面允許外界的某些資訊和內心的某些念頭「進來」，同時也把另一些「擋下」。醒著的每分每秒，頭腦都忙著解讀周圍環境，調度新近和久遠的記憶，指揮一首由內在對話構成的無休止交響樂（或激烈叫陣）。一個人如何「過濾」所有心理活動，選擇關注哪些部分、忽略哪些部分，會左右自我觀感，以及能不能取得先勝。唯一的問題是，濾鏡是否為我們效勞，把有益的想法和記憶存入心理戶頭，還是默默跟我們作對，把努力、成功和進步的想法都阻擋在外。

假如你的濾鏡並未讓你對未來產生許多興奮期待，很可能是因為過去聽信了誤導，以為在腦中裝滿能帶來熱忱與能量的

記憶和念頭,是不恰當或不切實際的。對別人或許可以,但你肯定不行。這種觀念其實會讓人更難出類拔萃。與原本期待的完全相反,這種觀念只會鼓勵我們執著於自己的缺點、失敗和不完美。想想看,如果你不是在回想成就、思索力量、想像盼望的未來,那麼回想、思索、想像的到底是些什麼呢?十有八九,是挫敗和失望。對此,科學下了清楚的結論:一個人有意識地最常怎麼想,潛意識也會順此去理解並傾向於那麼做,因此,那也會是我們最容易得到的結果。[29]

為自己創造優勢

　　幸好,人不必只能如此。心理濾鏡最棒的一個功能,就是可以由自己控制。我們可以選擇要讓帶來能量、樂觀、熱忱的想法記憶進來,還是要讓產生恐懼、疑惑、擔憂的念頭進來。凡是人都有一項能力,叫自由意志。自由意志予人選擇,清醒時刻分分秒秒的意識應由哪些念頭構成。心理學家維克多·弗蘭克認為,這種「在不由自主的環境下,仍能選擇應對態度」的能力,是「一個人最後的自由」。對於每天生活發生的事,我們可以選擇篩選有益的面向進來,幫助自己成長,也可以放負面的進來,把自己拖垮。兩者之間沒有中間地帶,而且這也是先勝之始。就算其餘的一切都可能被奪走,我們還是能選擇要思考什麼、記住什麼、相信自己的什麼,誰也動不了我們的

選擇能力。這項能力現在就有，往後也永遠會有。

　　心理濾鏡的運作有三個層面。首先它能篩選記憶，從久遠的回憶，到昨天才發生的事，乃至於五分鐘前的事。再來它能篩選自我觀感和對自我能力的想法。此外它還能篩選我們對未來的想像，打算做什麼、又打算怎麼去做。貫串這三個層面的，是一條很簡單的法則：每當想到自己所在的領域，只去想好的表現和最終能獲取的成功。如果你是汽車銷售員，每當想到自己的工作，你要想的是談成大生意、為客戶提供良好體驗。如果你是醫學系學生，每當想到自己的責任，你要想的是精通每一門課的內容，未來有好的職涯。如果你是網球選手，每當想到網球，你要想的是擊出好球，贏得比賽，打出夢想中的賽季。誠然，要常保這種想法並不容易，沒人能隨時隨地百分百做到。但愈是熟練，愈常啟動濾鏡存入存款、阻擋提領，就愈能為自己創造優勢。

　　電影裡的傻瓜羅伊，沒有可供借鏡的有用經驗做參考，當下也沒有才能或技術能幫助他。他的前景無比黯淡，勝算只有「百萬分之一」。但是他有非比尋常的心理濾鏡，讓他堅信屬於自己的機會必將到來。我敢說正在閱讀本章的你，有用的經驗絕對比羅伊多。我也相信此時此刻，你一定比羅伊更有才能和更好的支持網。而且我相信，你握有的勝算絕對不只百萬分之一。但你的心理濾鏡是不是和羅伊的一樣有效呢？羅伊讓那百

萬分之一的機率主導思考，鼓勵自己在追愛之路上堅持下去。你是否也像他一樣，允許過往的成功、現在的進步、未來的成就占據你的思緒呢？想像一下，如果你用羅伊那樣厲害的濾鏡，把過去有用的經驗、現在的資源、未來的展望結合在一起，你該會有多強？本章及後續兩章將提供實現這種結合的做法。本章剩餘的內容將著重於介紹管理記憶、篩選經驗的技術，幫助你建立心理戶頭，開始每日持續存入信心。後面兩章則是說明如何篩選當下的自我觀感，以及對未來的憧憬想像。

挖掘過往的記憶

首先，我們要選出一些有益的記憶。人受記憶驅策，早已不是祕密。精神分析學家西格蒙德‧佛洛伊德（Sigmund Freud）的理論說，一個人童年早期的記憶會留在潛意識裡，控制我們直到死去。他的理論至今備受爭論，但就算是佛洛伊德學說最堅定的反對者也承認，人記得最清楚、感觸最深的那些記憶，會影響我們當下的行為與對未來的期待。這些記憶片段會推動我們，不是走向信心和信任，就是走向疑慮和擔憂。

練習一、列出你的十大排行榜

回想你最初投入選定領域的時候（現在起我會用選定領域一詞，指稱對你最具意義且希望出類拔萃的事。可以是任何

事，例如運動、職業等），你喜歡這件事的什麼？什麼原因讓你覺得它很酷、很好玩、很有趣？或許很難具體指明，但我相信你記憶裡一定有某個格外特別的感覺。把心思集中在那個感覺上，細細回味片刻。隨著感覺率先浮現的「景象」是什麼？在重溫感受的當下，腦中冒出什麼靜態畫面，或自動播放起怎樣的短影像？不論是什麼景象，那就是心理戶頭開戶的頭一筆存款，就像本金一樣，往後會慢慢增長成個人財富。最好在筆記本上寫下來，記錄在電子檔或手機程式也行，只是科學告訴我們，紙筆手寫留下的記憶比較深刻。筆記本或電子檔要常備在手邊，方便隨時記錄更多的內容。

最初那個感覺和景象有沒有再觸發其他的呢？我的客戶裡業餘和專業人士都有，如果你和我的大多數客戶一樣，那麼肯定有不少過去的場景，長久以來蟄伏在你腦海深處，包括你還是初學者或新手時，剛投入選定領域所體驗到的快樂、正向，甚或興奮的情景。把這些也寫下來！

進展不錯。你憶起的每個情景、想起的每段記憶，都是存入信心戶頭的一筆資產。你正為累計總和做出貢獻，這些關於你選定領域的令人振奮的念頭，正是奠立信心的基石，也是取得先勝的初始步驟。

是時候更進一步了。挖掘過去，找出被遺忘的寶石，將這些珍貴記憶存入你的戶頭吧。我稱這個練習叫「十大排行

榜」。顧名思義，就是從幽深的腦海中撈出 10 個最令你熱情與元氣大振的回憶，打磨拋光，讓這些寶貝的光采回頭來照亮你。拿出一張白紙，在最上緣寫下「我的前十名」，然後列出 10 項你的重要成就。如果你是運動員，寫下你的 10 個賽事最佳時刻，可能是贏得某一場比賽，或是某個精采得分。如果你是音樂家，寫下你演奏過最美或最難忘的樂曲，可以是在大舞台面對滿座觀眾，也可以是私下在練習空間彈奏的。如果你是白領階層，全世界不計其數天天上班推動經濟巨輪的一員，那麼你大可列出完成的專案、妥善服務過的客戶、為所屬單位做過的貢獻。如果你是學生，那就列出最好的科目成績、老師給過的嘉許、學到的令你興奮的知識或觀念。我輔導過一名年輕的高爾夫球手，他的十大排行榜長得像這樣：

1. 1996 年南北青少年賽，全場無失誤。
2. 1996 年 MGA 青少年賽，表現優異。
3. 1997 年 BC 公開賽，攻果嶺每球都擊中。
4. 1998 年佳能盃，使用挖起桿，從樹叢打到離洞 10 呎。
5. 1999 年洛克蘭青少年賽，第六洞起逆轉，最後名列前茅。

你的清單不一定要令人嘖嘖稱奇。沒贏過世界冠軍、沒拿過諾貝爾獎，甚至沒拿過社區球賽冠軍，這都無所謂。凡在人

生中的成就都算數，都夠格存入信心戶頭。即使是在家全職照顧幼兒、維持居家整潔的媽媽爸爸，也有無數值得驕傲的成就，例如教會小寶寶說「請」，或教會孩子與其他小朋友共享遊樂器材。每個法學院學生、醫學生、藝術系學生、自動機械系學生能夠走到今天，無不是因為他們做過些什麼、創造過些什麼、精通了某些知識，因而得以繼續深造。列出十大排行榜是首項練習，你還會養成選擇性思考這個寶貴技能。清單列出之後，附上一張照片，可以是你在做喜歡的事當下的照片，或是你期盼的某個有意義成果。下頁圖是一名大專摔跤運動員列出的十大排行榜，他是 2021 年西點軍校畢業生、國家大學體育協會摔跤錦標賽資格賽的晉級選手巴比．西德（Bobby Heald）。表單的排版簡單易懂，能讓你清楚聚焦於十大重要時刻。最上方是你的姓名和目前所屬或未來希望加入的隊伍名稱，往下是完成階段目標或當前目標的照片，再下是十大重要時刻，最下方則寫上終極目標，當成最後提醒。

把十大排行榜海報貼在牆上自己經常看到的位置，以這些成就和進步時時提醒自己。

我有些客戶一開始對於列出十大排行榜有些卻步，他們認為過去的經驗對現在沒有意義。這些人往往一見面都會跟我說，他們以前在選定領域有多出色，但下一句就接著說，他們現在徹底失去了信心。我們的對話通常都像這樣：

軍校摔跤隊
巴比 · 西德

十大時刻

1. 2018 年海軍最強
2. 2015 年全國高校教練協會賽全美最佳
3. 2018 年世界摔跤總會錦標賽全美最佳
4. 2014 年首次州賽得名
5. 2015 年首次 MOC 賽得名
6. 國家大學體育協會賽首勝卓克索大學
7. 高二高三賽季最終戰
8. 第二次 MOC 賽得名
9. 第二次州賽得名
10. 賓州西點軍校賽事獲勝

下一步……全美最佳！

選手：博士，我該怎麼辦。我高中三年都是先發，高三是隊長也是全隊 MVP。我是隊上的主力得分手，又是全州最佳球員，有多間大學爭相召募我。去年我還是隊上數據最佳的大一新生，但忽然間信心全失。我是不是應該乾脆放棄？

我：你有沒有回想過高中時代，稱霸全場、拿到全州最佳獎項，或是去年獲得大一新生最佳數據的那幾場比賽？

選手：天啊，我好幾個月沒想了。那都是好久以前的事了。

我：嗯⋯⋯看來你忘了很多的自己，尤其是表現出眾的精采時刻。要我說吧，你忽略了一個力量和安心感的重要泉源。

選手：但那些都是過去了。我爬上新的層級，面對新的比賽，以前的表現沒有意義。我以前厲害，不代表在目前這個層級也能一樣厲害。

我：你的意思是說，以前你是小池裡的大魚，現在只是大池裡的小魚。

選手：沒錯。

我：很好，我覺得你對魚和池子的概念可能有點亂了。姑且說你在家鄉的池塘裡，是最強壯、最健康的魚。現在想像地方魚類及野生動物管理局帶了網子來，把你從池塘撈出來，放進更大的水池，給你更多餌食，也給你更多空間到處游。想像得到吧？很好。現在告訴我，一條健康的魚被放進更大的水池，有更多的空間和更充足的食物，這條魚會怎麼樣？

選手：會成長，長得更大。

我：沒錯！此刻的你就是那條魚，只是你沒有察覺。你還是當初小池塘裡那一條強壯健康的大魚，你只需要想起自己是多大的一條魚！

選手：哇！我從來沒想過，我原本的想法小看了自己！

你呢？你是多大的魚？把十大排行榜整理出來，我賭答案

肯定會令你驚喜。

練習二、回顧記錄每天的努力、成果和進步

　　現在，信心戶頭已經創建，刻意累積信心並防止損耗的功課也要由此展開。若你希望半年後能信心滿滿地參加醫學院入學考試或會議競賽，你只有兩條路：不是逐日點滴累積，就是放任信心日漸損耗。其實，每一天你都能獲得新存款，只要願意細看就會找到。

　　如果讀到這裡夜已深，請你回想一下今天發生的事。如果還在上午，就請回想昨天。無論如何，最近的一次練習、訓練、讀書、運動或工作時段，都能提供機會，為自己的信心總和做出貢獻，說不定機會還不只一個。用心理濾鏡檢視日常發生的事，哪些事能帶來盡力後的成就感及進步感？

　　拿出列了十大排行榜的筆記本，翻到新一頁，最上方寫下回顧的日期。下一行左側寫個「E」，代表努力（Effort），然後寫出一個自己（在練習、訓練、運動、工作中）實質付出努力的例子。你是不是捲起袖子、認真盡了全力？指認出那一刻。你可能在某個動作練習時用了全力，可能在某個重訓項目堅持了特別久，又或是某一個跑段其實可以跑慢一點，但你忍住了。你可能逼自己歸檔了一疊文件，或是回覆完最後一批電子郵件才能下班。總之，回答這個問題：「我今天做了什麼可貴的

努力？」把這些真心誠意的努力寫下來（假如不只一個，儘管全部記錄進去）。

　　代表努力的 E 完成後，跳一行在左側寫個「S」代表成果（Success）。然後寫出一個你在事件中獲得的成果，一個你做對的瞬間。不一定要是多偉大的成果，可以是嚴密防守下的一個進球、順利做出一套動作沒有中斷、在重訓室做的一組仰臥推舉全都達標。也可以是及時交出的一篇報告、旁人予你的一聲讚美或感謝，又或是一天的收入結算下來有增長。總之問自己：「我今天做對了什麼？」寫下你這一天的成果，再小都行（假如不只一個，你知道怎麼做）。

　　代表成果的 S 部分完成後，再跳過一行，在左頁緣寫一個「P」代表進步（Progress），然後寫出一個你在事件中感受到的進步，某一個你不見得完全做對、但比之前更熟練的瞬間。例如你是不是減少了積壓的申請案件？你是不是快要可以用指定配速跑完每個區段了？你和同事關係是不是有所改善，或在協商中再差一點就能說服對方答應？問問自己：「因為我的努力，我在哪方面有所進步？」寫下你這一天的進步，再小都行（假如不只一個，你知道的……）。

　　每日 ESP（努力、成果、進步）回顧紀錄，至少每天能為信心戶頭存入 3 個有益記憶（看你回顧得多仔細，很容易就能多存到 10 個記憶）。這個練習可能要花五分鐘，但這五分鐘能

確保每天為養成信心做出貢獻。不妨想像這是在為每日的表現剪輯精華影片，就像美國女足隊長梅根・拉皮諾（Megan Rapinoe）的世界盃進球集錦，或在 ESPN 體育頻道看網球巨星費德勒的致勝球精華。每日的成果和進步或許不會登上晚間新聞，但仍舊是奠定信心的基石，所以值得留心。透過記錄每日精華，允許自己為此高興，不知不覺間其實也大大鼓勵了自己重複這些行動，帶來成果和進步。正向心理學的研究告訴我們，當一個人回顧過去，感受到正面情緒，如自豪、興奮和成就感，行動力庫存也會隨之擴充，建立更多未來可取用的資源。

國家冰球聯盟守門員安東尼・史托拉茲（Anthony Stolarz）還是新球員的時期，就善用了每日回顧練習。整整一個賽季，他在每次練習和每場賽後都會傳訊息給我，內容簡單直白（「第一節攔下二打一突破；手套救下禁區內的射門；失分後立刻振作情緒」），[30] 卻是他信心戶頭內的寶貴存款，且幫助他成為球隊固定先發，最終入選美國冰球聯盟全明星隊。

偶爾會有客戶問我：「如果我回顧了卻什麼都沒想到呢？萬一我沒辦法每天找到一個 E 或 S 或 P 呢？」很簡單，我的答案只有一個：你看得不夠用心。重新回頭一小時一小時，甚至一分鐘一分鐘地回想你這一天的工作，或是你運動／練習／學習的時段。捫心自問，你真的沒有真心為任何事努力嗎？沒有至少做對一件小事，也沒有任何一件事做得比之前好嗎？通常只

要肯搔頭想個一分鐘，就算是疑心病再重、心態再負面的人，也能在一天的作為或練習裡找到幾個對的時刻。

想一想，如果不回顧經驗並進行篩選會怎麼樣？是的，你大概還是能繼續向前推進，但會錯失許多累積信心戶頭、積攢正面記憶供未來表現取用的機會。財務管理上有所謂的「機會損失」（lost opportunity）原則，你在沒必要時花了一筆錢，形同失去這筆錢後續可能為你賺得的利息。信心管理上也有「機會損失」原則，不把握每日可累積的經驗，你會錯失多少取得先勝的機會？你或許不是有意的，但放任這些努力、成功、進步的時刻平白流逝，可能也造成了自己的停滯不前。

練習三、即時進步檢核

現在，我們要說明奠立信心戶頭的最後一個方法，可能也是最有力的方法，就是篩選過去的記憶。盡可能存入最大數量存款，給存款最多時間增生利息，戶頭結餘會增長得最快。既然如此，你可以把握更多機會回顧並篩選有利記憶，不一定只能在結束後，也可以在工作、練習或運動的期間進行省視。

若你的選定領域是賽事運動，不妨想想平常的訓練內容會包含一系列基本操練和其他教練指定的練習活動，這些活動就是你能有所進步，實現目標登上先發（或留在先發）、為下一場賽事做準備、最終得勝的關鍵。如果你是學生，平常有一連

串課堂討論、實驗、讀書時段，這些就是你能有所進步、實現目標畢業取得學位的活動。如果你是白領階級，進公司上班的日子，你會和同事或客戶開許多會，會議之間或在桌前辦公或接電話，或在前往下一場會議的路上，這些都是你能有所進步，以貢獻所屬單位的活動。在每一天或每一次練習中，每一項不同的活動結束時，你都有機會快速回顧、篩選，往信心戶頭存入新資產。就看你的一天由多少不同活動構成，你能回顧的機會次數可以很多很多。

　　就當你是高中、大學，甚或職業賽事的籃球員好了。你準時抵達練習場，換上適當服裝，繫緊了鞋帶，準備好認真練習。教練首先率領全隊暖身，接著宣布先來練習「無人防守下運球投籃」。於是，你重複投籃，之後教練響哨，宣布第二個練習動作是「底線防守步伐」。趁著第二個練習尚未開始前，做最重要的即時進步檢核（Immediate Progress Review，簡稱 IPR），對剛才第一個練習項目做一次迷你回顧和篩選。你每天會利用 ESP 篩選出一日的最佳時刻，現在做法也一樣，趁著走向第二個練習的同時，篩選剛才那幾次運球投籃，專注於做得最好的那一次。在你跑向底線準備練習防守步伐的同時，牢牢記住最好的那次投籃，把這個有益念頭存進腦中，允許自己為之高興。這只是一個小小肯定，是你用心念拍攝下的一張靜照或短片，一段很短的「精華」，但仍然是有助益的，那是你希

望更常擁有的時刻。科學告訴我們，想著自己希望擁有更多的東西，是實際擁有更多的第一步。[31]

現在你排進第二項練習的隊伍裡，依序向前執行動作，大概重複做了六到八趟，教練再度響哨，指示全隊進行第三個動作「全場全速傳球」。排隊等待開始的同時，你又迅速做了回顧和篩選，把剛才防守步伐做得最好的一次鎖入記憶。你可能都沒做得特別好，但總有幾遍比其他時候好，當中肯定有某一遍又再好一點點。它就是你的迷你精華，你可以將它暫時存入信心戶頭，在你跑向定位準備傳球時，為剛才的防守步伐練習感到小小的振奮。

如果整個練習時段裡，你都能重複「動作─篩選」的程序，將能即時有效地檢核剛才的進步，所以被稱之為「IPR 即時進步檢核」。等教練集合大家收操結束練習，你起碼在戶頭存入十來個小精華了。當回到更衣室拿出每日 ESP 練習用的筆記本或平板電腦，你就有很多好材料可以歸類整理，也就更容易回顧一整天的練習，更快歸納出今天的努力、成果和進步。而且，每一次帶著上個動作的最佳表現展開下個動作，我敢說你的總體練習表現一定也會更好。為什麼？因為透過主動控制思考，你也會保有好心情。教練可能不時還是會挑你的錯，這是難免的，但你有足夠的紀律，可以在練習的過程中，不斷尋找自己最好的一面。

　　同樣想一想，如果每個動作後不做 IPR 會怎麼樣？如果你和我教過的數百名客戶一樣，那麼你很可能已經養成了習慣，每項操練後記得的不是做得最好的一次，反而是最差的一次。開始第二項操練時，你腦中想的是剛才沒進的一球、剛才出的糗是你最醒目刺眼的失誤。我再說一遍，科學告訴我們，你最常想著什麼，也最容易得到什麼，尤其當念頭飽含情緒的時候更是如此。我猜你對自己必然有很高的期望，真心希望進步成功，但你要小心自己把情緒能量投在什麼地方。心思擺在哪裡，那就會是你最常得到的結果。

　　任何領域的人幾乎都能利用 IPR。籃球員用的「動作—篩選」程序，醫學生、金融分析員、屋頂承包商也都能用，只需要辨別出屬於你的和籃球操練相對應的活動是什麼。每一堂下課鐘響，學生可以快速回想課堂提到的重點，是不是有一兩個現在更熟悉了。我總是提醒西點軍校的體育學員，篩選課堂經驗和篩選體育操練一樣有用，他們的反應都是「我怎麼現在才想到！」但其實很明顯：走出經濟學或機械工程學課堂時，一邊提醒自己，我現在更懂某個定理或觀念了，你會對那門課更有信心，也能用整體更良好的心態為下一堂課做準備。假如你和多數人習慣的一樣，走出教室只想到這門課很難，考試恐怕會完蛋，那麼你會在擔心懼怕的心情下準備明天的課。此時，你面臨的同樣又是一個選擇：你會尋找最好的自己和最好的狀

態，即便這個「最好」只是聽懂教授在黑板寫下的第一個公式，或者你會忽視自己至少多懂了一個公式和這代表的益處？

想想自己生活中和「操練」相對應的活動是什麼？每天的工作或個人從事的，是不是也有許多不連續的事件，每個都給自己一個機會快速回顧，把有益的記憶存入戶頭？我曾在座談中，向神經外科醫生介紹這個概念，他們幾乎立刻列舉出一長串檢核機會：每次看診後、每次與團隊商議後、每個個案結束後、每份手術報告遞交後，都是篩選記憶的好時機，也都能成為能量、樂觀、熱忱的來源。

十大排行榜、每日 ESP 練習、IPR 即時進步檢核，都是讓我們充分善用記憶的方法，包括很久以前和才剛發生的記憶。三者都花不了多少時間，而且做起來都不難。只需要下定決心，尋找每一天、每一分鐘最好的自己。你可能從小被灌輸，人要記取錯誤和缺點才可能成功，對你來說，以上練習代表大幅改變思考習慣。想想目前的思維對你有用嗎？不管每天發生什麼事，你都能增加信心嗎？或者借運動心理學博士鮑伯‧羅特拉在《你的第十五洞》（*Your 15th Club*）書中所說：「你當前的思考模式，與你期盼的成功高度一致嗎？你的思考模式是否幫助你發現自己的潛力？你有膽改變它嗎？」[32]

壯起膽子來吧！現在開始管理你的記憶。愈多愈好，把「財富」存入信心戶頭。

一名籃球員如果不敢自我肯定：「我在罰球線上百分之百可靠。」卻說：「我只是對自己實話實說。」他其實只是依據以往罰球不進的記憶，維持負面自我觀感，在不知不覺間觸動負面的自我應驗預言罷了。如果這位球員能客觀回顧個人的籃球生涯，絕對能找到一兩個罰球命中的記憶。這些命中的球和他沒進的球一樣「真實」，也同樣夠格做為他的自我觀感和正向自我應驗預言的基礎。這名籃球員和西點軍校懼怕軍育課匍匐、平衡、攀爬的學員很像。當下他們對自己的想法或許沒有錯，他們可能以前罰球的確很差，或在體操運動失手過幾次。這是事實，無可否認，但這就代表他們現在做不到嗎？他們是「實話實說」，還是不經意選擇了自我批評？這裡不深談存在哲學，也不探討何為「真實」，但簡單說，我們每個人都是透過一副厚厚的個人鏡片在體驗世界和人生，鏡片塑造了我們各自不同的認知，在每個當下為我們判斷何為真實。像太陽明日升起這麼簡單的事實，也可以被視為新的威脅展開，或是又一個機會的開始。兩者都可以是真實，但你想要哪一個呢？只論今天，或以千百個長遠之明日來看，哪一個對你最有幫助呢？

---- 第三章 ----

建立信心戶頭二

當下的建設性思考

我 800 公尺能跑進 1 分 56 秒。

我 800 公尺能跑進 1 分 56 秒。

我 800 公尺能跑進 1 分 56 秒。

準奧運選手亞莉珊卓・羅斯（Alessandra Ross）在 2000 年美國奧運田徑選拔賽前九個月，每次走上跑道都會反覆對自己說這句話。羅斯正在接受 800 公尺賽跑訓練，希望入選國家代表隊。800 公尺賽跑是格外嚴酷的一種比賽，需要速度和膽識。沒試過全速跑 800 公尺嗎？假設你家附近的操場一圈是 200 公尺，想像你先全速衝刺跑操場兩圈，接著放慢到約八成七的速度續跑一圈，最後再豁出全力用最快速度跑完最後一圈。有空不妨試試看（前提是你的健康許可，拜託），你會對羅斯這樣的運動員深感敬佩，她們不只這樣跑，參加的還是世界級比賽。

距離選拔只剩半年，羅斯的 800 公尺個人紀錄是 2 分 02 秒 82。她在縣級的間歇訓練和計時賽名列前茅，但當時全國僅排名第七。那麼她對自己說「我 800 公尺能跑進 1 分 56 秒」是怎麼一回事，這明明比她至今最佳成績快了六秒？其實，羅斯正是依照上一章最後所說的，壯起膽子，把自己對 800 公尺賽跑的想法提高到與期待的表現一致，與最終希望跑出的成績一致。這麼做，也等於把心理濾鏡提升到下一個境界，不但能確保從過去篩選出有益的記憶，當下也能規律頻繁地存款。這是她取得先勝的第二步。

　　記憶是構成人類心靈生活的重要元素，也如我們所見，為信心戶頭貢獻關鍵存款（或提領），但我們此時此刻的自我觀感，以及當下對自己說的千百句話，或許又比記憶更重要。第一章曾說過，人類存在的基礎是思想構成的循環，我們當下的自我觀感（覺得自己多有能力、自認有多少知識或技術）會表露於行動，從而又再證實及強化自我觀感。我們對自身才華、技術、能力抱持的看法和信念，可能形成高牆圍限我們，也可以是指引我們走向新成就的門路通道。本章將說明怎麼做才能把心理篩選程序延伸到此時此刻，增強當下自我觀感建構信心的力量。是的，你也會看到羅斯的奧運選拔賽結果，以及她後來一些更重要的賽事成績。

　　當我向西點軍校的學員說明「思想－行動－證實」的循環時，通常會請他們回想初次研修 PE 117 軍事運動課（PE 117 Military Movement）的經驗。這是新生入校第一年必修的體育課，學員間稱為「軍育課」。校內體育教育處網站對這門課的介紹是：「全學期共十九堂課，指導學員接觸多種基本運動技巧。課程內容將成為學員在校期間及未來從軍生涯中會遇到的眾多體育及軍事運動之基礎。」[33] 但如果去問學員，他們會說軍育課是一門令人沮喪又煎熬的操練。十九堂課裡，他們必須練習平衡、翻滾、攀爬等一連串評分項目，第二十堂課會進行「室內障礙賽」（Indoor Obstacle Course Test，簡稱 IOCT），考

驗學員在時間壓力下，能活用所有學習的技巧。測驗中（學員一定要通過，否則又得重修），學員必須全速匍匐、攀爬、奔跑通過各項障礙，並於男子 3 分 30 秒、女子 5 分 29 秒的時限內完成。測驗全程在西點軍校最古老的體能訓練中心舉行。海耶斯體育館（Hayes Gymnasium）建於 1910 年，歷史悠久，但也瀰漫塵埃，呼吸時胸口會有一種灼燒感，大家把這種獨特的感覺戲稱為「海耶斯肺」。所有學員必須在這種狀態下匍匐爬行、撐跳、跨躍、平衡、攀爬，再衝刺跑完最後 350 公尺。

「當下你們怎麼想？」我經常這麼問學員，「第一天上軍育課，排隊點名的時候，看到體育館擺了一地的厚墊、爬繩、鞍馬等等器材，你有何感想？」我想聽聽他們給自己的說法；對於將至的考驗，他們的想法是什麼。少部分學員會回答：「我感覺好像一座大遊樂場，酷哦！」這代表他們認為軍育課會很好玩，可能有些難度，但整體而言令人期待，他們通常都是有體操、翻滾或攀爬經驗的人。但多數學員，尤其是壯碩的男生（如美式足球體保生）和嬌小的女生會說：「我的第一個念頭是，我以前幾乎都沒做過這些運動，我的體格真的不適合，看來這門課真的會完蛋！」跟少部分覺得這門課有難度、很刺激的人不同，多數人從一開始就告訴自己恐怕會落得一身狼狽。人類行為有一條普遍原則，叫自我應驗預言（self-fulfilling prophecy），而上述這種初始信念的差異，會把預言推往兩個截

然不同的方向。

當我與學員討論這個話題時，對話往往這樣開展：

我：你們認為自己不擅長做翻滾、平衡、攀爬動作，那麼你們每堂課投入多少力氣努力呢？

學員：就一些吧……不是全力……夠讓我通過而已。

我：後來你的期末成績怎麼樣？

學員：普普通通……擦邊及格……。

我：所以一開始你就認為自己不擅長，這門課肯定完蛋。因為有這種想法，不意外你只付出最低限度的努力，最低限度的努力也就換來勉強及格的成績。看來你證明了自己想得沒錯，果然不擅長軍育課的體育項目。

學員們無不點頭。簡直能聽到他們喃喃自語：對呀，我一開始就料到了。

但這時我會乘勝追擊說，另一些學員也修同一門課，他們第一天也站在同一條線前，看到同樣的地墊、繩索和鞍馬，但他們心裡想的是：哈，這正合我所好，看我大展身手。而這種信念、這種「正合我意」的想法，使得他們頓生力量，對於課堂教的新技巧，內心的抗拒比較小，即使一開始幾次做得不上手，也比較願意堅持多嘗試幾次，直到做對。所以不意外，有正合我意的初始信念在後驅策，這些學員總體付出較多努力，期末幾乎不例外地都拿到較好成績。他們就和其他同學一

樣,證明自己想得沒錯,證實了初始信念。

我輔導的學員在聽完這番話、認真思索後,慢慢都會形成一個新觀點:在特定情境下對自己說的話,表現了對自己的看法,而最後實際會在情境中獲得的體驗,也許就決定於這個看法。俗話說:「你如何看待自己,就成為什麼樣的人。」也許真有些道理。歡迎認識自我應驗預言。

自我肯定的力量

根據《牛津分析社會學手冊》(*Oxford Handbook of Analytical Sociology*),「自我應驗預言」是美國社會學家羅伯特・莫頓(Robert Merton)於 1984 年首創的名詞,描述「一種信念或期待,不論正確與否,皆可能引致希望或預期的結果」。[34] 莫頓的觀察奠基於美國另一位社會學家威廉・湯瑪斯(William Isaac Thomas)的先行研究。湯瑪斯 1928 年提出的理論,後稱為「湯瑪斯定理」,大意是:只要人們將其處境定義為真,則其後果也為真。[35] 也就是說,個人對某一情境的想法或信念,會導致真實的結果。那個情境可以是西點軍校的軍育課、職場的年度考核,也可以是另一半臉上的某個表情。我們對該情境抱持的想法(我不擅長 vs. 正合我意)構成了「預言」,會成為對未來結果的預測(這門課完蛋了 vs. 我會大展身手)。想法會促進並強化後續行為(只做最低限度努力 vs. 保有好奇與堅持),從而

導致如同期待的結果,「證實」了最初的預言。

　　這個基本事實,對生活各方面的活動幾乎都有影響。比方說,學生如果認定自己擅長數理,不擅長英語和歷史,其實就落入自我應驗預言的陷阱。運動員如果喜歡賽事的特定部分(籃球的防守或網球的正拍),對其他部分(罰籃或發球)老是說自己不擅長,也是中了自我應驗預言的圈套。各行各業的各種活動,從編寫程式到長途貨運,乃至於之間每一種工作,有無數人受此影響而不自知。每當他們允許內心的聲音說:「慘了,又來了。」哪怕只是短短一瞬間的念頭,也掉進了自我應驗預言的陷阱。想想你在運動、技藝、職業中表現最好的部分,想想你做得特別好的那些技術或職責。你是習慣提醒自己有多出色,允許自己為此感到欣慰?還是反過來,習慣告訴自己你很討厭工作的某些方面或某些任務,或者老是想著自己在某些情況下有多沒用呢?你是否知道這些想法對你的影響?再重複一遍前一章末尾的問題:你敢不敢改變想法?

　　自我應驗預言的力量之大與適用之廣,自古以來就有不少人知道。古希臘神話伊底帕斯和畢馬龍的故事告訴我們,對自己和他人所懷抱的初始信念,可以帶來或悲劇(伊底帕斯)或勝利(畢馬龍)的結果。西元前二世紀,羅馬皇帝馬可·奧理略(Marco Aurelius)在多篇論及自我提升的文章中,記下他對自我應驗預言的獨特理解,收錄於《沉思錄》(*Meditations*)。書中他

說:「人之生活是其思想所創造。」[36] 又說:「生活幸福與否,取決於思想的良莠。」欽定版《聖經》的〈箴言〉(第二十三章第七節)提醒我們:「他的心怎樣思量,他的為人就是怎樣。」莎士比亞筆下有名的人物馬克白,也建構在這位國王不經意自我應驗的預言上,終致自身悲劇的覆滅。十九世紀,美國超驗主義作家拉爾夫・愛默生(Ralph Waldo Emerson)針對廢奴運動、北美原住民族權利及總體人類進步發表演講,寫下名句:「人是自身一日之所思。」[37] 更晚近者,如靈性運動作家瑪麗安娜・威廉森(Marianne Williamson)和偉恩・戴爾(Wayne Dyer)也都鼓勵讀者省視給自己的說法和自我建構的敘事。

不論是新是舊、古典或現代,無不都是改換說法陳述同一個主題:吾人醒著的每分每秒,都在向自己述說對自己的想法,立下各式各樣預言,然後幾乎是不由自主且不自覺地用行動加以證明。這些想法包括了提醒自己接下來該做什麼、早知以前該怎麼做,也包括我們擅長什麼、不擅長什麼、做對什麼、做錯什麼,諸如此類數之不盡。而每一個想法、每一句告訴自己的話,都會進入信心戶頭,不是提高自信,就是拉低自信。所以想取得先勝,首先要覺察你是怎麼看待自己的,你最常用什麼樣的說法來定義、強化、驅策自己。再來,運用練習和紀律,確保告訴自己的說法符合前一章樹立的標準,能通過心理濾鏡,帶來能量、樂觀和熱忱。

　　三十多年來，心理學的縝密研究顯示，當一個人能肯定自己的價值，把當前對自己的正向想法併入個人的生命敘事裡，借史丹福大學心理學者傑佛瑞·寇恩（Geoffrey Cohen）和加州大學聖塔芭芭拉分校學者大衛·謝曼（David Sherman）的說法，這樣的人能維持一種「自我勝任的總體看法」。[38] 兩人研究發現，自我肯定對行為改變有正面效果，從戒菸、學業表現、人際關係到減重，涵蓋甚廣。借助各項自我肯定技巧，建立較高個人勝任感的人，更能不屈不撓學習新知，也較能妥善應付挫敗。謝曼在研究中總結說：「因為能降低心防和壓力，造就較多正向行為改變和較佳的表現，自我肯定能導向自我提升。」[39]

　　哈佛大學心理學教授艾莉亞·克拉姆（Alia Crum）和艾倫·蘭格（Ellen Langer）也得到相似的研究結論。她們以旅館房務員為對象，研究心態改變對健康的影響。結果發現，單純只是把想法從「我欠缺規律運動」改成「我每天打掃 15 個房間相當於規律運動」，44 名房務員在一個月內，體重平均便減輕0.9 公斤，血壓的收縮壓下降 10 點。對照組的房務員也在同一間旅館做相同的工作，只是未被教導可以把工作想成運動，結果同時期的生理變化就少很多。根據調查，兩組房務員在工作之外都沒有額外運動，也沒有增加工作量或提高工作速度。克拉姆和蘭格總結說：「生理健康很顯然深受心態影響。」[40]

　　想想今天一整天下來，你心底的那個聲音（或許多聲音）

都對你說了什麼。出席重要會議前,它是不是嘀咕:你最好別搞砸?練習或訓練難度提高後,它是不是抱怨:教練為什麼老是找我的碴?當你一拍把球擊出界外,它是不是尖叫:笨蛋!我阿嬤都打得比你好!還是說,那個聲音始終堅定斷言(相當於為你堅定決心),你一定能體驗到當下希望獲得的感受、水準或結果呢?你心底的聲音會不會在出席重要會議前鼓勵你:我會用判斷力和理解力迎接每個新情境?會不會在困難的訓練後維持正面觀點,對自己說:教練指出的每一點都讓我更進步?會不會在擊球失誤後幫助你保持專注,告訴你:那一球已經過了,我現在要打下一球?對自己陳述希望體驗到的現實,只是用的說詞彷彿現實當下就在發生,類似這樣的肯定陳述,我們一整天都能頻繁運用,往信心戶頭不斷增加存款,把無所不在的自我應驗預言,從竊賊及敵人變成盟友兼夥伴。

讓自我應驗預言為你效力

現在我們已經學到,對自己陳述的自我觀感,此時此刻也在左右著我們的人生進程,影響我們對不同事務投入多少能量和努力,也影響我們對挫折的反應,甚至能改變生理狀態。是時候動起來,開始運用它們取得先勝了。是時候開始用建設性的說法告訴自己:想有什麼樣的表現、想當什麼樣的人,不在某個尚未成形的未來,而是現在當下。

　　首先想一想，自己現在擁有哪一項技能，或特質，或個性，是相對滿意的。希望你能想到不只一個。

　　假設你是冰上曲棍球員，可能會想到，我射門快又準，或是我的防守可靠。

　　假設你是休閒高爾夫球手，可能會想到，我很會判讀地形，或是我的中距離推桿很穩。

　　假設你是領導職的高階主管，可能會想到，我能設想周到地調和歧見，或是我很能與團隊溝通目標。

　　恭喜，你剛做出了第一個自我肯定。

　　現在仔細看看上面舉例的句法結構。你會發現，每句話都以個人為主體，也就是說，句子都用第一人稱單數代名詞「我」或「我的」當主詞，這個單數人稱指的就是你。這很重要。建立自信心的重點在於建立個人的信心戶頭，在於你對自己的看法總和，所以相對不指涉誰的籠統陳述，對自信心的增減不會有太大作用，例如「設想周到地調和歧見是好的」這句話雖然完全正確，可是重點沒放在「你」，而你才是需要累積信心的人。為能讓自我肯定發揮效用，實際助長信心戶頭，肯定必須以個人為主體，正確的說法是：「我能設想周到地調和歧見」（注意，第一人稱複數代名詞「我們」，可供目標一致的團隊用來培養自我肯定，例如「我們每次開賽都踢出一致的強度」或「我們集思廣益，能應付任何顧客需求」）。

　　你也會發現，前述例句用的都是現在式，意思是，它們表述的都是現在發生的事，而非對未來的期待。這也很重要。信心戶頭的結餘，是裡頭此時此刻有的東西，而不是你希望有一天會有的東西。用未來式對自己說：我日後會在團隊會議裡做個更好的傾聽者，對此刻建立及維持信心沒有多大作用，反而容易提醒你這件事現在還沒做到。這些年來我注意到，很多人在自我對話中常用指向未來的語言，像是「我會培養這項能力……」或者「我會提升執行力……」，這樣的人習慣把實質改變推遲到未來，等於把改變一再延後。所以，為自我肯定添加些迫切感，用現在式來陳述一切吧。此時此刻，眼前當下，才是真正擁有的東西。現在就加以運用！

　　最後，你會看到前述例句用的都是肯定句，意思是，句子陳述的是我們想要更多的東西，而非強調不想要的東西。有效的肯定陳述，是肯認（肯定及確認）合乎心意的寶貴事物，而不是貶低、否定或駁斥某個自己想避免的事物。

　　這是很重要的差異，只是很多人不理解，所以未能善加利用。網球選手說：「我的二發從不失誤。」乍聽之下跟「我的二發都在線內」沒兩樣，但在神經層面卻會產生極大差異。控制網球發球動作的腦區，顯然不太會分辨二發「從不失誤」和發球「失誤」的差別，大腦只會認得語句的動詞是「失誤」，接著觸發與發球失誤記憶相關的神經線路。每想一遍我的二發從

不失誤，基本上就等於要求大腦重複讀取失誤的記憶，而每一次都會又再活絡相關的神經線路。很不幸的是，每經觸發一次，神經線路就會運行得更快、更順暢、更牢靠一些。結果將導致一個令人驚愕的神經學事實：想著你不希望發生的事，反而會增加大腦對那件事的熟悉度，使那件事更容易發生。所以表面來看，我的二發從不失誤這句話是正經八百的「正向思考」，但它其實強化了你不希望發生的事，而且把發生失誤的神經反應在神經系統裡刻寫得愈來愈深。反過來可想而知，比較建設性的想法會把你希望多多發生的事的相關神經反應刻寫在腦中，像是：二次發球發在界內、與工作團隊達成共識、準確判讀客戶的肢體語言。所以，請用現在式對自己述說你希望更常發生的事，用彷彿已經獲得或已然存在的語氣去說它。

每個追求先勝的人應該都很清楚其中的含意：重複對自己述說自我看法，且用第一人稱現在式肯定句去說，可以在心理戶頭存入新款項，提高勝算。肯定自己的技術、能力、性格優點，可以改變我們在選定職業、運動或技藝中的自我觀感，觸發有益的自我應驗預言。而且這還只是起點。

自我肯定陳述能以強大力量界定並強化我們現在擁有的東西，也能為尚未擁有的技術、能力、性格優點和正在追求但尚未達成的目標做到意想不到的事，這才是自我肯定陳述真正的力量。本章開頭我們認識了準奧運選手亞莉珊卓・羅斯，她的

800 公尺賽跑個人最佳紀錄是 2 分 02 秒，已經很可敬了，卻還不是她嚮往的成績。但與其執著於個人紀錄還沒達標，她把心力投資在簡單的自我肯定，每天對自己重複說上多遍：我 800 公尺能跑進 1 分 56 秒。可能有人會說，這只是她一廂情願，但科學研究迄今指出她的方向是對的。「肯定」自己希望的成績，其實就是「答應」那個成績。比起嚴格實事求是，只相信已有的成績，羅斯透過答應自己，給了自己更好的機會，以探索自己能跑多快。

寫下被忽略的心理資產

靜下心想一想，羅斯期待的成績是 800 公尺跑進 1 分 56 秒，你的目標是什麼？在職涯或個人生活中，你希望成就什麼？此時此刻的你是否「答應」那個目標？再進一步問，某些技能方面的進步或改變能幫助你獲得期望的結果，而你有沒有肯定（答應）這些進步或改變呢？

穩定攝取有效的自我肯定，是累積信心的下一步。讓自己每天都能往信心戶頭存入多筆資產。接下來就用羅斯當例子吧。她的自我肯定「800 公尺能跑進 1 分 56 秒」背後，其實有一連串對訓練內容和練跑結果的自我肯定當基礎。例如：

• 我每天練習時，狀態和步伐都調整到最好。

- 我依照教練設定的時間跑完每個區段。
- 我實力堅強，即使生病兩星期，一樣能夠跑出好成績。
- 我在暖身及賽前時刻，心境完全是興奮的。
- 我一次比一次期待下一場大賽有機會跑出 1 分 56 秒。

接下來是摔跤選手菲力普・辛普森（Phillip Simpson）用於自我肯定的例句，他的目標是大專全國賽冠軍：

- 我每天懷抱決心練習。
- 我把每次練習當成寶貴的進步機會。
- 我每星期有六天在晚間十一點半就寢，幫助身體復原。
- 我每兩天會在團隊練習後花十五分鐘鍛鍊爆發力。
- 我正處於人生最佳狀態，我很滿意。
- 我站在優勝頒獎台上高舉雙手。

再來是一名企業員工自我肯定的例子，他希望在雜誌業建立信心，爬上發行人的職位：

- 我每個星期至少打 10 通電話，了解影響銷售的議題。
- 我創造職場文化，讓每名銷售代表都能表述刊物的價值。
- 無論遇到什麼狀況，我都以沉著決心領導團隊。

- 我是能讓團隊相信刊物潛力的領導者。

現在該你了。拿出紙筆或記錄工具，寫出三句話，肯定你的最佳特質或能力，或你採行的有效行動。參考前例，依照下面五條原則寫出你的自我肯定：

1. 用第一人稱，寫下「我每天參與能被看見且能發揮影響力的事務」，而不是寫「好的領導者要被看見並發揮影響力」。

2. 用現在式，寫下「我享受不相上下的比賽」，而不是寫「遇到不相上下的比賽，我會打得更好」。

3. 用肯定句，寫下「我有效規劃行程與時間」，而不是寫「我不浪費時間」。

4. 具體描述，寫下「我每個星期有三天用七分速跑 6.4 公里」，而不是寫「我規律跑步」。

5. 形容有力，寫下「我在任何位置都像子彈那樣有爆發力」，而不是寫「我從任何位置都能爬起來」。

往先勝更進一步，現在再多寫三句自我肯定陳述。第一句寫下自己尚未擁有但希望培養的特質或能力（「就算我感覺團隊不理解我，我的信心依舊高昂」）。第二句寫下尚未實行但知道

會有幫助的行動（「我每個星期至少打 10 通業務電話」）。第三句寫下希望實現但尚未獲得的結果（「我站在頒獎台上高舉雙手」）。這三句話同樣要依據五大原則：第一人稱、現在式、肯定句、具體、有力，寫得就像是你已經擁有了該項能力、已經採取行動、已經實現了願望。

自我肯定練習可能會逼你踏出個人的舒適圈。要你說出：我每個星期有三天早上八點抵達健身房，你可能會覺得不太自在，因為過去半年裡，你頂多一星期去兩天。這時心底可能有個聲音在說，用這些現在式肯定句去想自己從來就做不到的事，簡直是在騙自己。假設你還在創業構思階段，當然希望以後每月淨利為正，但你會覺得自述「我到〇月〇日每月淨利就會轉正」並不務實。我的客戶也常提出這個疑問，問我說：「我是不是應該務實一點？我說這種話難道不是在騙自己？」

每當聽到這種疑問，我會拿出 1992 年找到的一段舊影片，畫質粗糙，影中人是 1986 年、1989 年、1990 年三屆環法自行車賽冠軍葛瑞格・萊蒙德（Greg LeMond）。只見他奮力踩著自行車攀上一道陡坡。賣力超越一群單車手，背景是他的內心獨白，持續說出一連串自我肯定的話：「這段坡道很容易……我的腿很有力……背也還很有力……不費吹灰之力……跟呼吸一樣輕鬆。」影片播罷，我會問觀眾，誰覺得萊蒙德踩蹬踏板登上陡坡真的有他說的那麼輕鬆？觀眾向來回答：「怎麼可能嘛！」

沒錯，萊蒙德當下肯定不覺得輕鬆，但關鍵是，他沒有抱怨感受到的痛苦勞累，而是持續肯定（答應）希望得到的現實、當下期盼感受到的輕鬆。在他不停說出一連串第一人稱、現在式、肯定句、具體、有力的陳述之際，萊蒙德戰勝了疲勞和自我懷疑，取得了先勝。當下，他為自己在那一段坡路賽道付出的努力，建立了有益的自我應驗預言，從而鼓勵了心、肺、肌肉維持最佳狀態（還記得相信勞動也算是規律運動的旅館房務員嗎）。

下一次當你去重訓或練跑，不妨效法萊蒙德，試試看用你的版本的自我肯定為自己打氣。當你在飛輪、划步機、跑步機上氣喘吁吁，或跑在人行道上腳步沉重時，對自己陳述你想要的感覺，彷彿真的有此感覺一樣：我的呼吸平穩充足……我的步伐順暢有力……我喜歡心跳加速、血流湧竄的感覺……我身邊每個人試過以後，無不都說運動過程感覺舒服許多，表現也比預期更好，這是因為他們把當下的念頭與期望的表現調和為一，贏得了先勝。

明瞭這點後，大家的疑問會從「這樣務實嗎？我是不是在騙自己？」變成「我現在做的事能幫到自己（和我的團隊）嗎？」這個做法實事求是嗎？或者只是在為負面思考找藉口？

時時刻刻存入信心

方法一、睡前筆記

美國競速滑冰選手丹・楊森（Dan Jansen）四度參與奧運，這將是他最後一次出賽。1984 年塞拉耶佛冬季奧運，他抱憾而歸；1988 年加拿大卡加利冬奧，又因為接到親愛妹妹意外去世的噩耗，導致他摔倒未能完賽；1992 年法國亞伯特維勒冬奧，他的成績更令人失望（500 公尺第四名，1000 公尺第二十六名）。楊森令評論者大打問號。這個曾經創下競速滑冰世界紀錄、拿過多座世界冠軍的人，怎麼每到奧運就不行了呢？沒想到他最後一屆出賽奧運，1994 年挪威利勒哈麥冬奧，楊森在 1,000 公尺賽事以出乎意料的表現終結了質疑，憑著 1 分 12 秒 43 的優異成績打破世界紀錄並抱回金牌。為什麼，哪裡不同了呢？楊森能成功，至少有一個原因是他找上了運動心理學專家吉姆・洛爾（Jim Loehr），「幫助我真心喜歡上 1,000 公尺比賽。」楊森回憶：「我實在太害怕 1,000 公尺；我滑過那麼多遍，知道最後一圈我一定會累，到後來簡直像預告自己會累。」

預期身體疲勞也是一個自我應驗預言，而且潛在危害極大，洛爾深知這點，於是著手協助楊森解決這個問題。「我們做了很多意想不到的練習，比如每天寫：我愛 1,000 公尺，」[41]

楊森說。事實上,到 1994 年奧運前的兩年之間,洛爾要楊森每晚睡前都要重複在筆記本寫十幾遍「我愛 1,000 公尺」,以啟動正向的自我應驗預言,催生自我的能量和熱忱,不再老是擔心最後一圈會累。

我很推薦大家使用「睡前筆記法」為戶頭多添信心。認真實施睡前筆記法的結果,楊森在兩年間多了 8,670 條信心存款。你也可以在每天睡前,把先前列出的三句自我肯定陳述在筆記本或日記上各寫至少三遍。凡是認真希望取得先勝的人,睡前都應貢獻五分鐘做練習。每寫下一句肯定,也讓它喚起你內心的強烈感受。你肯定的如果是一項能力或行動(「我的速度比得上任何對手」),那就去想像自己正在做那件事;如果是一個結果或成就(「我是 2020 年度最佳銷售員」),那就去感受那股成就感。用有力的自我肯定結束每一天,可以為潛意識提供材料,在入睡後不受意識干擾慢慢消化。你甚至會發現,在好心情中結束一天,能讓自己睡得更安穩。

方法二、進門複誦

你每天進出門幾次?每次我問西點軍校學員這個問題,他們總會眼球上翻,想都沒想就說:「太多了!多到數不清!」如果把一扇門當成一個機會,每次進門出門對自己複誦那三句關鍵的自我肯定,就能存入一點信心呢?想一想,假如每進出一

扇門就肯定一次自己渴求的能力、希望的行動、期待的結果，
該能存下多少信心？歡迎認識「進門複誦法」。

　　亞莉珊卓・羅斯也選用了這個方法，並在 2000 年奧運資格
選拔賽的九個月前開始貫徹執行。她從來沒數過一天進出門幾
次，所以不確定到底對自己重複了多少遍「我 800 公尺能跑進
1 分 56 秒」，但為了給你個概念，我簡單做個計算。假設你平
均一天進出門 50 次（你有興趣不妨數一數，這個數字不誇
張），九個月下來就存入了 1 萬 3,500 次。羅斯選用這個方法是
我的建議。很多諮商師和人生教練會建議你在睡前相對放鬆的
時刻練習自我肯定，讓大腦在入睡後有好的消化材料（睡前筆
記法就是這種練習，方法也很好，沒有理由不做），但我沒看
過哪一篇論文主張應該限制每天自我肯定的次數，所以何不多
多益善？想一想你為了眼前的麻煩或將至的考驗，每天要煩惱
多少遍？為什麼煩惱可以，自我肯定就不行呢？

　　我沒問過羅斯是不是常為無法實現奧運夢而煩惱，但她承
認自己有很多自我懷疑，也知道這會影響她的成績。這很正
常。但很多運動員會否認抱有自我懷疑，不承認自己陷於無濟
於事的自我應驗預言。羅斯不一樣，她決心為自己的困境做點
什麼，所以開始利用進門複誦法來累積信心。剛開始要持之以
恆並不容易。很多運動員每天都得周而復始地對抗自我懷疑，
羅斯起初也對肯定自己的目標成績感到不自在，她會想：我自

以為是誰，能跑那麼快？但我在初識不久的一次會面跟她說：
「就以你，那樣想有何不可？」我給她看作家瑪麗安娜‧威廉
森（Marianne Williamson）寫的文章〈我們最深的恐懼〉（Our
Deepest Fear），[42] 然後告訴她：「總之會有三名女子 800 公尺賽
跑選手入選奧運代表隊。其中一人當然可以是你。」配合嚴格
的體能訓練，羅斯重新省視自己的心態和思考習慣，很快就意
識到，是認真過頭的完美主義和不斷與其他選手比較的習慣妨
礙了她的發展。設想期待的結果其實並無不可。她從此開立了
戶頭，開始儲存自信心。

　　不到一個月，羅斯每次進出門就重複一次自我肯定，發現
自己愈來愈能自在地看待她建立的自我形象。跑 1 分 56 秒原本
只是個大膽設想，現在變成愈來愈堅定的自我意念，有時她甚
至覺得自己真的是能跑出 1 分 56 秒的跑者，雖然在比賽中她還
未跑出這樣的成績（附錄一有我為羅斯編寫，讓她在那幾個月
聆聽的自我肯定範本）。以前在大學時期，她總會把自我懷疑
帶到場上，現在那些自我懷疑逐漸淡化，變得無關緊要。這新
生的自信心，是她得來不易的先勝，且在奧運選拔賽帶給她豐
厚回報。羅斯連破兩項個人紀錄，是項目中唯一有此成就的選
手，入選 2000 年奧運代表隊候補席次。她跑出的成績是 2 分
01 秒，雖然不是 1 分 56 秒，但也是她的最佳紀錄。而且她臨
場遭遇兩個重大不利因素，還是破了個人紀錄：第一，她從跑

道最內圈起跑，這是最不利的賽道，因為彎道最陡，很難邁開大步。第二，有一根收音麥克風誤伸到她的賽道上，她被迫邊跑邊跳過去。儘管沒跑出 1 分 56 秒，但她無疑贏得了先勝。

這還只是起點，羅斯後來透過美國陸軍衛生專業獎學金計畫，從喬治城大學醫學院畢業，並完成整形外科的住院醫師實習，是該科屈指可數的女性（截至 2018 年，美國有執照認證的整形外科醫師只有 6% 是女性）。想在這個高標準的領域出人頭地，需要的信心程度不下於入選奧運代表，所以她沿用以前的方法，靠著彷彿已經發生的自我肯定句告訴自己，想要成為什麼樣的人、有什麼樣的成就。為了對付壓力和失眠，她告訴自己：我活得很快樂，因為我知道我的思考由我控制，所以命運也在我的掌握之中……面對危機困境我能保持冷靜……一逮住自我批評我就會立刻拋開。為了牢記解剖結構，她告訴自己：我能快速說出肌肉的起點、止點、作用與神經支配……我的解剖訓練紮實……我擁有的知識能應用自如。為了克服男性主導的不友善職場，她肯定自己：我對病例的每個診斷和治療方案都有充分準備……我為我做的事、我是什麼樣的人和我選擇這個專業的原因感到自在。

結束住院實習後，羅斯以整形外科醫師身分服役於美國陸軍，直到 2014 年退役。她派駐過南卡羅來納州傑克森基地、南韓首爾戰鬥支援醫院，2011 年 5 月又派駐到阿富汗一間北約醫

院六個月。在那裡，在恐怖的血洗殘殺之中，她日日救助傷兵、縫補殘肢，仰賴的也正是當初支持她度過運動員生涯、現今幫助她堅持醫療志業的心理資源。她持續肯定自己的長處、價值與尊嚴。雖然必須留下丈夫和兩名幼子，隻身來到阿富汗，但她心中知道，這是她一生努力至今盼求的表現機會，是對她個人十多年來累積維護的勇氣與信心的最佳檢驗。所以後來也不意外，派駐結束後，她發現遭遇過的種種困難並未削弱她，反而使她成長受益。多年後她告訴我：「歸國以後，我更加明白自己的可靠之處，這是我們為賽跑、為醫學院、為住院實習做的一切努力所紮下的基礎。」

美軍駐中東歸國後留下的創傷後壓力症候群，至今有許多專文討論，也的確是值得探究的問題，每天有成千上百的美軍男女官兵為此飽受煎熬。但相對少有人談到創傷後成長，也就是經歷逆境後更懂得珍惜生命、找到人生遠大目標的過程。心理學家理查·特德斯奇（Richard Tedeschi）和勞倫斯·凱霍恩（Lawrence Calhoun）於 1990 年代中期提出創傷後成長（post-traumatic growth）的概念，認為經歷心理煎熬的人往往能有正向成長。特德斯奇 2016 年發表於《美國心理學會觀察期刊》（*American Psychological Association Monitor*）的論文提到：「他們會對自己、對身處的世界、對如何與人連結、對可擁有的未來產生新的認識，對人生如何過活也會有更好的見解。」[43]

羅斯從阿富汗歸來後，就是多了這種新的見解。她除了繼續服務病患，還創立為女性外科醫師培力的人際網絡，並且教導她的孩子知道，他們是思考的主人。現在，要她陳述自己其實尚未實現的成就，她已經完全處之泰然，她仍舊會在每一次進出門時用自我肯定累積信心。如果你靠得夠近，說不定能聽見她輕聲地說：「我在發光！」

每一天，你通過的每一道門都把你從一個物理空間帶往另一個空間，可能是走入另一個房間，或是進出一棟建築物；同樣地，門也能帶你進入一個新的時刻、新的個人空間、一個新的當下。你在新的當下會肯定什麼、答應什麼呢？你會帶著怎樣的自我應驗預言，進入那個新的現在？在進出每一道門時，勇敢肯定你盼求的能力、希望的行動和期待的結果吧。

方法三、總體自我肯定錄音

2016 年 10 月，一等兵岡納‧米勒（Gunnar Miller）來到我的辦公室，回顧他在軍校男子袋棍球隊秋訓的表現，他一臉喪氣。米勒來自紐約上州，袋棍球是當地最盛行的運動。他其實是很優秀的進攻中場，高中曾獲選全美最佳球員，還曾在運動休閒聯盟 Section V 獲頒年度最佳進攻球員。但是聽到他當天說的話，你會以為他是西點軍校招收過最差的運動員。誰都能當場聽出他的想法於事無補（「我的袋棍球智商很高，所以犯一

點錯就會讓我很沮喪」)、他的心理濾鏡效能奇差(「五星期前的某個失誤我都還能清楚記得」)、他的信心戶頭也接近零(「我做不出該有的表現……要我控球閃躲、進攻球門,我都沒信心」)。

於是,我立刻向米勒介紹了有意識念頭與無意識執行的關聯。我們一起探討他固有的想法和記憶,顯然不只耽誤了秋訓表現,還繼續影響他到現在。米勒很快就聽懂銀行戶頭的比喻,也承認他存入的念頭只有六成是有益的,這樣的信心儲蓄程度,上任何一堂課都只會拿到剛好及格的成績。我馬上請他回想球隊秋訓的小比賽裡,他個人的三個最佳表現。不意外,他沒幾分鐘就想到了。到白板旁寫下來的時候,他整張臉都在發光。我跟他說,這類記憶才是好的心靈食糧。我要他在下一次晤談前先列出以下記憶:三次進攻中漂亮突破防守、三次精采射門、三次成功攔截地面球、三次精采防守、三次漂亮無球跑位。我發現,盼望有好表現的人,不會介意做些功課。

五天後,米勒帶著清單回到我的辦公室,他列出這些只用了十五分鐘:

突破

- 愛國者聯盟準決賽對海軍官校突破取分。
- 大一對海軍官校,突破後左手反彈射門。

- 對上洛約拉大學全美最佳防守中場，做出轉身突破取分。

射門

- 愛國者聯盟冠軍賽對柯蓋德大學破門。
- 愛國者聯盟十六強賽對洛約拉大學攻入右下死角。
- 大一對聖十字學院舉桿擊出飛球破門。

攔截

- 對密西根大學攔截後助攻得分。
- 對聖十字學院攔截後助攻得分。
- 對里海大學防守站位，兩次攔截後成功清球。

防守

- 對里海大學在對手長時間持球後成功清球。
- 練習中對上隊內最強突破球員，成功阻止他單射。
- 練習中成功搶走隊內先發進攻手的球。

無球跑位

- 邊線做球給奈特，再回場接球，然後背身傳給柯爾。
- 跟柯爾雙人對傳，然後跑位快射得分。
- 拉開空間接球後助攻戴夫得分。

　　這些記憶為米勒開立了信心戶頭，他有了好的起點。後續一個小時，我們討論了他可以如何透過每日 ESP 練習持續累積信心，並把心理管理延伸至他當下的自我觀感。米勒馬上著手

進行他專屬版本的進門複誦練習，善用進出教室的每一次機會。然後在下一次會面，我提出了重砲級的自我肯定法：編寫一段統整後的個人化自我肯定腳本，錄成 MP3 音檔。我為客戶製作客製化音檔已經超過二十五年了，米勒自然沒放過這個機會。這個「總體自我肯定錄音」會是一段十分鐘無干擾的自我肯定敘述，具體有力的第一人稱現在式肯定句會對他連環轟炸，背景則輔以振奮心情的音樂。

以下是他的音檔的第一段：

> 我在場上任何位置都有致命的突破能力……我熱愛在大比賽遭遇強敵時突破……我每次突破都創造機會……我能一再騰出空檔做致命傳球或強勁射門……假如突破受阻，我轉頭就忘，準備做下次突破……我看見防守者，看見球門，我任進攻順勢發生……每一步都不費力……我的腳步輕盈……我對我的能力充滿信心，沒人守得住我……我在場上任何位置都有致命的突破能力……

米勒的整個音檔都由類似段落組成，對比賽的技術部分（突破、射門、攔截、跑位、防守）和心理層面（消化不可避免的挫折、維持勝利心態）都有詳盡敘述。最後總結如下：

我從今以後都這麼想……我把比賽提升至新境界……我以身在陸軍袋棍球隊為榮,也接受榮譽附帶的責任……機會把握在我……我做到不曾做過的事,獲得前所未有的進步……我的比賽將上達全新境界……來吧,該我發光了!

我讓米勒在辦公室「試聽」完成的音檔。我請他閉上眼睛,舒服靠著椅背,聽聽看他的自我肯定錄音。十分鐘後,隨著最後一小節音樂淡出,他睜開眼睛,露出幾個月不見的笑容。我問他有什麼感覺,他說:「真的都熱血起來了!」他的思緒沉浸在表現亮眼的敘述裡,情緒自然也充滿了渴望、期待,以及信心。「好想現在就上場比賽!」他說。先勝到手!

米勒把自我肯定錄音實際應用在 2016 到 2017 年冬季和 2017 年的袋棍球賽季。聆聽音檔成為他每天搭公車去體育場練習路上的固定儀式,也是他賽前心理預備的一環。而 2017 年也成為他史上最佳賽季。不只被隊友推選為隊長,比賽全數先發,兩度攻進關鍵致勝球,還在球隊爆冷力克強敵雪城大學和聖母大學的比賽中扮演要角,入選愛國者聯盟明星隊。我們的年終總結會議上,我問他對我有沒有什麼建議,我的方法有哪裡需要改進時,米勒只提到一個感想:「請教練指示每個隊員都做一份自己的自我肯定錄音!」

　　寫作本書的此時，米勒已經官拜中尉，是傑克森基地基礎訓練旅的執行官。任何官兵都會告訴你，在軍中難免會遇上棘手的工作，米勒也不例外。但就像 2016 年秋訓後，他學會控制思考超越困境，現在的他也一樣。每次進出門，他還是會反覆告訴自己：我又有新的機會彰顯胸口的這塊名牌……我正處於人生最佳狀態……而且我每天都能見到心愛的女人。他的自我肯定音檔也依舊存在手機裡。

　　上一章我們用「你當前的思考模式與期盼的成功高度一致嗎？」這個問題作結，本章結尾則要提出另一個問題：「你覺得自己是什麼樣的人？」此時此刻你是怎麼陳述自己的？同樣地，這些說法與你期盼的成就一致嗎？不論你參與的是哪種競賽、測驗或表現，你都像楊森熱愛 1,000 公尺比賽一樣，愛著你做的事嗎？你是否像外科住院醫師對待每個診斷和治療一樣，為每件工作做足了準備？不論你對自己抱有何種信念，都會表現在你的行為舉動中，最終體現於結果。本章列舉的三個練習法，包括睡前筆記、進門複誦、自我肯定錄音，全都是可供你練習陳述建設性自我觀感的工具，幫助你駕馭自我應驗預言的力量，將這股無所不在的力量化為助力。你希望發光發熱嗎？從肯定它、答應它開始，等到哪一天你發現自己真的在發光發熱時，可別被嚇到了。

第四章

建立信心戶頭三

預想更好的自己

　　上校凱文・卡普拉（Kevin Capra）是我在西點軍校 1995 年級的學生。2018 年 7 月到 2020 年 6 月，他在德州胡德堡基地出任陸軍第一騎兵師第三裝甲旅戰鬥司令，轄下有 37 個連，總計 4,300 名士官兵（連是軍事單位，每個連有 80 到 120 名士兵，再分成更小的單位，稱為排）。每個連由一名上尉擔任連長三年，負責連隊的訓練及整備，任期到了即輪派至新的部隊，原屬部隊會有新的連長接任。卡普拉上校任職旅長期間，每個新任連長都得接受他的想像力訓練。

　　他會問：「你希望連上弟兄受到什麼樣的訓練，置身什麼樣的環境？」新任連長大都回答：貼近現實。因為他們都知道，和我們在電影或影集裡看到的不同，現實中的士兵在戰場上很少突然英勇過人，表現超乎尋常。絕大多數的人反而會退回訓練時的程度，所以戰鬥訓練必須盡量逼真。卡普拉上校聽完他們的回答就會追問，「貼近現實」是什麼意思？

　　「你能想像貼近現實的訓練情景嗎？」

　　「你聽到了嗎——槍砲連續擊發、指令正在下達、爆炸在近處發生？」

　　「你有感覺嗎——手上握著的無線電、走路或車輛的晃動、背上滾落的汗水？」

　　「你聞得到嗎——無煙火藥、沙子和風？」

　　「你嘗到了嗎——嘴裡的沙礫和血味？」

這些問題及後續的對話，會為新任連長立下必要的條件、時程和資源決策，幫助他們將連上弟兄訓練成全球頂尖部隊。對卡普拉上校來說，「想像」這兩個字是最有力量的名詞。

美國跳遠好手麥克・鮑威爾（Mike Powell）以前會在自家客廳靜靜等待，等室內變得昏暗涼爽，如同 1994 年《運動畫報》雜誌報導的一樣，在這個「他能更清楚看見夢想」的時刻，大步跨越客廳，左轉穿過餐廳，然後在踏進門廳的同時，想像自己飛躍出去，打破巴布・貝蒙（Bob Beamon）1968 年在墨西哥奧運創下的世界紀錄，也是田徑史上最久未破的紀錄。鮑威爾的幻想總會結束在他高舉雙手歡聲慶祝，耳邊聽見群眾歡呼，心中洋溢他知道那一刻會帶來的狂喜。「我能在腦中感覺到，」他回憶說，「那一跳我想像過上百遍。」[44]

中尉保羅・托奇（Paul Tocci）是我另一名學生（2016 年級），他每晚固定有個睡前儀式。結束基礎幹部領導課程一天的訓練後（所有新任尉官都要上過課程以獲得授銜），托奇會找張舒服的椅子坐下來，戴上耳機，點開手機裡的音檔。開頭有人聲簡單引導他專注及放鬆：「找到舒服的姿勢……將注意力放在呼吸……感覺身體吸氣吐氣……」放鬆四分鐘後，人聲會接著引導托奇的想像力，帶領他進入夢想中的創業未來：

　　這是我的機會，我將去到少有人敢奢望的地方……

輪到我躍升成功人士的精英階層了⋯⋯我將步上軌道，成為史上創業最有成的西點軍校畢業生⋯⋯我會在 10 月 15 日前，讓倫納德伍德堡基地的八成兵員加入 Trade U 平台；到 12 月 1 日前，實現每月淨正現金流⋯⋯一年內我會拿出漂亮的統計數據，為我的技術在軍中及投資者間招徠更多新機會⋯⋯

這些人在做什麼？閒得發慌做白日夢嗎？卡普拉上校在和新任連長玩什麼成年版扮家家酒嗎？不是的。卡普拉、鮑威爾和托奇，是在用另一種方式鍛鍊他們的心理濾鏡：利用一種獨特的思考過程，在戶頭存入信心。這種思考方式要動用所有感官，包括視覺、聽覺、嗅覺、味覺、觸覺、姿勢和動作。利用一種我稱之為「預想」（envisioning）的方式，對期待發生的未來事件，刻意產出情緒強烈、多重感官印象的想像經驗。

截至目前，我們已討論過了如何管理過去的記憶，包括久遠與最近的記憶，以及如何控制此刻對自己陳述的自我觀感。現在，我們要轉向至控制為未來創造及維持的遠見、想像和感受。沒錯，我說的就是想像力。人類透過這個獨特的心理功能「預見」未來。每天，在我們規劃行程、盤算長遠未來，甚至是煩惱世界上種種可能出錯之事的時候，都會動用到想像力。讀完本章，讀者便會知道，選擇性、建設性地運用想像力來累

積信心，能幫助我們做足「心理準備」，達到巔峰表現。前面，我們看到了控制過往記憶和當下自我觀感有許多好處，現在，透過「預見」控制對未來的想法，同樣也有莫大助益。

用想像力累積信心

或許有人聽過或讀過運動員利用「視覺化」（visualization）為比賽做準備：體操選手實際上場前，先在腦中跑一遍地板動作；足球員想像射門得分或罰進點球的興奮感，網球選手在腦中溫習能擊出致勝球的確切動作。很多運動員和其他能力者，例如演員、音樂家、外科醫師、業務員，長久以來都會做各自的「視覺化」練習，只是名稱各有不同，有的叫心理排練，有的叫動態意象、視覺發想等等。軍中長年來也有所謂的「石頭推演」（rock drills）：在地面清出空地，用石頭擺陣表現地形特徵和部隊或單兵的位置與動向，演練軍隊調動。愈來愈多人意識到，視覺化演練有助於為將至的考驗多做一點（或者多很多）準備，儘管不是每個人都知道這種練習為何有益處，而且可能也沒有充分發揮想像的好處，因為多數人只用到視覺想像元素，沒有結合所有感官。

近年來，磁振造影技術（MRI）和大腦監測科技（用敏感電極偵測腦細胞的放電情形）的發展，揭開了人類想像力的神祕面紗。[45] 我們發現，如果運用得當，想像力可以很有力量，

同時也了解到想像力何以有助於贏得先勝。

　　想像力可以用於累積信心，根據的是一個簡單卻驚人的生理事實：想像力能在多個層面上刺激身體的實質變化，從整個系統（心肺循環、消化、內分泌等等），到特定器官或肌肉，甚至是控制行為和運動的腦與脊髓神經線路。[46]心理學家珍妮・阿赫特伯格（Jeanne Achterberg）在她的經典著作《意象療癒》（*Imagery in Healing*）的序言寫道：「意象，或想像的產物，能在或平凡或深刻的層面密切影響身體。對戀人氣味的記憶，能喚起情感機制。在心中排練業務會報或馬拉松賽，會喚醒肌肉和更多生理變化，使血壓升高、腦波改變、汗腺更為活躍。」[47]換句話說，想像並不是一連串被動的幻燈短片，也不是無意義的畫面在眼前一閃即逝，不具任何結果。相反地，不論是否察覺，每一次行使想像力，它都會對身體的每個系統、器官、組織、細胞產生強烈影響。

　　阿赫特伯格的論述有早至 1929 年的研究可以佐證。研究指出，意象／視覺化想像對肌肉活化、消化道活動，乃至神經系統運作都有影響。早期的研究者之一，是芝加哥大學的艾德蒙・雅各布森（Edmund Jacobson）。[48]他發現，讓短跑運動員躺在長桌上想像自己正在跑百米賽跑，腦電活動也會使其大小腿肌肉產生微幅收縮。明明沒有實際跑動，但跑者光是想像跑步，就觸發了神經系統線路，命令跑步肌肉產生收縮。力度雖

然不大（跑者並沒有從桌上跳起來），但與實際跑步時的收縮時序（伸肌和屈肌交相放電）相同。很顯然，鮮明的想像能觸發許多與實際活動時相同的神經結構與線路，使肌肉產生反應。不要把這想成中蠱似地「心靈控制身體」，應該想成心靈也是身體。這種神經網絡被想像力觸發的效果，從雅各布森的初始研究以來，陸續又被引用於超過 230 篇的研究論文當中。最近由凱伊・米勒（Kai Miller）與華盛頓大學的同事所做的研究發現，當受試者想像簡單的動作，如五指握拳再張開，大腦的運動皮質區也會產生電活動，約為實際做動作時的 25%。[49]

　　這個發現暗示了，善用想像力對運動技巧、動作技能，或任何牽涉技術的行為都有相當的實效。拳擊手與鋼琴家的專業天差地遠，但都能藉由想像正確執行動作來使技術進步。鋼琴家可以想像演奏音階和樂句，拳擊手可以想像做出刺拳、後手直拳、上勾拳、左右勾拳的組合技。同理，這也適用於演員、音樂家、外科醫生、業務員、人資經理。控制技能和行為的神經線路，能經由想像啟動。想像的意象如果還配上對應的聲音和感覺，那更是有效。神經線路從大腦皮層向外延伸，向下經過脊髓，再向外連通特定肌肉，告訴肌肉該於何時用多大力量收縮。神經線路每啟動一次，訊號傳遞就會更順暢一些，不論你是實際在球場上練習，或坐在椅子上心理演練都一樣。兩種情況下，控制動作和技能的神經線路都能被啟動。不管是身體

練習或在心中演練，每重複一次，既成的神經線路就會再生成一次類似的傳遞。我們在第一章就說過，訊號每傳遞一次，髓磷脂絕緣鞘就會增厚一層，讓未來相同動作能執行得更順暢、更快速、更協調。

最驚奇也最重要的是，只要想像給予的刺激夠強烈，人體神經系統這個由神經元、突觸、化學傳遞物質構成的複雜網絡，某種程度上無法分辨實質的刺激（實際身體練習）和想像的刺激（心理演練）。

想像力之所以有效還有一個原因，那就是肌肉不是唯一會對想像起反應的生理機能。近五十年來，為數龐大的醫學文獻指出，想像能誘發諸多生理機能變化，包括血糖值、腸胃蠕動、心律及免疫系統功能。[50] 想像練習能大幅提高癌症病患的白血球數（這很重要），減低術後疼痛程度，促進免疫球蛋白A生成。[51] 免疫球蛋白是消化道、呼吸道、泌尿生殖道分泌物中自然生成的抗體，如同抵禦微生物侵襲的第一道防線。所以說，善用想像力不只可以提升能力，還能讓人更健康。

想像力創造的意象能促成身體變化，若是對此還有所懷疑，不妨跟著我做一做下面的測驗：

想像你坐在廚房餐桌前……想像這間廚房的樣子，
牆壁是什麼顏色，窗戶在什麼位置，餐桌是什麼造

型……現在想像你面前有只小盤子，盤中有一顆亮黃色熟透的檸檬……你可以清楚看見這顆檸檬，光線照映著蠟質表皮，果皮上有許多細小凹凸……拿起檸檬掂一掂重量，感覺它的質地……把檸檬放回去，你注意到指縫和掌心殘留了些許油脂……現在把目光移回放檸檬的盤子，你注意到一旁有一把鋒利的小刀，最適合切小型水果……拿起那把刀，把檸檬小心對半切開，感覺刀刃劃開果皮，切穿果肉……放下小刀，拿起半個檸檬……你發覺重量比之前輕，質地也比之前軟，更容易擠壓出汁……你輕捏檸檬，看到剖面冒出些許汁液……把那半個檸檬湊近臉前，聞聞它獨特的香氣……你感覺幾滴汁液流到指尖，黏黏的……把那半個檸檬拿向嘴邊，湊上嘴唇沾沾味道……現在張嘴大方咬一口檸檬，充分體驗酸澀的味道和多汁的口感。

假設你的想像力和多數人一樣運作正常，同時假設你以前接觸過檸檬，那麼在你想像自己咬下檸檬後，接下來會發生以下的事：鼻孔收合，嘴周肌肉繃緊，分泌出許多唾液。為什麼？因為自律神經系統負責控制面部肌肉運動、啟動消化、產生味覺。雖然實際上沒有那顆檸檬，但因為想像，自律神經還

是運作了起來,舌頭味蕾上的味覺受體還是發送訊號給大腦的味覺皮質,告訴大腦有酸澀的東西進入嘴裡。大腦接著回送訊號給鼻肌,雖然你並沒聞到一絲氣味,但鼻子還是收縮閉合鼻道,以防突來的強烈氣味。同時,第七和第九對腦神經也發送訊號給腮腺、頜下腺和舌下腺,促使更多唾液分泌,準備消化檸檬果汁和果肉,雖然根本沒有果汁和果肉需要消化。恭喜啊,剛才透過預想你創造了多重感官經驗的鮮明想像,成功唬弄了神經系統。很厲害吧,而你還可以善用這個生理事實,讓自己從事活動的技術更進步。

把想像力用於提升技術能力,雖然有趣又實用,但我認為,預想最大的價值在於它能增進自信,尤其有助於讓我們對未來感到有把握。科學證實,動作意象有提升運動能力的效果,以及不同形式的療癒意象對治療過程有幫助。科學同樣也證明,適當的想像對一個人的自我意識,亦即一個人認為自己是誰、能有怎樣的未來,有著正向影響。科學告訴我們,生動地想像自己做出希望的動作、實現希望的成就,可以改變自我觀感,改變對自己的主要看法。第三章我們討論過,自我觀感是自我應驗預言的起始兼結果。自我觀感為力量無窮的潛意識心靈提供了一個心理目標,驅策我們朝之前進,猶如一組虛擬指令,或是可以按圖索驥的建設藍圖。

英國南安普頓大學的裘蒂・哈洛(Jodie Harlowe)與同事

研究發現，飲食障礙症患者如果對自己創造並維持盡可能鮮活的正面印象，自我觀感和自我印象量表的得分會顯著提高。反之，效果亦同。[52] 受試者若聽從指示，對自己抱有「悲傷、沮喪、焦慮」的印象，量表得分會降低。這些發現和其他無數臨床心理學、[53] 表現心理學的類似研究都告訴我們，[54] 人們抱持的想像會強烈影響自我觀感和對未來的感受。因為想像會對腦和身體帶來變化，刻意控制想像可以視為一種鍛鍊，能增強絕望的肌肉，也能強化希望的肌肉。

伯尼・西格爾（Bernie Siegel）醫師操刀癌症手術多年，發現病人的心態會強烈影響他們能否痊癒，他說：「我們在體內創造的情緒環境，能啟動破壞或修復的機制。」[55] 我們選擇創造、維持、活化的意象，可以呈現樂觀的內容，啟動踏實的生化作用，進而在戶頭存入更多信心。反之，也可能減少信心結餘，導致我們對未來遲疑擔憂。

所以，跳遠好手鮑威爾想像自己成功破紀錄，其實是在建構有益的生化作用，建立有益的自我應驗預言。托奇想像自己創業成功、卡普拉上校鼓勵連長想像理想的訓練，也是一樣的道理。創造個人專屬的虛擬實境，想像自己踏進辦公室、步入球場、站上舞台，或走上個人戰場時，希望發生的情境，有助於為關鍵時刻的突破表現做準備。這是一種能補給信心的思考模式，高中運動員能藉此適應大專賽事，大學生可藉此爭取書

卷獎，中階經理亦可藉此尋求升上副總經理。在很多類似例子裡，這些運動員、學生、中階經理早就具備必要的體能、技術和策略能力，唯獨少了一個要素，那就是信心。先對自己有信心，突破才可能發生。有些人沒能充分「看見自己」表現出色或獲得肯定，因此覺得忐忑不安。升上全新賽事等級，接下陌生的職務責任，不論是全國錦標賽、奧運，或是擴大銷售業務範圍，都可能引起相當的擔憂、不安和焦慮，使你小看了自己經過充分訓練、完全可以勝任的能力。

想要確保辛苦累積的能力不至於葬送在恐懼、疑慮和擔憂裡，一個有用的方法是為希望實現的突破創造既視體驗，全面而生動地想像自己期待的突破會在何時開展、發生當下你希望有什麼感覺。這麼一來，當突破的機會到來，當實際踏上球場或走進會議室，你會感覺自己早就做過這件事，而且做得很好。這就是奧運金牌得主席希爾薇・貝尼耶（Sylvie Bernier）在 1984 年奧運會上的體驗：「我知道我會在 8 月 6 日下午四點進行跳水決賽。我知道記分板會在左側哪個位置，也知道評審會坐在哪裡。一切都在我腦中。我能看見自己跳出如同預期的動作，完美入水。所以後來上台領獎，我只感覺似曾相識。」[56]

這也是我希望你在人生關鍵時刻能擁有的感受，因為已經去過、已經做過，而且做得出奇之好，所以自在心安。你也可以有這種感覺，對自己擁有十足把握，只要重複讓自己當上電

影主角，佐以背景音效和炫目特效。身為主角的你，會以近乎完美、突破極限的程度執行各種任務，展現諸多技能，實現理想的結果，而沒有絲毫猶豫、懷疑或批判。在這部電影裡，或者應該說，在你沉浸其中的「虛擬實境」裡，無論如何都保有自信和自由，任何失誤或不完美都能轉眼忘記。在這個高解析度、多感官知覺的現實中，你能欣然逐夢，把世界拋在腦後。你準備好了嗎？

創造既視感體驗

第一步、活絡預視「肌肉」

先來為想像力做點暖身運動。每個人生來就有做白日夢的幻想能力，暖身練習有助於我們發揮更詳細具體的想像，「唬弄」神經系統，誘發身體的生理變化，引致個人的突破表現。

首先，回到先前的「檸檬練習」。遵照指引，想像你在同一個空間看見同樣的物件，只是這次試著添加更多細節。

- 放檸檬的小盤子是什麼顏色？
- 你用哪隻手拿起檸檬？
- 小刀劃開檸檬發出什麼樣的細微聲響？
- 水果刀是全金屬製的，還是木柄或塑膠柄的？

　　花點時間想像這些細節。把自己當成這一幕電影的導演／製作人，你有無限的預算把場景打造得十全十美。你可能會發現，某些「知覺」的想像比較強烈，想像顏色和形狀比較容易，聲音或氣味就比較難。這很正常，每個人都有內在的感官偏好，但你會發現，只要稍加練習，想像聲音、氣味或其他知覺的能力都會大幅提升。

　　接著試試這個：在你從事的職業、學習或運動領域選擇一件物品或工具，可以是網球拍、袋棍球／冰球桿、足球／籃球／棒球，又或是運動穿的某款鞋子。音樂家可以是樂器，外科醫生可以是解剖刀，坐辦公室的人則可以是桌上型電話或手機。想像這個物件，在心中操作它，活絡自己控制意象的能力。你的角色將從電影場景的導演／製作人延伸為特效總監，也就是讓電影場景生動起來、令人印象深刻的負責人。來吧！（準備好之後，停下來在心中默數十秒，給自己一點時間在腦中生成細節）

　　允許自己在心中創造該物品或工具的形象，想像它飄浮在你眼前，背景灰濛無特徵。仔細觀察物品的顏色和形狀，拉近焦距看它的邊緣，順時針看一遍它的輪廓，再逆時針看一遍。現在想像你輕輕轉動它，看見它的右側面、背面、左側面，最後轉回原

位,再往反方向轉動,看到它的左側面、背面、右側面,再回到正面。現在小小玩耍一下,想像這個物品輕巧地前空翻、後空翻,在心中控制物品運動的速度和方向,彷彿你有英雄的超能力,集中心思就能用念力移動物品。現在就用這超能力,在心中伸手拿起物品(或雙手捧著,視物品大小而定),在手中感覺重量和形狀,同時繼續看個仔細,用手把表面摸過一遍,感受不同的觸感,留意不同部位觸感有何差別(例如網球拍的握柄、拍框、拍線)。現在擺弄一下物品,在兩手之間互傳或拋起來再接住,感覺物品的移動,也感覺手臂和手掌操作的動作(拿的若是解剖刀請千萬小心!)現在,照原有用途使用物品:將球投擲出去,用手術刀切割(小心!)用樂器演奏一段音階,用手機打一通電話,感覺物品拿在手裡和使用時的動感……很好,現在讓想像慢慢淡去,回到這一頁來。

剛才你做的事,是在感受及強化控制想像意象的能力,並透過具體細節來放大意象的效力。控制和細節,這兩點是預想有效的關鍵要素,接續做下一個練習時,會需要用到它們。下一個練習將要你進行心理演練,預想自己有絕佳表現。只要能

控制預想內容，限制自己只想像成功和進步的畫面，你將能在心理戶頭存入不少珍貴的信心。反之，如果你允許失敗或困難的意象留在腦海，就等於是在提領信心戶頭，並在不知不覺間牢牢強化了與困難相關的神經網路。控制想像的內容很關鍵。預想過程中，任何時候只要有失誤或表現失常的畫面閃現在眼前，你就要像電影導演那樣停下來大喊：「卡！」阻止那一幕再繼續演下去。接下來，你也要學電影導演，馬上重整場景重來一遍，讓這一幕戲結束於你希望的結局。透過想像，你可以擁有任何盼求的成就，實現曾經有過的憧憬，戰勝任何對手或逆境，哪怕是從未擊敗過的對手。事實上，想在場上擊敗對手，首先必須在心中擊敗他們。所以務必保持正面積極的想像！

想像的詳細程度也很關鍵。你創造的意象細節愈多，牽涉的神經線路愈多，就愈能徹底「欺騙」神經系統、強化控制執行表現的神經線路。要做到詳細的想像，代表要盡可能動用最多種感官，並把每一種知覺的強度開到最強。首先很明顯要做的，就是盡可能為想像的場景增添視覺細節。發生場所在哪裡？室內或戶外？在哪一個或哪些空間？如果是室內，牆壁、地板、天花板長什麼樣子？如果在戶外，是怎樣的地面，周圍有什麼景物，天空是陰是晴？你能不能明確賦予場景色彩，「看見」設備、家具、工具、隊友、對手、同事的位置？別忘了，你是這一幕的導演，可以加入任何細節，讓場景栩栩如生。聲

音呢？背景有沒有人群或觀眾低聲交談？有沒有隊友或同事喊出暗號和指令？還是有大會廣播？把聲音添加進去，輔助清晰鮮明的視覺畫面。

現在更進一步加入其他感官細節，像是當時的氣溫、衣著或制服與身體摩擦的觸感；演奏的樂器、手中拿著的棍／拍／球、所站的講台和說話的麥克風，它們帶來哪些熟悉的感覺。為自己創造一個多重感官知覺的虛擬實境體驗。學會提高控制和細節的強度後，就能朝著更複雜、更連續、與突破性表現更為相關的心理意象前進了。

第二步、練習帶來進步

現在，想像力的肌肉熱起來了，何妨再多做一些鍛鍊，幫助未來表現所需具備的技術跟著進步。練習前，先選擇所從事運動中的一個技術動作，或工作上希望更進步的某項任務。找出一件未來的比賽或測驗馬上會用到的事，或是工作上經常受到考核、執行時間也相對短的事。可以是打出更強勁的網球發球（相對於打一整場比賽），或是把某一小段樂章演奏得更流暢（相較於彈完一整首《第三號布蘭登堡協奏曲》），或是更快把資料鍵入資料庫（相對於完成整份月支出報告）。想像自己在執行這項技術或事務時，會啟動大腦的運動皮層，觸發控制動作的神經網路，因為神經系統並不擅於分辨那是你實際在做

的事或者只是鮮明想像。在想像自己動作的同時，訊號將沿神經網絡從大腦運動皮層傳向脊髓，再到神經與肌肉連通的身體末梢，你可能會感覺到末梢肌肉輕輕抽動。

傑瑞・英格斯（Jerry Ingalls），前國家大學體育協會及奧運候補鏈球選手，是個值得效法的例子。他就是透過勤奮練習清晰、控制、專注的預想，在技術上獲得大幅進步。英格斯現為印第安那州的教區牧師，當年他才十七歲，瘦如竹竿（193公分，82公斤），入學西點軍校時從來沒見過鏈球，是因為跟室友打賭輸了才開始學的。結果四年後畢業前，他已經寫下了校史紀錄（至今尚未有人打破），在愛國者聯盟錦標賽和美國業餘運動員校際會賽都拿過冠軍，1996年奧運選拔賽也合格入選。鏈球是奧運四項投擲運動之一，需要精準的協調性、準確的時機、強壯的力氣，甩動以繩鍊連結握柄的7公斤重鐵球，原地旋轉四圈後，全力將球擲向最遠距離。英格斯完全從新手學起，有很多複雜技巧需要學習精進。西點軍校畢業，又從陸軍遊騎兵學院結業後（他在那裡摔斷腿骨，體重掉了近14公斤），英格斯入選美國陸軍的世界級運動員培訓計畫，1998年回到西點軍校，為2000年奧運選拔賽培訓。想在世界最大舞台出賽，他同樣有很多技術需要學習及精進。

四圈投鏈球高度講求技術，為了提升技術實力，做足心理建設，英格斯在就讀軍校時期和後來奧運培訓那兩年，成為我

固定輔導的學員。他每個星期至少會光臨我的辦公室兩次，每天還會額外做數十次擲球的心理演練，既能活化控制腿、膝、臀、肩、肘、手的神經線路，又不至於多耗損肌肉或拉扯關節。他會具體想像技術的每個環節，如頭部維持正確姿勢並放鬆肩膀，或在每一圈旋轉時從低點將球加速甩向高點，同時背部挺直、膝踝深蹲。他會想像自己完整執行整個投擲動作，從走進到離開投擲圈，從第一個動作到最後的投擲，全都進行真實狀態預想，也全都依照他希望的節奏、韻律和體感去想像。

英格斯的例子說明，運用想像的時候，特別是用來提升技能時，有兩個重要考量。首先是要一以貫之，把預想練習納入練習菜單或每日行程。一個月只去兩次健身房，對你的體能應該沒有多大作用，偶爾想到才做一下預想練習，對技術進步同樣沒什麼用。英格斯覺得每星期五天、每次撥出十五分鐘做預想練習，就能獲得相當於多做幾百次身體練習的好處，代價其實很小，況且心理演練每一次都能完美執行（他會施以控制），對身體又沒有額外負擔。想想看，每星期為一項重要技術或行為多做幾百次練習，對於你在關鍵時刻的表現該有多少幫助。每天花十五分鐘不值得嗎？

英格斯的故事也說明，從正確的觀點做預想練習非常重要，也就是說你在哪個位置「看」自己創造的意象。為讓每一次的想像投擲觸發最大數量的神經線路，我建議英格斯用所謂

的內部觀點（internal perspective），從自己的身體出發去想像。
進行心理演練時，他會在起始位置上「看見」自己的手伸到面
前，「感覺」手腕、手掌、肩膀施力甩動鏈球，接著「感覺」
雙手放開握柄末端，再「看見」鏈球飛向遠處，就像身體實際
做出這些動作一樣。

　　從內部觀點預想，相當於從自己的身體看出去（想想
GoPro 畫面），看到的就是你實際會看到的景象。[57] 比起從外部
觀點進行想像，這種方式能創造更強烈的整體心理及情感體
驗。外部觀點是從身體外看著自己，就像在看一部你的影片。
內部觀點之所以更強烈有兩個原因：第一，身體動作及在想像
環境中移動的感覺比較鮮明；第二，它能將真摯的感情帶入想
像的情境裡。雖有部分研究指出，外部觀點對新技能初學者可
能比較有幫助（人是靠觀察及模仿來學習的，對吧？）但 2016
年發表於《運動科學暨醫學期刊》（*Journal of Sports Science
and Medicine*）的一篇文獻綜述也說明，以內部觀點進行想像，
觸發肌肉活動的程度較高。雅各布森 1929 年的研究論文並沒有
說，他那名身上貼著電極、躺在長桌上想像的短跑運動員，用
的是不是內部觀點，但我敢打賭是的。

　　為了幫助你理解內部和外部觀點的差異有多重要，請想像
一下自己現在人在遊樂園的停車場，能看見遠處的雲霄飛車。
你看見一列飛車爬上軌道最高點，然後向下俯衝，甩尾迴旋了

一圈,甚至能聽見幾聲乘客的尖叫。接著再想像你坐在雲霄飛車第一排,面向前方隨列車緩緩爬升到軌道最高點,接著車身忽然向前一傾,下一秒就高速衝下軌道,快到心臟差點要蹦出嘴巴。兩種情景哪一個「感受」更強烈?是在停車場看雲霄飛車,還是坐在雲霄飛車第一排?我猜,用坐在第一排的觀點想像自己向下俯衝,心跳絕對快了一點、血壓升高了一點,肌肉多抽動了幾次才對。從外部移向內部,這種觀點的差異,會改變感受到的寫實程度,帶入更多種感官知覺,把想像變成更完整的個人虛擬實境體驗,也因此能多「唬弄」神經系統一點。

除了能提高身體或肌肉運動知覺的感受程度,從內在觀點進行心理演練,也讓英格斯體驗到更多與實際練習相同的情緒,像是做出動作的自豪,當下的專注、迫切感和決心。要讓預想真正發揮效力,真摯情緒扮演要角。與其他形式的練習一樣,意興闌珊是絕難有用的。調高看見、聽見、感覺到的細節強度很重要,增加想像時的情緒強度也很重要。「情緒內容」可視為一種參與感,想像視覺細節和肢體動感的同時,也要想到情緒內容。在所想像的情境裡,最好要像是做了個鮮明惡夢一樣,全神貫注,彷彿整個人就在現場。惡夢可能也是用來說明神經系統無法分辨現實與想像的最佳例子。做惡夢的時候,心跳加速、肌肉繃緊,全身都有反應,這是因為夢裡情緒非常強烈。有效的預想與日常做白日夢或普通的「形象化」,差別

就在於體驗到的感受能否催生強烈的運動和情緒知覺，如同跳遠選手鮑威爾每次想像自己破世界紀錄時感受到的那份狂喜，「我能實際感覺到喜悅衝上腦門，」他說。像這樣強烈的感受都是珍貴的信心資產。把真摯強烈的情緒帶入預想練習，神經系統會用進步做為回應。

現在試試看吧。參考以下的引導，為自己選擇的技能或任務做幾次有品質的「心理演練」。

> 在心中為自己練習技能或執行任務的場所建立意象（網球場、練習室、你工作的桌子等等）……運用想像力控制創造的意象，添加感官細節，用心靈之眼「看見」自己實際在那個環境就定位（站著、坐下）之後會看見的景象……加入聲音為意象增添細節，「聽見」你在那個地方會聽見的聲響……接下來感受你在那個地方會有的各種感覺，使意象更完整……首先感覺你的起始姿勢，雙腳踏在地板、場地、草皮有什麼觸感……再來加入手中工具或物品的握感……感覺周圍氣溫和那個空間的氣味……最後感受那一股非進步不可的堅定決心，完整整個情境……你為什麼要練習？這個技能或任務的重要性何在？……允許自己感到自豪，因為你為了進步特

意努力練習。現在，具體環境背景、起始姿勢、意向都牢牢印在腦中了，接著想像輕鬆有效地執行任務、表現得比往常都好會有什麼感覺……感覺雙手、四肢，甚或全身動起來，從頭完成整件事……完成後，停留片刻去感受那份成就感。稍加體會那種「我會了」的感覺，就像很久以前，你第一次跨上兩輪腳踏車學會邊踩踏板邊控制龍頭一樣（希望你有過這種體驗）……再多做三次心理演練，細心控制讓每一次都漂亮執行，每一次的想像都充滿豐富細節……允許自己在每次演練完成後獲得些許滿足感……在第三次演練結束後，深吸一口氣，然後讓演練場景的意象慢慢淡去……緩緩睜開眼睛，回到這一頁來。

依選擇預想的動作而定，一次演練可能只需花個幾秒鐘（例如一次網球發球）。如果是這樣，可以在演練末尾重新啟動，在心中重複演練十到二十次。如果任務比較長（例如跳完一支舞蹈曲目、組裝一件複雜設備，或者希望精進的一場簡報），先演練個一兩次大概就夠了。重要的是想像的品質，包括清晰程度、控制程度、專注的感覺，除外沒有必要硬性規定應該重複幾次。

第三步、取得好表現

西點軍校學員丹恩·布朗（Dan Browne）在我辦公室裡，放鬆地坐進一張人體工學躺椅。這張躺椅又被戲稱為「蛋椅」，因為外型肖似一個單面開口的大立蛋，人可以舒舒服服坐進有柔軟內襯墊的椅子裡，但它的實際名字叫「精英座」（Alpha Chamber）。布朗就是在這裡贏得了他的一次先勝，創下西點軍校史上1,600公尺賽跑的新紀錄，成為第一個用不到四分鐘就跑完1,600公尺的學員。我會讓他坐下來幾分鐘，引導他控制呼吸、放鬆肌肉，從腳到腿，再到手臂，最後是臉，依次放鬆緊繃。接著，我們會在心中前往西點軍校的吉利斯運動場（Gillis Field House），布朗兩天後將在這裡賽跑，挑戰躋身「四分內」的行列。四分內是名將羅傑·班尼斯特（Roger Bannister）首創於1954年的紀錄，從此被當成1,600公尺賽跑精英跑者的目標。我們會用生動鮮明的細節想像運動場和跑道，注意跑道上的聲響如何在洞穴般的牆壁和天花板之間迴蕩繚繞，在心中體驗腎上腺素與興奮期待交融的感覺，那種只有比賽當天才會生成的獨特感覺。布朗會聽我的敘述做暖身，想像自己屆時做出的各種慢跑、跨腿和伸展動作。他聽從我的聲音引導，想像自己站上起跑線，蹲下來等待槍聲，鞋釘咬進跑道表面。「各就各位……預備……砰！」我按下碼錶，布朗同時起跑，腦中生動想像比賽時每個步伐和每一圈的每個轉彎。

指尖上的心跳感測器會偵測到他想像自己奮力奔跑近四分鐘、往終點線大步前進的激昂情緒。他在心中超越其他跑者，率先越過終點線，隨即舉起手指示意我按停碼錶，雙眼還閉著。碼表讀數是 3 分 59 秒 70。兩天後，布朗在實際的比賽中跑出第一名，成績和這數字一模一樣。

　　2019 年 9 月的美國網球公開賽冠軍決賽，誰也沒想到加拿大網球明星碧安卡・安德列絲庫（Bianca Andreescu），能擊敗「小威」薩琳娜・威廉絲（Serena Williams）。安德列絲庫該年初在世界網壇排名僅一百五十二名，小威則功績彪炳，尤其在美網主場館紐約國家網球中心球場的鄉親粉絲面前，表現向來特別好（拿過六屆美網冠軍）。但在那場決賽裡，安德列絲庫是表現更好的一方，而她也和布朗一樣，到決賽當天早上前，透過辛勤的身體練習和同樣辛勤的預想演練，已經在心中做好擊敗小威的準備，哪怕小威可能是史上最強的女網選手。根據加拿大通訊社報導：「如同競逐美網冠軍的每一天，星期六一早，碧安卡・安德列絲庫以冥想和想像如何擊敗下一場對手展開一天。這一天的想像又進行得特別順利，她預見自己擊敗了美國超級巨星選手小威廉絲，捧起美網冠軍，『基本上，我只是把自己放進我認為比賽可能發生的情境裡。』安德列絲庫在驚心動魄的女單決賽中，以 6 比 3、7 比 5 直落二擊敗小威廉絲，並在當晚受訪時說，『我只是想辦法去應付那些情境，為

可能發生的事做好準備。我覺得準備充分就是你最大的武器。我真的覺得心理建設（很重要），因為來到這個層級，每個人的球技都不在話下。頂尖選手和其他人的差異就只在於心態。看來預想練習真的有用！』」[58]

從以上的例子可以見得，布朗在 1,600 公尺賽跑的破紀錄勝利、安德列絲庫以黑馬之姿擊敗小威廉絲，都發生在他們預想之後。踏進賽場之前，他們都已經先體驗了自己的突破。

這裡提供一張藍圖，你也可以跟著做，運用至今學到的所有關鍵想像要素，包括充分控制、充足的知覺細節、內部觀點、真摯的情緒，在舒適安全的個人空間裡就可以進行。我們一步一步，一起來吧。

七步驟完成預想練習

首先清楚認知自己期望的結果。做到什麼事、什麼樣的成就，能帶來無可比擬的成就感？簡單來說，你夢想什麼？什麼念頭從眼前閃過時，會喚起你的身體反應，令你精神為之一振，不由自主地對自己說：「要是那樣就太——好了！」那可能就是你長遠的夢想，例如安德列絲庫夢想打進網球四大滿貫賽決賽（贏了更好），也可能是你的下一個重大表現里程碑，就像布朗希望跑進四分內，或托奇希望他的新創事業獲得百萬收購。不論你現階段事業希望有何成就，或現階段人生有何經

驗，即使目前看似不大可能，甚至有點超出實力，你還是一樣能進行這個練習。事實上，它本就該是一件超越你當前表現、但你一想到就會備感期待的事。就像我總會問客戶：「什麼事讓你起雞皮疙瘩？」花點時間慢慢回答這個問題，在筆記本或頁緣空白處記下你的答案，然後準備好想像它。別忘了，你是這間史上最佳製片公司的製作人、導演、攝影師兼特效總監。

接著，為突破表現設定場景。發生地點在哪裡？如果你曾去過那個地方或那個情境，你能想像得一清二楚嗎？如果你沒去過，能不能找到照片或影片幫助創造清晰意象？對於為特定賽事接受訓練的運動員，不論參與的是超級盃、奧運，或是全國賽，上網搜尋比賽場館、游泳池、田徑場的照片或虛擬導覽都有用。如果是音樂家或舞蹈者，場地就是表演廳。如果是業務員或經理人，就是會議室。盡量找到貼近表演舞台的場景，這樣當你要創造多重感官虛擬實境的成功體驗時，就有一些合適的意象可以使用。

最後，列出幾個你預期在突破性表現當下會遇到的關鍵時刻，對你能否成功會有實質影響的時刻。我發現，二十分鐘是多數人能有效「欺騙」神經系統維持所需控制力、細節和情感的最長時間。如果你預期要做的表現不長，像是布朗的四分內賽跑，那麼你可以從頭到尾進行每一步或每一秒的模擬想像。但若需要的時間很長，比如安德列絲庫的三盤網球冠軍戰，你

很難從頭想像到尾。對於這些需時較長的事件，例如演奏會、演講、手術或交互詰問，比較好的做法是挑出特別重要的時刻，依照發生順序，在這二十分鐘裡用充分的控制、鮮明的細節、真摯的情緒依次想像。事件的開頭和結尾肯定是最重要的。其他則可能包括樂曲或舞蹈中比較困難的段落、手術中棘手的環節、簡報中傳達特別重要概念的時刻。將這些時刻列出來，就可以集中火力，開始你的想像。

預想練習之初，我們會先建立個人工作空間。我說的不是你的房間或辦公室，而是腦中的一個角落。每當需要想像技術進步或突破性表現，你可以到那裡去。這個空間是你的安全區、你的天堂、你的聖壇，只要在裡面，萬事都有可能。先確定自己坐得舒適，背後有支撐。請朋友為你讀出以下段落，方便你閉上眼睛放鬆。如同以往，每到「……」的地方就停下來默數幾秒，給自己些許時間在腦中建立細節。

步驟一、創造你的個人空間

想像自己走進一條鋪有地毯的走廊，燈光通明，兩側有許多扇門，就像飯店房間走廊……來到走廊盡頭，正前方是一扇門，門上有個特殊符號，標誌這扇門後是你的個人空間，個人專屬的心理練習空間。

拉開門，走進你專為這個用途創建的空間。裡頭的裝潢擺

設完全是你想要的樣子……用點時間環顧四周，看見牆壁、地板、天花板，以及房內的每樣個人物品：畫作、照片或喜歡的海報……盆栽、雕刻品、任何讓這個地方對你獨具意義的裝飾品……也許背景正播放你喜歡的音樂……房裡的窗戶看出去正是你指定的風景，可能是陽光和煦的海灘，或山中寧靜的湖泊，或百花齊放的美麗花園，又或是大都市的萬家燈火，只要能帶給你最大的滿足感和歸屬感都行。

走向你在空間內最適當的位置所擺放的舒適座椅或躺椅……坐下來，感覺身體舒服地陷進去，但又有所支撐，同時細看房間裡的細節……你坐的椅子旁邊有一張小桌子，桌上用你最愛的玻璃杯或馬克杯裝著你最愛的飲品……伸手拿近嘴邊，滿足地喝一口……現在把杯子放回桌上，重新調整好坐姿，放輕鬆深呼吸幾口氣，然後吐氣，同時放鬆臉和下巴……記住，這是你的私人空間，在這裡你非常安全，有充裕的時間做完美的心理演練，想像自己下一次的突破表現。

步驟二、前往你的賽場

在個人空間舒服坐定後，交由想像力帶你前往表現的起點。如果你以前就去過那個場地，運用記憶和內在觀點想像自己現在真的身在其中。如果是沒去過的地方，借助搜尋到的照片或影片來建構場景，並同樣使用內在觀點：從你的雙眼看出

去,「看見」你更換比賽制服的更衣室,或是將要發表銷售會報的辦公大樓,或是即將舉辦演奏會的音樂廳……任何表現都有一個起點,開始了就無法回頭。用最詳盡的細節想像那個起點,充分體驗景象、聲音和所有相關感受……想像你在場地的空間裡移動,感覺自律神經系統發揮作用,胃翻攪了幾圈,這都是自然現象……來到更衣間或等候室,或是你做最後準備會去的地方……運用你練習過的清晰、控制、專注的感覺,換上制服或整理好妝髮,為接下來出場主掌大局做好準備。

步驟三、著裝/暖身/就位

假如你會需要做些暖身或調音準備,像是布朗的 1,600 公尺賽跑,可以想像執行部分準備動作,適量就夠了,比如每個動作重複一兩次,把情緒帶起來。看你所見,聽你所聞,覺察自己的感受,一邊準備表現材料,再看一遍筆記,再看最後一眼即將演奏的樂譜。

步驟四、站上起始點

現在真的開始了!想像你站上起跑線、演講台,或任何起始位置。你應該會覺得興奮混雜期待,好好感受它……看見或聽見開始信號,立刻感覺自己控制住行動……你的第一發球擦在線上形成 Ace 球,跨出去的第一個大步就超越了人群,奏出

的第一個音符音準和音量皆臻完美……花一分鐘想像你建立起期望的步調、節奏、與觀眾或客戶的連結。

步驟五、關鍵時刻出擊

現在，利用你列出的重要時刻清單，用充分的控制、清晰和情緒想像每一個時刻：從內部觀點「看見」周圍行動開展，完美無瑕地執行戰術、報告、表演……看見在場的隊友、對手或觀眾……看見周圍景物或背景隨你的移動變化，聽見那一刻的各種聲響。如果說話是你的表現要素，尤其要聽見自己的聲音……感覺每一刻的姿勢和運動，在關鍵時刻採取的每一個行動……也感覺每一刻希望擁有的情緒內容和強度……是熱血沸騰，或冷靜無比？鬥志高昂，或直覺敏銳？……不論當下需要什樣理想的情緒狀態方能表現卓越，你都能自然達成……在這每一個關鍵時刻，在親身經歷的每個多重感官實境場景裡，你都表現得無與倫比，成功壓制對手或主導了整個情境，或是感動了你的觀眾。

步驟六、劃下精采句點

現在想像最後時刻，你的最後衝刺、致勝一球、對觀眾的結語。跟開始時一樣，充分清晰地看見、聽見、感受這一刻，控制最後幾個動作、奏出最後幾個音符、手術的收尾步驟……

感受計時結束前，你混合了興奮、滿意或鬆了口氣的心情。

步驟七、享受慶祝

別急！還沒結束！就像跳遠選手鮑威爾每次在自家客廳想像自己破了世界紀錄後，從不「否認心中的狂喜」，你也可以為想像中的卓越表現，感受發自內心的喜悅。看見將你包圍慶祝的隊友臉上的笑容、上前恭喜你做出精采報告的同事……聽見那些歡呼、掌聲、讚美……允許自己享受肯定和成就感，明白努力終於有了回報。

允許自己充分享受表現卓越的一刻後，讓慶祝的景象慢慢淡去，讓想像力回到你的個人空間。你依舊坐在舒服的椅子上，被自己選擇的裝潢擺設圍繞……椅子旁還是那張小桌子，擺著你喜歡的飲料……再度拿起來滿足地喝一口……現在杯子放回桌上，起身環顧四周，欣賞窗外景色……現在穿過房間走向大門，同樣細看自己裝飾在這個獨特空間裡的相片、繪畫和其他細節……開門走向走廊，停下腳步看個人空間最後一眼，你知道它永遠會在這裡為你敞開，你隨時能回來達成另一個嚮往的卓越表現……踏進走廊，關上身後的門……慢慢睜開眼睛，回到這一頁來。

這七個步驟可以當成每天固定的心理練習。不需要設備或特殊才能也可以正確執行，讓體驗到卓越表現的神經系統從中

受惠。值得強調的是,神經系統每一次執行你用真摯情緒鮮明想像的卓越表現,也會更準備好在有意識的分析念頭干擾最小的情況下,再度做出相同表現。你會表現出最大信心,因為屆時你已經取得了先勝。

但先等等。

爆胎演練強化信念

本章至目前,以及相關佐證的科學,多著重於想像進步和卓越表現帶來的有益影響,強調在想像中為自己期待的某個結果創造詳細的多重感官經驗。但說實話,外頭想像以外的世界,不見得在乎你的願望,再多的「一廂情願」就算生理上能影響我們的神經系統,卻改變不了仍然會有對手、競爭者和其他無數阻力,正在阻止我們那些熱烈想像的卓越表現順利發生。正如我們在軍中常說的:「敵人也會動腦。」就讓我們面對這些阻力,用一種特殊的想像、我稱之為「爆胎」的演練,來做好退敵準備。

假設你正開在一條昏暗街道上,要去一個從沒去過的地方。夜深了,幸好靠著汽車(或手機)導航,你還能照著原定時間和路線前進。對了,天還下著雨。原本一切還算順利,直到拐過一個盲彎,駕駛座側的車輪忽然跌進一個你沒看見的坑洞。撞擊過後十秒,胎壓警示燈就亮了起來,原本行駛平順的

車子,現在一跛一跛顛晃。你知道再開下去損害會更大,所以你別無選擇,只能靠邊停下來換輪胎。慘的是,你必須盡快抵達目的地。打電話聯絡道路救援(前提還要你有這項服務),慢慢等拖車來救你脫困不是可行的辦法。現在必須靠自己,也只有你能解決難題。

不用說,當下你一定滿心不悅,但現實硬生生打斷了原定計畫,也只能想辦法因應。你能否巧妙化解困境、能多輕鬆迅速換好輪胎重新上路,取決於以前是否換過車胎。如果你熟悉步驟,也知道千斤頂、備胎等工具放在哪裡,那麼這個突發狀況相對容易解決。反之,萬一你從沒換過車胎,只好經歷一段相對漫長而辛苦的換胎過程,從置物箱摸出車主手冊,就著車內的微弱燈光閱讀說明,找到千斤頂、備胎和工具,再依指示摸黑冒雨換胎,然後才能重新安全上路。

我們平日也會遇到大大小小的「爆胎」事件,即便立意良好,我們完美想像的卓越表現也不盡然能順心如意。為了幫助客戶建立信心,相信自己有能力克服突發的阻礙,我教他們在進入各自的賽場前,先取得一連串迷你先勝。首先,誠實認清幾個可能的「爆胎」,然後有意識地想像自己成功應付每一次爆胎,為神經系統建立一套有效的「副程式」,以備萬一。這麼一來,他們就能像雨中換胎也駕輕就熟的車主,可以滿懷信心繼續上路。

本章稍早看到的鏈球選手英格斯，在 2000 年奧運選拔賽就遭遇了一次爆胎，但他應對得很好。選拔賽頭兩輪順利過關，晉級最後八強。八強賽每人有三次擲球機會，擲出最遠距離的前三名可入選奧運代表隊。英格斯來到加州州立大學沙加緬度分校，頂著 120 公斤的健壯體格，昂首闊步走進人山人海的體育場，開始做例行伸展熱身。一切都照計畫進展，直到英格斯進入投擲圈做熱身試擲，他才發現一件始料未及的事：不知道是誰用鋼毛刷刮擦投擲圈，水泥地面變得粗糙很多，會降低旋轉速度。顯然是某一名八強選手覺得地面太平滑、轉速太快了，所以做了點改造以迎合自己的喜好，卻沒告訴其他選手。這代表英格斯必須在奧運之外最重要的比賽裡，在他投擲出畢生最重要的三球之前，臨危調整自己的技巧。

你應該能想像，投擲場地突然的變化勢必會令選手心煩意亂。好幾名參賽者在壓力下渙散，直呼不公平，緊要關頭才要他們應付變化。但英格斯泰然以對，不但沒有崩潰，反而漸入佳境，每一擲愈丟愈遠。最後是一位國際賽事經驗十多年的老手擲出絕佳一球，才把英格斯從第三名擠進候補。但這對只比過四個賽季、兩年前還只是名 99 公斤的步兵班長來說，已是令人敬佩的成就。

在地面被人動了手腳的情況下，英格斯何以能克服這起「爆胎」呢？選拔賽前幾個月，他和我花了無數個小時，誠實

認清所有可能干擾心境平和的情境，他把鬥志與從容完美平衡的狀態稱為「鏈球神定」（hammerama）。我們討論過，假如前兩擲失誤，只剩下一次機會卻落後領先者很多，他會對自己說什麼、怎樣呼吸伸展讓自己回到神定狀態。英格斯仔細想像過他在各種情況下的反應，但想像的結尾一定是他怪力一擲。雖然他沒有想像過在奧運選拔賽遇到被人刮花的投擲圈（誰想得到？）但他在其他爆胎演練中仔細預想過各種遇亂不變的情況，所以地面被刮花的突發意外對他沒有半點影響。

調適狀態讓自己準備好應付未知意外，另一個例子是菲爾·辛普森（Phil Simpson）。他是西點軍校史上成績最好的大專校際摔跤選手。辛普森來自田納西州，他四次晉級全國錦標賽、三次獲選全美最佳、大四奪下全國賽亞軍。也是在最近這一屆全國錦標賽的準決賽裡，他克服了完全出乎意料的爆胎事件，擊敗自己曾兩度敗陣的強悍對手。

那天，ESPN 電視台在密蘇里州聖路易薩維斯中心（Savvis Center）做實況轉播，辛普森與康乃爾州的達斯汀·曼諾第（Dustin Manotti）面對面站在軟墊兩側，即將展開 66 公斤量級的準決賽。如同所有精英摔跤選手，賽前都有一套習慣的預備儀式，以幫助自己進入身心巔峰狀態。站上軟墊後，兩人同樣都蓄勢待發。他們事先都被提醒過，為了配合電視轉播，比賽有可能中途暫停。所以當製作人提醒「稍等一分鐘」時，兩人

眼也沒眨,繼續甩手踮跳,保持身體放鬆。但一分鐘又延長成兩分鐘,時間滴答流逝,曼諾第的鎮定開始瓦解。延遲進入四分鐘,又拉長成五分鐘,曼諾第明顯焦慮起來,他悉心維持的賽前儀式被嚴重打亂。反觀那五分鐘裡,辛普森在自己這一側的軟墊平靜坐著,心想:我充分掌握自己。我不知道他們何時才會喊開始,但我不在意。

辛普森能輕鬆取得這重要的確定感,是因為他事先做過無數的預想。在這屆錦標賽之前,乃至多年來其他許多賽事之前,辛普森已經與我一起討論過各種可能發生的「爆胎」情境,也針對每一個情境仔細預想過有效且有益的回應方式。他踏上賽場時,心中已經內建了成熟的副程式,所以假如第一節結束時落後,他有充分準備反擊逆轉;假如他偏好的擒抱摔沒能取分,他會改變進攻戰術;假如最後關頭必須取分得勝,他也有可行的策略。英格斯無法預測奧運選拔賽會有人在投擲圈動手腳,辛普森也一樣沒想過在人生最重要的比賽前,需要配合電視轉播等上五分鐘。但「因為演練過其他各種情況,」他後來告訴我,「這個情況我也能輕鬆應付。我單純坐下來,控制我能控制的事。我在那一刻覺得這真是太好了!我的心理修練有了回報。」當開賽指令終於下達,辛普森平靜地走上軟墊,以 8 比 0 大獲全勝,挺進全國冠軍決賽。

想進行你自己的爆胎演練,不妨遵循以下簡單的原則。首

先，列出三個在未來表現中可能會令你遲疑的情境。先想想以前實際遇過的，再想其他可能發生的。對即將發表簡報的主管或業務來說，可能是影音系統突然失靈（誰沒遇過？）如果是運動員，可能是隊上先發球員因傷退賽，你得和從沒一起訓練過的二三線球員配合。對於現場應變人員來說，可能是各種器械故障（監測器、電話、馬達等等）。對於外科醫生，則很可能是複雜的手術併發症。

從內在觀點用充分的控制力、細節及情緒，想像自己列出的第一個情境。想得真實，想得強烈，甚至不妨讓自己稍稍感到憂心。但只能想像這個情景十秒！

現在，阻止情境繼續發展下去。用實際的信念中斷它，告訴自己「停！」或「是時候控制局面了！」

接著想像你在深呼吸，即使周圍有紛擾動靜，也讓自己靜止片刻，放鬆肩頸。

然後再度從內在觀點出發，用充分的控制力、細節及情感內容想像自己正採取行動，在當下回到有把握的狀態。聽見自己向自己保證（我有辦法處理；我受訓就是為了這種時候；單憑這樣想叫我放棄還早得很）。看見情境在你周圍開展，而你的每一步、每一個行動都目標明確，控制當下能控制的事。在你控制住情況的同時，感覺情緒從擔憂惱怒，轉變成平靜和期待。業務員在解除影音故障情況的同時緩和現場氣氛。運動員

看著新的先發名單說：由你上場真不錯。現場應變人員為故障的設備找到替代品。想像有效且成功應對爆胎的情境至少三十秒，這對爆胎演練來說至為關鍵。比起想像阻礙，至少要花三倍時間想像自己控制住局面，讓一切重回正軌。

最後用成功的場面結束想像：簡報博得滿堂彩、新隊友打出致勝關鍵表現、火災／事故／危難在傷害最小之下得到控制。

是「真實」還是「妄想」

有個客戶經常問我，預想的概念和想像練習難道不是一廂情願的妄想嗎？「我想像自己能力進步、表現卓越，但實際上什麼也沒做。這不是在騙自己嗎？」每次我的回答都一樣：「對，你是在騙自己。但正是經由欺騙自己，反而能推動實質改變。」客戶聽了皺起眉頭，我會再做解釋。

每個人小時候想必經歷過一個成長儀式，那是你童年經歷的重要轉變，在當時意義重大。現在八成習以為常了，但回到六歲左右，那可是大事一樁。我指的是拿掉輔助輪，學會騎單車。這個重要的個人里程碑，我沒聽過有誰是嘗試一次就成功的。我認識的每一個人，學騎單車都是一段試錯過程，少不了滿滿的挫折感和幾次慘兮兮的四腳朝天。第一次你就是做不到，但明白這是學得會的。你看過其他小朋友學會，爸爸媽媽也說你可以。從第一次在家門前或人行道上起步失敗，失控踩

空或跌倒，到運動皮層連接正確的神經迴路組合，你成功踩著踏板開心前進，在這之間的某個時刻，腦中會有一個心智表徵，一種正確做到的意象。換句話說，你的內心有個暫時的「妄想」：明明才剛摔倒，但你感覺自己遲早能成功駕馭。沒有實質證據證明你做得到，眼前發生的事還正好相反，但你心中有充分的心智表徵，有那個妄想的信念，所以你又爬起來跨上單車，繼續練習抓龍頭、踩踏板、維持平衡，直到神經系統更新了騎單車程式，忽然間你就「會了」。保有一點妄想，是你最終得償所願的關鍵。

仔細想想，幾乎每個改變、每個成長、每個成就，都始於類似的正向妄想，始於某個念頭、某個心智表徵；你覺得自己未來做得到某件事、能成為某種人，哪怕你還沒做過、沒去過，甚至當前的事實還告訴你做不到。

研究各領域專業知識養成的科學實證告訴我們，「刻意練習」是專業養成的關鍵，意思是特意去加強現有但暫時「失敗」的能力。而能支持我們度過刻意練習階段的，就是一定程度的正向妄想，加上前兩章討論過的合宜的心理濾鏡。

所以沒錯，任何一種想像練習都是一種妄想，只不過是正向的妄想，而且我敢說也是必要的妄想。

青少女時期的史蒂芬妮・瓊安・安潔莉娜・傑曼諾塔（Stefani Joanne Angelina Germanotta），正是如今馳名全球的

Lady Gaga，走紅樂壇之前，她心中就一直想像自己有一天會成為明星。「我以前走在街上都覺得自己是個他 X 的巨星，」2009 年，她首度登上《滾石》雜誌封面專訪表示。「我是從妄想起步的。我希望大家都不怕妄想自己成為大人物，每天努力為此奮鬥，假象終究會成為事實。」[59] 真是金玉良言。想像你所期待的未來，哪怕與今日的現實相比它還只是個謊言，然後付諸努力使它成真。取得先勝，其餘都將接踵而至。

再舉一個例子，跟流行樂壇的巨星風采相去甚遠，我們來看看汽車銷售。播客節目《今日美國生活》（This American Life）有集主題叫「129 輛車」，旁白兼作者艾拉・格拉斯（Ira Glass）帶聽眾走進紐約長島列維鎮上的克萊斯勒汽車經銷店，聽汽車業務員如何爭取每月銷售業績。該店的王牌業務傑森・馬西亞（Jason Mascia），每月業績總是超過其他同事。一般來說，單月能售出 15 到 20 輛車的業務員，已堪稱「實力派」，但馬西亞往往能售出 30 輛，個人最佳紀錄甚至超過 40 輛。他的祕訣何在？就是正向妄想。他的業務主管形容：「馬西亞知道視月份而定，每個月都有一定比例的顧客賞車後不會買車。這是理所當然的事。但說來矛盾，馬西亞明知道做不成交易，還是會耐心與顧客交涉。」[60] 你說他是妄想也好，馬西亞會在心中想像走進經銷店的每個人在成交契約簽下名字。現實中、理智上，他知道這不會發生，但他就和 Lady Gaga 一樣，從妄想起

步行動，所以成交對他而言，是一個只待完成的定局。這種信心，這種先勝，幫助他一單接一單談成交易。

截至目前，你已學到管理過去的記憶和當前的自我觀感，本章討論如何利用預想這個心理程序，選擇性兼建設性地想像未來。自建的意象有莫大潛力能帶給你活力，提升生理、技術、策略能力，有助於我們為接下來的表現做好準備。回顧本章，我們討論了：

- 心中對未來成敗的想像，能觸發一連串神經脈衝，影響肌肉、消化、心肺、免疫機能。

- 這些電脈衝也會強化神經線路，促進期望的行為重複出現。

- 刻意運用特定的意象指引，包括正確的觀點、結合多重感官知覺、生成真摯情感。可以駭入上述系統，因為人體神經系統不擅於分辨真實刺激和想像的刺激。

- 建立並善用個人的心理神聖空間，思緒在這裡可以安全、安心地用生動細節想像卓越表現。

- 通往成功之路難免顛簸，利用預想練習，為自己的能力、下一次的卓越表現和應付爆胎事件，建立更充分的把握。

多了這一套新工具，讓我們有更充足的準備取得先勝。道理其實很簡單，愈清楚預想期望的成就和實踐的方法，愈有可能真的實現。我希望你每天善用這套工具，清楚想像自己下一個卓越表現，以及實現目標需要的技術或能力。持之以恆地練習，能為你的信心戶頭增加無數存款，並且養成不論到哪裡都恆常抱有正面意象的習慣。

不過，這套預想方法和任何工具一樣，置之不用的話便毫無意義。阻撓我們事業表現的，很可能不是你不願意流汗，也不是投入鑽研的時間太少。我們都知道，付出時間和勞力練習是必要的，但成就你或擊垮你的關鍵，可能在於你是否全心相信自己能夠實現目標。而這個信念就在你預想過成千上百次、已經建立了能夠產出此種結果的神經迴路。各行各業都有無數盡心盡力的運動員和專業人士，不惜每天花上三、四、五個小時練習或研究，但我發現，僅有少數人甘願每天花十五分鐘，生動地想像自己最珍視的夢想。這其實也是一種練習、一種修養，只不過這種修養能讓佼佼者在所屬領域脫穎而出。

第五章

無論如何
都要保護自信心

馬利歐‧巴貝托（Mario Barbato）剛進辦公室，麻煩就接二連三地來。他在信上告訴我：「負能量迎面而來，無數問題有待解決。我感覺得到信心瞬間縮水，焦慮竄升。」但巴貝托學過處理負面情緒，練習過用有益心態應對現代職場不可避免的各種難題，他的手上有多樣武器可以運用。「我禮貌地請辦公室裡的人先出去，給我幾分鐘時間。然後坐下來，做你教我的練習，把個人自我肯定每句各寫三遍，深呼吸，之後才開始處理問題。」這短短幾分鐘，正是他暫時取得先勝、恢復「正確心態」需要的時間。巴貝托因此成功化解了當天進逼的事務，還難得受到公司前輩嘉許。

幾天後，巴貝托的老闆指派他協調一場與大公司總裁的會議。未料會議開始前最後一分鐘，老闆被急事召走，巴貝托被迫出來召開會議。他後來說：「我知道要是沒做過這些練習，遇到這種情況我一定會質疑自己，事後也會一直往壞處想。但現在不同了，回想我的十大排行榜，打開我的信心戶頭。然後走進會議室，直直走向對方總裁與他握手，協助會議順利召開。我感覺自己發出了雄獅之吼。」

巴貝托的經驗透露了一個重要事實：為了在現實世界取得先勝，做出自信表現，我們必須保護信心戶頭，不受實際發生的壞事和引來的負面想法侵襲。即使把記憶管理得很好，給自己的說法都合宜，也有效想像一個成功的未來，人生有時還是

會對我們出招，襲擊我們累積的寶貴信心。遭遇的難題、經歷的挫折、自己或他人犯下的錯，確實都會進入我們的思考總和，像是現代網路犯罪一樣，駭入我們的戶頭，悄悄榨乾我們的信心，除非已設下防護措施。

本章旨在討論這些防護措施，在你踏入聚光燈下發出「怒吼」時，哪些心理習慣能預防外在負面事件與內在負面念頭，減損我們都希望擁有的把握。

措施一、為心上一把好鎖

類似下面這段對話，我每星期會聽到三、四遍。對方可能是希望晉升名人堂的運動員、希望 SAT 測驗拿高分好申請史丹福大學的高中生，又或是希望在陸軍遊騎兵學院名列前茅、以榮譽畢業生身分畢業的西點軍校學員。

「博士，你的方法很棒，我真的很喜歡，我知道對我很有幫助，但我有個疑問，」一聽到這裡，不管先前討論的是管理記憶、樂觀陳述或預想未來，我敏銳的洞察力就會癢起來，因為我知道，對方接下來想說的不外是「萬一出錯了怎麼辦？」的各式翻版。以下是幾個例子：

- 我真的能把自己犯的錯全部過濾掉嗎？
- 我明知自己表現得很差，我該怎麼看待？

- 只想著好表現真的行嗎？
- 你真的指望我像電影裡那傢伙，只看萬分之一的成功機率，其他一概不理？
- 如果都不去想目前做不好、還需要改進的事，我要怎麼進步？

聽到這些問題，我就知道發問者對心理濾鏡只認識一半，現在就讓我們來了解它的完整力量。前面說過，心理濾鏡對信心戶頭有雙重功能。第一是允許能量、樂觀、熱忱的念頭通過並留存下來，透過管理記憶、自我肯定和妥善預想未來，就能發揮這個功能。第二個功能也很重要，只是容易被忽略。心理濾鏡也能把引起恐懼、疑惑、憂慮的念頭或記憶，重組或淨化成有益的建言，這樣不但能防止信心被提領，甚至能把負面念頭轉化成額外的存款。

對於這類的疑問，我當下會這樣回答：「想清楚需要改進的事，當然很重要，忙了一天或比賽落敗後，也難免常要處理負面情緒。我們生活在不完美的世界，天有不測風雲，不管你是美式足球明星布萊迪、網球傳奇小威廉絲，還是科技巨擘比爾·蓋茲，不時都還是會遇上失意的日子，每天也不免總有幾個低潮時刻。只是要注意你都怎麼去想……。」

心理濾鏡的第二個功能，就是釋放並／或重組任何會危及

能量、樂觀、熱忱的念頭，以及相關的記憶和經驗。換句話說，即使當下沒有多少值得開心或熱衷的事，你的濾鏡也會盡力把一切收斂在務實有益的觀點之內。「讓好事進來」的濾鏡功能很重要，但「把壞事的傷害降到最小」這個功能可能又更加重要。李小龍，這位名演員兼國際武術名家，曾在其重要著作《截拳道之道》論「態度」的首段言及此事。李小龍寫到，自信者「受前勝滋養，能充分解釋過往敗因，而自覺鶴立於雞群」。[61] 這個「充分解釋過往敗因」的過程，就是心理濾鏡的第二個功能，也是保護信心所必須。充分解釋的意思不是否認失敗，或拒絕接受行為後果，而是將自己置於學習、成長、進步的立場，用能夠保護信心的方式對自己說明前因後果。這個心理方法分成以下三步，有助於我們對自己說明失敗和挫折，以維持信心，甚至能多添些許信心。

第一步、把錯誤和缺失留在過去

　　把每一個錯誤、失誤和挫敗想成一時的。是的，它發生了，可能也讓我們付出代價，但就把它當成僅此一次，不是常態。用這種方式來思考錯誤和缺失，能防止我們覺得「又來了」，而陷入擔憂和自我懷疑的陷阱。如果任由自己相信一個缺失發生後，會導致更多同樣的錯誤發生，等於是敞開信心戶頭，任賊人恣意偷竊。反之，應該綁住竊賊，告訴自己：「那只

是一時不慎，現在我已經重新站在空白的出發點上。」將錯誤和缺失視為一時的，在承認錯誤後，將它留在應當歸屬的過去，而不是把錯誤放在身上，帶進當下和未來。

現實中要怎麼做？以麥蒂·伯恩斯（Maddie Burns）為例，她是西點軍校 2020 年級新生，也是女子袋棍球校隊守門員。守門員的責任就是守在 6 英尺平方的門洞前，阻擋硬如石頭、以時速 112 公里飛來的橡膠球。這不是人人稱羨的任務，但伯恩斯在 2020 年賽季表現很好，季末防禦率 7.75，排名全國第五（全國最佳是 7.07）。這個數字代表每場比賽中，對手每七次射門會有一球越過伯恩斯的防守進門，而她必須轉身從球網裡把球撈出來交給裁判，眼巴巴看著對手抱頭歡呼慶祝進球。不難想像，就算是最有自信的人，長此以往信心也會被消磨殆盡。

伯恩斯大三時接受我的輔導，把「僅此一次」的概念銘記在心，相信被對手進球只是一時的事件。她很快就明白，不論自己表現多好，我隊遲早會被進球，這是比賽的本質。明白這點很重要。控制不了的事必然會一件接一件發生，如果想給自己機會有好表現，不能不用建設性心態去回應。就算再常被進球，就算對手連續攻進兩分、三分、四分，伯恩斯的最佳選擇仍舊是維持「僅此一次」的心態，保護自己和全隊的信心。把錯誤和缺失留在過去，那才是它們該待的地方。

第二步、把錯誤封鎖在發生當下

　　把每一個錯誤、失誤和挫敗想成有限的。是的，事情發生了，沒錯，引起許多不好的感受，但我們有必要把它視為「只限發生在這裡」。這樣去想自己的錯誤和缺失，能防止我們掉入「今天一整天都泡湯了」或「我看整場比賽輸定了」的陷阱。高爾夫球手如果在開頭某一桿把球打進樹叢，最好認清打差的只是這一球，不要認定這一球打壞了，接下來所有鐵桿、挖起桿、推桿，乃至比賽其他環節也全都搞砸了。改成想著：只不過是這一球打壞了，接下來會沒事的。這麼做不只比較有幫助，也完全合理。士兵在基本訓練時，如果沒能迅速正確配戴防毒面具，因此在催淚瓦斯室度過了煎熬的五分鐘，之後最好把失敗歸結於一處，想著：好吧，那一項我沒做好，但晨操其他項目我都有跟上，打靶我就做得很好，等我調整好面具繫帶，下次我就能戴得更快了。你如果允許自己認為，發生在單一特定情境的錯誤或缺失也會影響其他情境，等於敞開信心戶頭，任由陰險的罪犯作案。把罪犯逮捕起來吧，告訴自己：事情只發生在這裡，其餘一切都沒事。將錯誤和缺失視為發生在有限範圍內，等於承認錯誤，然後拉起封鎖線，把錯誤封鎖在發生當下那個時空。這能幫助我們繼續懷抱信心去執行其他事。將錯誤和缺失看成一時的且有限的，兩者結合起來，就有了強有力的心理連環拳：錯誤只發生這一次，而且僅在那

個特定情境，所以有充分理由繼續未完任務，用分毫未損的信心創造最大把握，繼續重新開球後的下一波進攻，在球場上爭奪下一個得點。那麼，就已經取得了先勝。

第三步、避免自我批判

務必認清，那些挫敗和缺失並不代表你這個人。和先前一樣，承認錯誤確實發生了，也承認它造成的傷害或後果，但接著選擇去想，這些錯誤並不能真實反映個人及其能力。把錯誤視為一時的，可以免於落入「又來了」的陷阱；把錯誤看成有限的，就不會以為「今天全泡湯了」；知道錯誤不能代表什麼，則能保護你不掉進「可能是我不夠好」的泥沼。自我批判隨時虎視眈眈等著吞噬我們。上述啃食信心的陷阱，都有可能使自我懷疑範圍不斷擴大，先是覺得某個獨立的錯誤將一再重演（又來了），繼而引伸成覺得其他地方很快也要出錯（現在我一天都要泡湯了），最後更擴大為覺得自己身為選手、專業人士，甚或身為一個人，都不夠好、不夠格，也許沒必要再繼續嘗試下去。現代社會有一種令人困惑的傾向，容易對自己的缺失過度鑽牛角尖，甚至習於拿犯過的錯、假定的極限和所有目前做不到的事來定義自己。可想而知，這絕對會扼殺自信心，而且毫無必要。沒有法律規定我們必須那樣想。把最後這第三個狡詐的罪犯關進監牢，告訴自己：那不是真正的我，我比這

厲害，我只是一時不慎罷了。然後把鑰匙扔掉。

幾年前，我在男子袋棍球校隊賽季初的練習，就看到用建設性心態回應錯誤的絕佳範例。那天下午，總教練喬伊·亞伯里奇（Joe Alberici）監督球隊做全場傳球練習，愈看愈不滿意。原因很明顯，球員頻頻掉球，實在太多次了。教練吹哨中止練習，但他沒有訓斥隊員，而是走進練習場中央喊話：「我們比現在強！我不知道剛才怎麼了，但我確定這不是我們！」這一句「這不是我們」為全隊練習失誤找到一個合理說明：傳球失誤不代表全隊的能力，他藉此把錯誤擋在全隊的集體信心之外。亞伯里奇教練接著更進一步傳達他的訊息，他走向一顆掉在地上的球，撿起來拿著對全隊說：「想必是這顆球有問題！」他接過身旁隊員手上的球棍，把球放進網袋，高高甩向硬座觀眾席，然後才把球棍還給隊員，同時高呼：「現在我們可以做對了！」練習重啟，全隊也恢復了他們素來高效率的傳球。

真的是球的錯嗎？當然不是，亞伯里奇教練也沒瘋狂到認為是球有問題。他之所以說是球的問題，是為了替隊員卸去一些心理壓力，強調他相信大家。與其訓斥隊員，讓大家懊惱自己「現在一團糟」，陷入第一章說的下水道循環，亞伯里奇教練用話語和行為保護大家的信心。

當你練習狀態不理想，遇上意料外的挫折，甚或是在職場或學校做事效率長期低迷（或者說「低潮」），你會把問題個人

化，陷入一連串「我是怎麼了？」的問題，還是將問題歸咎於外在因素，想著：「我做事不是這樣」或「我比這更好」或「哇！不敢相信發生這種事。八成是今晚水逆」。這樣想不是要你豁免於自身行為的責任或後果，如果你每次犯錯都只是聳聳肩，學著老喜劇演員菲力普・威爾森（Flip Wilson）說句：「八成是我中邪了！」你的人生恐怕也難有什麼作為。這也不代表你可以不用誠實自省，反省自己需要再多做哪些練習、學習哪些新技能。將問題歸咎於外在因素，單純只是幫助我們維持身為一個人的基本價值，接受自己至今透過練習和學習養成的能力，再加上一定程度的好奇，想知道自己下次遇上新客戶或站上打席或射門時能表現得多好。懂得把缺失看成一時且有限的，而且不能夠代表你，你就有了三連環防禦招，能抵擋人生無可避免的挫折，以及對信心造成的打擊。

這些保護信心的方法，衍生自正向心理學之父馬丁・塞利格曼（Martin Seligman）與同事率先開始的研究，後來也有大量相關研究佐證他們的理論。塞利格曼在學術生涯之初，研究的是動物和人類明明有正向的選擇存在，何以還會陷入消極憂鬱。他把這個現象命名為習得性無助（learned helpless）。到了1980 年代，塞利格曼轉而研究起樂觀健康的心理，他發現，有的人即使遭遇困境，也頑強地拒絕悲觀。他把研究結果寫成首開先河的著作《學習樂觀、樂觀學習》（*Learned Optimism*）。

塞利格曼在書中指出，拒絕消沉的樂觀之人，與悲觀者的差異不在於智商、才能或動力，而在於「解釋風格」（explanatory style）有別。[62] 不管經歷好事壞事，他們對自己解釋事件成因的方式不一樣。塞利格曼說，悲觀者傾向認為壞事是（一）永久的，會再而三地重演；（二）普遍的，不只發生於少數情境，而是會到處發生；（三）關乎個人的，由一個人固有的個性或行為造成。同樣的壞事，樂觀者的解釋方式則相反，認為那是一時的、限定的，且自外於個人的。從小學生到保險業務員，塞利格曼與同事以不同情境條件對各種群體做了無數研究，得到的大量實證都支持李小龍的觀察：自信的練武者能「充分解釋過往敗因」，有效找到能保護信心的方式去「說明」失敗。

塞利格曼有一項經典研究是在西點軍校進行的。1998 年夏天，他發放歸因方式問卷（Attributional Styles Questionnaire）給全年級新生，以評估一個人解釋正面及負面事件的方式是偏向樂觀或悲觀。新兵基本訓練課程（Cadet Basic Training，簡稱 CBT），在校內被戲稱為「怪物營」或「怪物」。全年級 1,200 名高中時代出類拔萃的男女學員，將接受為期六個星期從清晨到午夜的軍事教育。這六個星期在紐約州正好是最炎熱的夏天，學員的情緒穩定度、體能、快速學習新技能的能力將受到前所未有的考驗。對塞利格曼來說，這是再理想不過的背景條件。他一直在研究，解釋風格會如何影響人在困境中能否堅持

及最終有何表現。第一學年期末做的統計檢定顯示，在怪物營期間或之後退出西點軍校的學員，比起堅持到底通過第一年的學員，悲觀程度顯著較高。

塞利格曼在原始研究報告的結論說：「解釋風格悲觀的人，不易主動解決問題，遭遇困境容易消極被動，以至於放棄。」但他也在報告末段給了充滿希望的評註：「解釋風格可透過認知治療穩定增強。所以，預防性或治療性的解釋風格訓練，也許能幫助容易感到無力的學員應對軍校生活中難免的挫敗，以及實際作戰時的特殊壓力。」新生在怪物營或軍校第一年面對的困難考驗，許多人永遠體驗不到，但你也可能在人生不免發生壞事時，忍不住跟自己說：都是因為我（內化）、我永遠都這麼倒楣（永久化）、我一無是處（普遍化）。一旦這麼想，接下來就很難通過下一關的考驗，因為自信已經受損。但不論現在的傾向為何，沒有人注定一輩子悲觀。你可以改變自己看待壞事的方式，保護信心戶頭，把無可避免會發生的壞事視為一時的（僅此一次）、有限的（只在當下），而且不能代表什麼（這不是實際的我）。

措施二、戰勝負面想法

我常常想，如果每次有客戶問：「博士，我要怎麼停止負面思考？」我就能賺 1 塊錢，那我應該很快就能在加勒比海買一

座小島，快快樂樂退休。沒有哪一個問題，像這題一樣，讓我被問過這麼多次，發問者總是那麼熱切急迫。這也難怪，我們腦中時時刻刻有各種負面聲音對著我們低語、嘀咕、斥責、尖叫，要如何從中尋求解脫。這不只是心理學家關心的事，也是哲學家幾百年來探究的問題。一個人每天會產生多少念頭，其中有多少比例應該被遏止，以免損害信心，不可能準確計算得出來，但你絕對有非常多發自內心的自我批評、自我懷疑、自我質問，或為自己貼上負面標籤。這些發自內心的念頭對信心的威脅，絲毫不輸現實世界加諸於我們的外在挫敗和倒楣壞事。以下是幫助我們控制內心聲音、進一步保護信心的方法。我稱之為「總結辯論」。

你一定有過跟家人、同事、隊友、上司意見相左起爭執的經驗。爭論內容可以是任何事，但有兩點總是一樣的：和對方你一言、我一語言詞交鋒，而「贏得」辯論的人，通常是撂下最後一句話、給出定論的人。化解內心負面念頭、恐懼和擔憂的過程其實也很像，兩個相反意見爭奪我們的思想主控權，總有一方會占得上風。一個聲音鼓勵我們前進，專心做該做的事，為我們加油打氣；另一個聲音則是批評我們的每一步，用杞人憂天的煩惱分散我們的注意力。哪個聲音能在當下「勝出」，就是最後下定論的那一個。想在這些天人交戰的時刻獲勝，就要遵行以下三個步驟：

步驟一、認出它

我們知道，沒發覺自己身陷戰鬥，也不可能贏得戰鬥，所以如果你希望擊敗疑慮和恐懼等內心的敵人，不能不先認清敵人的存在。我有些客戶和學員很清楚內心的負面聲音習慣何時出現（我一走進更衣室、我投籃練習連續兩球沒進、某某人一走進我的辦公室），但也有很多人覺得敵人行蹤飄忽莫測。不管屬於哪一種，首要原則都是保持內心的警示雷達開啟，負面念頭一出現就偵測得到。發覺那個聲音在說話後，承認它的存在，把它從背景中揪出來。以多數人來說，負面聲音通常喜歡躲在暗處，遠遠地奚落我們，但我們可以引它出來，對它說：好喔，我聽到了。單單這麼做就能讓我們掌握主導權，不再是只能聽那個聲音囉嗦的受害者，可以回嘴反擊。

想像你是尼克·范達姆（Nick Vandam），退役職業鐵人三項運動員，曾經參加 2012 年世界軍事鐵人三項錦標賽。原本是大專游泳選手的你，在西點軍校三年級改練鐵人三項，你的水性極佳，也以此為傲，向來認為鐵人三項的游泳項目是你的最強項。2004 年畢業後，你加入陸軍的世界級運動員培訓計畫，在專業教練指導下累積了數千個小時的專業訓練，通過數百場賽事。眼前的這場比賽，你照樣預期游泳是自己的最強項，未料游到一半，你沒有勢如破竹，反而忽然開始換氣過度。腦袋裡有個聲音大叫：怎麼會這樣！我喘不過氣，我應該領先的，

現在卻落後！這是我的最強項才對呀！你在水裡停下來，看到兩旁其他選手陸續超越你，你開始感到驚慌。這時你面臨一個選擇：要不乾脆棄賽，要不想辦法找回信心，繼續游下去。現在就是發揮心理訓練，駁斥恐懼和疑慮的時候。首先你要承認，你的自信心和運動員身分正遭受攻擊（「你不是自詡游泳健將嗎？」）此刻你應該想：夠了，別再和自己玩這些心理遊戲。承認人有時就是愛與自己作對，然後別讓那個聲音繼續不被反駁地說下去。

步驟二、制止它

你已經認出騷擾你的念頭，也把它拉到眼前對質了，現在可以採取下一步，有效消滅它。你的兄弟姊妹一直說些有的沒的煩你，你會制止他們說：「夠了，才不是那樣。」家裡的狗對路過鄰居咆哮，你會斷然命令：「不可以！」現在也一樣，你要做的就是伸張控制對話的權利，擋退這些妄想竊取信心的小偷。很簡單，在心中用堅定口吻對自己說：停，夠了！你可以為想像添加停止標誌或警示紅燈，或是在手腕套一條橡皮筋，必要時彈一下手腕，提醒自己「振作一點！」我已故的朋友肯・羅維薩（Ken Ravizza）教學生想像沖馬桶的畫面，甚至找到一個掌心大小的迷你馬桶玩具，真的有按把和沖水聲，帶到職棒大聯盟球隊的牛棚裡，讓球員隨時能「沖掉」揮棒落空或

守備失誤的記憶。什麼都行，用對你有效的畫面、符號或動作，宣告負面想法就此結束、離開、被消滅。這個啟動開關能幫助你斷開那些無用無益的想法，為實質有效的觀點鋪路。

繼續鐵人三項選手的例子，制止念頭很簡單。斷然命令自己：「停！」拿回你當下對思緒的完全掌控。

步驟三、換掉它

是時候該果斷反擊了！像拳擊手那樣讀出對手心思，成功抵擋揮來的拳頭，或像庭審律師駁回對手提出的證據，現在你可以往前一步，揮出反制的一拳，或者做出結辯，為爭議下定論，贏得微小卻重要的先勝。什麼能用來反擊或結辯？你用十大排行榜、每日 ESP 或 IPR 即時進步檢核刻意存下的記憶怎麼樣？迅速翻看你的筆記，任一頁應該都能提供你許多合適的「定論」（「我在盯人防守下，三分球十進八」）。你每次進出門複誦的自我肯定陳述也不錯吧？其中任何一句都能有效抵銷信心遭受的攻擊。為數學煩惱的學生，可以中止自己的擔憂，把我永遠想不通替換成我以前學會過新公式，現在一定也可以。近兩次觸球都失誤的足球員，可以把自我懷疑的我今天是怎麼了換成沒事的，專心控好下一球。很遺憾，我們的心思經常把矛頭指向自己（是的，有時我們真的是自己最大的敵人），但只要多加練習，信心遭遇的每一波攻擊都能及時被認

出、制止、置換。即便是攸關自身安全危亡的攻擊也不例外。

讓我們把鐵人三項的例子看完。你用過去在訓練和比賽中練習過上百次的簡單箴言，換掉了所有恐懼和疑慮。很簡單，你深吸一口氣，然後對自己下達強而有力的命令：集中精神，重新出發！這句話就足夠你重新開始划水，努力回到比賽當中。原本差點放棄的，竟不知不覺游完了全程，在 64 名參賽者之中排名第七，只比領先者慢了五秒。最後你不負全美最佳之名完賽，總排名第十，而且取得個人最佳紀錄。破紀錄完賽的感覺固然很好，但成功對抗疑慮與恐懼，打贏這場個人內心的鬥爭，更別有一種成就感吧。「還沒遭受打擊之前，人人都很有信心，」范達姆多年後告訴我，「但遭遇打擊後，比賽才真正開始。」

陸軍中校喬納斯・阿納札嘉斯提（Jonas Anazagasty）無比同意這句話。他說：「所謂的信心，不是沒有疑慮，而是看你怎麼對付疑慮。」當他還是西點軍校四年級學生時，修習戰鬥潛水員資格課程（Combat Diver Qualification Course，簡稱 CDQC），信心天天受到打擊。CDQC 是訓練水下導航與水下任務執行的特種部隊資格課程，技術複雜，對體能要求很高。受訓學員要用五個星期的時間，學習在嚴苛條件下操作潛水裝備。CDQC 的結業考試命名很貼切，叫單人信心測驗（One Man Confidence Test），學員身穿全套潛水裝備下水，同時要戴上塗黑的面罩，

完全遮蔽視線。測驗的二十分鐘內，他們會在水下遭遇 10 到 15 次被翻轉、撞歪、裝備被關閉或扯掉，或是教練用各種方式持續干擾。這全都是為了測驗他們能否應付意料之外的逆境。二十分鐘之內有 10 到 15 次，學員至少得憋氣三十到六十秒，重新調整水肺裝備，恢復中性浮力。

阿納札嘉斯提第二次入水挑戰單人信心測驗時，知道自己非贏不可。他第一次嘗試失敗，再失敗一次他就得重修整堂課了。但他學過用適當觀點看待失敗，也學過冷靜承認、制止、替換負面念頭，即使他的肺瘋狂要求呼吸，他也能想著不用慌，沒事的。他高分通過了第二次測驗。「那次成功證明我將來也能應付意想不到的逆境，」他說，現職美國陸軍第四遊騎兵訓練營總司令，為他帶來無數類似逆境，但每一次阿納札嘉斯提中校都會總結辯論，告訴自己：我應付得了。

總結辯論，確保你的自我對話具有建設性，這個簡單而容易理解的過程，從 1970 年代起就是認知治療常用的方法。當時，走在時代前端的心理學家亞倫・貝克（Aaron Beck）和亞伯・艾里斯（Albert Ellis）領導心理學思潮，脫離當時盛行的精神分析和行為學派理論。他們提出的看法認為，不安的主要來源，不是無意識動機，而是個人的有意識想法。用理性檢驗這些想法的效力，如果判定會造成困難，可以加以駁斥，置換成賦予個人較大能力的想法。這在當時是對現狀的一大突破，

因為這種看法給予個人更大的人生主導權，也為塞利格曼日後率先提出的積極心理學鋪下基礎。

到了 1980 年代晚期，真正開始有人投入研究正向自我對話對行為表現的影響。此後，有數十篇相關研究證明，自我對話有助於提升個人主觀的信心指數和任務表現的客觀成績，研究範圍遍及射飛鏢、滑雪、長跑、耐力自行車、射擊和投籃。2011 年，希臘色薩利大學一支研究團隊針對 37 篇研究自我對話效力的論文進行整合分析，結論表示：「總的而言，自我對話經證實是提升運動任務表現的有效策略。」[63] 同年，由英國邦哥大學研究團隊完成的另一個整合分析也總結說：「現有的證據基礎確實顯示，自我對話對認知能力（尤其是專注、集中相關的能力）、認知焦慮、具體執行動作技能，皆有正向影響。」[64] 在運動及賽場表現之外，自我對話經證實也有助於公開演講、改善肢體形象和壓力管理。

但要說自我對話的價值，我認為最有用也最相關的研究發現，出自專欄作家艾力克斯‧哈欽森（Alex Hutchinson）的親身經驗。2018 年他出版著作《極耐力》（*Endure*），如書名所示，書中探討「人類表現極限的奇妙彈性」。哈欽森 1997 年畢業於加拿大蒙特婁的麥基爾大學，在學期間是 1,500 公尺長跑運動員（兩度入選加拿大奧運代表隊）。還在大學校隊時，曾有運動心理學專家建議他，在聽到內心的聲音訴說恐懼和擔憂

時，可以駁斥回去。恐懼和擔憂是每個中距離和長距離跑者都免不了會有的想法，但他可以把現在的步速太快了或不知道我跟得上嗎等等念頭，置換成持續不斷的忠告，例如撐住或挺過去。自我鼓勵對話？哈欽森和隊友只覺得這個建議很荒唐，從沒實踐過。他們和很多體能正值顛峰的運動員一樣，覺得勝利純粹是比誰肺活量大、誰的肌肉練得強。自信心與自我懷疑的對決，不是他們當時願意相信的事。

時間快轉二十年，哈欽森取得物理學博士學位，跑過數十場馬拉松和超級馬拉松，並埋首研究每一個有助於耐力表現的因素，包括訓練制度、飲食習慣，以及運動心理學。研究指引他找到肯特大學的薩繆・馬柯拉（Samuele Marcora）。馬柯拉的研究就包含自我鼓勵對話對倦怠時間（time to exhaustion）的影響，也就是哈欽森和隊友當初嗤之以鼻的方法。倦怠時間在此指的是，一名運動員全力踩自行車直到沒力之前能堅持多久。2014 年的研究中，馬柯拉和同事找來 24 名專業自行車手，量測他們的倦怠時間，然後在接下來的兩個星期內，讓其中半數的人練習在訓練始末用正向語句鼓勵自己，等於是在無聊、疲勞或痛苦找上門來想偷走信心的時候，練習總結辯論。兩個星期後重新測驗，實驗組的倦怠時間比先前拉長了 18%，沒練習總結辯論的對照組則沒有任何變化。此外，正向自我對話組的測驗中，自覺運動強度也比較低。[65]

堅持時間拉長 18%？而且運動時感覺比較不累？18% 的進步有多重要？想想打擊率、投籃命中率、恢復時間、生意成交數，誰不希望有 18% 的進步？看到這些數據，又想到自己在其他情境中做過的調查研究，哈欽森改變了他對反駁憂慮的聲音、自我總結辯論的想法。他在《極耐力》的結尾寫道：「如果我能回到過去，改變自己跑步生涯的歷程，在寫了十年關於耐力訓練的最新研究報告後，我想給年輕時充滿懷疑的自己一些建議，那就是不要恥笑自我鼓勵的對話，應該要更辛勤練習才是。」[66] 在此，我鼓勵所有客戶和學生汲取哈欽森的經驗，多多練習總結辯論。

只可惜不是人人都願意。好幾年前，一名職業曲棍球選手與國家冰球聯盟球隊簽下價值數千萬美元的夢幻合約。他有別人夢寐以求的體能條件，簽他的球隊也認為他就是盼望已久的解答，他們一直希望在重要位置有好球員為全隊做榜樣。但結果未如預期美好。那名球員剛入隊不久，內心持續不斷的負面聲音就使他大受影響，氣餒不已，他的賽場表現當然也連帶下滑。我建議他反駁那些負面聲音，他揚起下巴，用當我是瘋子的表情看我。控制自己的念頭，好讓自己處於較佳的情緒狀態，這是他從沒想過的事，他完全無法體會。對他來說，那些聲音是老大，他只能被動聆聽。任由負面對話持續洗腦而不加制止，這個有害的思考習慣最終促成他的失敗，使他的職業生

涯提早畫下句點。這固然是個極端案例，但負面自我對話若不是這麼厲害的信心小偷，也不會有這麼多客戶初次見面就跟我說「我最大的敵人常常是我自己」了。

貫徹到底

總結辯論雖然單純又直接，但是有三個因素讓人很難貫徹執行。認識這些因素，有助於你認出、制止、置換負面念頭。

第一個因素是很普遍的錯誤觀念，以為「真正自信的人不會有負面的自我對話」。我們誤以為自信的成功人士，例如「詹皇」勒布朗・詹姆斯（LeBron James）或「飛魚」麥可・菲爾普斯（Michael Phelps），生來就擁有百毒不侵的心靈，對負面思考免疫，或者早已永久根除恐懼和不安。相較之下，我們這些在各自領域追求成功的凡人，只能兩手一攤，承認腦中有無數負面自我對話，認定自己永遠無法像傳奇人物那樣有自信。鬼扯一通。所謂的「傳奇人物」其實各自心中也有無數負面聲音，且也常在最不湊巧的時機浮現。

1980 年，我在紐約巧遇網壇傳奇亞瑟・艾許（Arthur Ashe），他向我坦承，有一年溫網準決賽他走進中央球場，滿腦子想的都是：萬一我今天第一發球都不進怎麼辦？高爾夫球界傳奇鮑比・瓊斯（Bobby Jones）據說在 1926 年美國公開賽，球距離最後一洞剩下不到 7 公分，眼看就要得勝了，他卻

遲遲不敢推球入洞，心想：萬一我的球桿卡進草皮，沒推動球怎麼辦？美國摔跤選手約翰・彼得森（John Peterson）於1972年奧運奪銀，但1976年奧運，他上場的時候在閉路電視瞄到自己，忽然忍不住想：全世界都在看欸，萬一我被慘電怎麼辦？這些「傳奇人物」（他們當天後來各自都獲勝了）與我們普通人唯一只差在回應恐懼和擔憂的方式不同罷了。像前段那名曲棍球員一樣的「普通人」，任由負面聲音低語埋怨。「傳奇人物」也聽得到這些聲音，而且也和別人聽見的一樣大聲，但對他們來說，這些聲音句句都提醒他們，現在反而應該收束思緒，用有益的想法換掉那些自我攻擊的念頭或聲音。誠如勇氣不是沒有恐懼，而是能在恐懼下做出適當行動；所謂自信，就像阿納札嘉斯提中校的看法一樣，不是沒有疑慮，而是能持續與之對抗，在自我懷疑下正確地思考。

　　第二個影響因素，是這件事無法一勞永逸，你必須一再反覆去做，直到你離開這一行、這項運動或研究領域為止。很無奈，但這就是事實。就像以前電動遊樂場的打地鼠遊戲，不論把它們打回去幾次，那些信心小偷的聲音還是會接二連三冒出來。就這方面來說，在信心上取得先勝，跟贏下關鍵戰役一舉終結戰爭（例如使德國與日本投降結束二戰）不一樣。疑慮、恐懼、不安這些內心死敵不同於外部的敵人，永遠無法被徹底擊潰；因為它們其實只是凡人皆有的心理狀態，沒有人能完全

豁免。影視媒體灌輸我們，只要有神仙教母或智慧導師傳授祕訣，我們的恐懼和不安就會全數消失，從此過著幸福快樂的日子。這是謊言，不要買單。

　　為了幫助客戶克服既普遍又固執的自我懷疑，我常截一段影片給他們看。2013 年電視實境節目《終極格鬥戰士》（The Ultimate Fighter）其中一集，綜合格鬥家兼教練切爾・松恩（Chael Sonnen）開導年輕選手尤里亞・霍爾（Uriah Hall）。影片中，霍爾坦承自己偶爾會失去信心，他說：「念頭就像一滴毒藥，慢慢滲入腦袋，影響其他每一個想法。」松恩教練深有同感，說他的生涯也遇過相同的事，接受過專業運動心理師諮商，然後分享了兩個他學到的洞見：第一，會這樣的不只有你，從前以為是不是自己有缺陷才有這些疑慮，後來才明白每個格鬥選手都不例外，疑慮是追求成就的正常過程。第二，疑慮永遠不會完全消失。松恩轉述他和格鬥家蘭迪・寇楚（Randy Couture）聊過的一段話。寇楚承認說，他永遠無法擊潰「腦子裡事後諸葛的負面聲音，但他可以與那些聲音較量」。松恩向年輕的霍爾道賀，恭喜他願意承認心中的鬥爭，也提醒霍爾，自我懷疑雖然無可避免，但他有權選擇如何回應：「疑慮滲透進來的時候，你有兩條路可走。一條路通往勝利，但你必須移動步伐、舉好雙手，不輕言放棄，否則另一條路就通往失敗。」[67]真是明智的建言。對付自我懷疑沒有一勞永逸的勝利，但只要

懂得在負面念頭產生時認出它、制止它、置換它，你可以每個小時、每一天打贏無數小小的勝仗，這些小勝仗才是最大關鍵。所以，為穩定一貫的小勝利感到驕傲也無妨，只要你挺身對抗負面念頭並換掉它們，就是一次勝利。

最後一個影響結辯的因素，就是自信心的敵人十分狡猾，總是知道哪一個運動技巧、職業能力、人際關係技能讓我們最沒有安全感，然後專挑痛處攻擊，造成的傷害也必定最大。每當看到同事或隊友（或者更慘，看到競爭對手）似乎毫不費力就做出屢次難倒我們的能力或任務，自信心之敵馬上就會抓住這個痛點攻擊我們。苦練翻滾轉身的游泳選手在練習中看到對手輕鬆轉身，會被我也能像那樣就好了攻擊。不擅長數學的大學生，非常容易會被統計學期中考恐怕完蛋了攻擊。但這個因素和前兩個一樣，只是人性之必然。每個人心中都清楚明白自己有哪些缺點會影響表現，而且也對此格外敏感。但我們可以選擇承認缺點，付諸努力以求改進，並在努力之際，選擇不去聽那些暗示我們有缺點、不可能成功的聲音。

1994 年的棒球喜劇電影《大聯盟 2：決戰大反攻》（Major League II）其中一幕十分有趣。球隊金主希望自家球隊輸球，以利她把球隊遷到另一座城市，所以她在重要比賽隊員登板之前，昂首闊步走進球員更衣室。瑪格麗特・惠頓（Margaret Whitton）飾演的金主，一身黑色碎鑽晚禮服，筆直走向預備上

場的重要球員，故意用他們最差的個人數據打擊他們。「你別妄想三壘有跑者，你的打擊率就會忽然超越 0.138，」她對一名球員說，接著又對另一個人說：「我相信去年季後賽 1 比 18 的表現，你應該忘光了吧。」這一幕雖然荒誕（哪有球隊金主會希望自家球隊輸球），但每一次我播給客戶看，對方總是會心一笑。我們人人心中都有這樣的「黑衣人」，總在最壞時機出現，提醒我們以前犯過的錯、遭遇的失敗或拙劣的表現。沒什麼好丟臉或害怕的，黑衣人其實能讓我們發覺哪邊可以進步。但老是縱容黑衣人貶損我們的信心總和，絕對會打擊自信及表現。可以聽黑衣人說話，但聽聽就好，如果它沒能給出什麼有益的建議，立刻啟動心理濾鏡，承認自己正遭受攻擊，制止負面的聲音，置換成能帶來能量、樂觀、熱忱的想法。

措施三、在壞事當下獲取信心

保護自信心不受人生難免的挫折、生而為人必然的不完美，以及自己內心負面思考的反覆攻擊。這些如果讓你有些氣餒，我有一個振奮給力的概念可為本章作結。這是我們能採取的第三個防護措施。目前介紹的防護措施都是防止寶貴的信心被挫折和負面念頭榨乾，但何不讓心理濾鏡向上升級？這樣面對困難，信心戶頭不只持平，還能有所增長？何不利用心理濾鏡，即使犯錯、失敗、表現低於水準，信心還能不減反增？想

做到這點，只要結合前兩個防護措施，添加一些高度選擇性遺忘，加入一點高度選擇性期待。如此形成所謂的「射手心態」（Shooter's Mentality）。不論籃球、曲棍球、足球、袋棍球哪一種運動，抑或是科學、行銷、創業哪一種領域，所有優秀「射手」都慣有這種態度，讓自己常處於能夠突破、取勝的狀態。

射手心態包含兩種思考習慣，乍聽之下都有些虛無飄渺，但結合起來確實能常助我們取得先勝。第一個思考習慣是，認為錯誤或挫折不會讓人錯失成功，反而更接近成功。第二個思考習慣是，認為既然一件事做到了，成功將會延續下去，其他事也會成功。在射手心態下，失誤不僅被解讀為一時的、有限的、不具代表性的，還會被視為好運即將復返的徵兆。另一方面，成功則被解讀為永久的（還會再發生）、普遍的（其他好事也會發生）。只要我們願意養成這些習慣（唯一要做的就是願意），就將擁有核武般強大的心理武器。

NBA職籃金州勇士隊神射手史蒂芬·柯瑞（Steven Curry）顯然就具備射手心態。他的教練史蒂夫·科爾（Steve Kerr）說：「柯瑞想的只有要射籃，就算沒進也處之淡然，因為他知道下一球就會進了。」在柯瑞高度選擇性且注重實用有益的心態下，一球不進只是讓下一球更有可能投進，他不會為之恐慌，擔心今晚會敗北收場。這種高度選擇性且有益的思考習慣也會認為，只要「狀態來了」，他一球接一球投，整晚都能保持手

感，沒必要擔心運氣會不會用光。這種想法不盡然合乎邏輯，但絕對大有幫助，否則柯瑞也不會這樣想。

愛迪生發明白熾燈泡、鎳鐵電池和其他今日習以為常的科技，他在艱辛漫長的事業生涯中，肯定也抱有射手心態。他很少把不成功的測試視為失敗。愛迪生認為，每一次測試都提供了寶貴資訊，讓他更接近最終解答。這些所謂失敗，沒有榨乾他的熱忱和能量，反而令他更確信成功不遠矣。現代人真得慶幸愛迪生面對「失敗」始終保有樂觀。

老虎伍茲稱霸職業高球壇那十年，也同樣具備射手心態。當時某一場巡迴錦標賽，他打完四分之三輪賽事後還落後 12 桿。記者問老虎伍茲，下星期就是另一場巡迴錦標賽了，他有何準備。老虎伍茲回答說，他完全沒去想下一場錦標賽，全副心力都在為明天最後一輪做準備。「可是你落後 12 桿，沒希望了吧，」記者說。老虎伍茲說：「我不認為。我知道我有 55 桿的實力，只要我能發揮實力，領先者又有人翻車的話，我還是有機會獲勝。」對老虎伍茲和類似的能力者來說，低於標準的表現在他們腦中無處立足。反之，他們堅信自己下一個努力必定會成功。優秀的能力者不同於一般人，他們拒絕踏入錯誤、挫敗設下的情緒圈套，眼前只看到機會不斷擴大。

我初次接觸這個概念，是在運動心理學博士課程，我的指導教授鮑伯・羅特拉博士分享他幾年前與研究生合作進行的一

項調查。他向來好奇優秀的運動員如何思考，從維吉尼亞大學召集一小群頂尖運動員，請他們向研究生小組描述自己生涯中最有自信的時刻。你應該猜得到，這些運動員說的不外是些稱霸全場的成功表現：達陣得分、破個人紀錄、擊敗死敵。直到輪到史都華・安德森（Stuart Anderson）。

安德森當時是維吉尼亞大學的美式足球員，與其他受訪的運動員不同，他提起自己高中時代一場籃球賽打入延長，他的表現挺差的，到賽末最後一分鐘以前，他在盯防下跳投，14 球才進 1 球。幸好全隊表現算好，所以雖然他屢投不進，比分勉強還能平手。剩下最後一分鐘，教練喊了暫停。可以想見，因為安德森當晚表現有失水準，教練的戰術把致勝關鍵的一球託付給另一名球員負責。但安德森打斷教練說：「不行，教練。球給我，我想投！」教練起先拒絕，但安德森接著正色說了一句話，讓教練改變心意：「球給我，我想投。我今天注定應該投進一球。」最後這一句話讓教練相信，安德森有充分把握能投進關鍵一球，於是他修正戰術，放全隊回到場上。時間進入最後幾秒，安德森接住隊友傳球，縱身跳投，球漂亮地應聲入網，比賽獲勝。安德森當天命中率才十五進二，最後卻是被歡聲雷動的隊友高高舉起抬下球場的。

研究生聽了故事，立刻追問安德森，他憑什麼認為自己投得進最後一球，畢竟那一整場比賽，他的投籃沒有半點準頭。

安德森回答，從他打籃球至今，他的跳投命中率一直都是五成，所以他覺得既然今天這麼多球沒進，接下來的命中率一定大過五成吧。學生聽了無不挑起眉毛，他們都修過統計學和研究方法，安德森的想法違背他們學過的所有機率邏輯。但安德森接著說：「連續四、五球不進以後，我推判下一球進的機率應該高於五成，既然比賽最後一節，我已經那麼多球沒進了，我就想這一球絕對會進。」很矛盾吧，安德森每有一球不進，反而更有信心。學生聽得一頭霧水，但也有人慢慢意識到，雖然不符合科學邏輯，但安德森的想法也許不無道理。其中一個人問：「所以你的意思是，你覺得失手愈多次，之後的命中率會提高。那假如你連續進了好幾球呢？因為你的平均命中率是五成，你會覺得下一球恐怕不會進嗎？」安德森說：「不會！假如我手氣正順，我只會覺得想做什麼都做得到，所以我會一直出手！」這個想法在學生聽來就很合理了。進展順利的時候，順勢盡情而為就對了。

但又有一名學生舉手：「你怎麼有辦法兩邊兼得？你怎麼有辦法覺得現在投不進，之後投進機率會提高，同時又覺得每球都進的話，機率對你有利呢？」安德森的回答很簡單：「我也不知道。只是我自己這樣想。」

這就是射手心態。失誤是提高進分機會，進分代表將有更多機會進分。對，一點也不合邏輯，但在關鍵時刻，這能為人

增添信心，一旦有了重要的信心，成功機會永遠最大。這個例子告訴我們，自我看法總有辦法進入信心戶頭，而這些看法不必然要受嚴格的日常邏輯支配。

安德森、愛迪生，以及上一章見到的汽車銷售員，都選擇用能持續激起努力和熱忱的方式，過濾及選擇性解讀球場上、實驗室、展售間發生的事。雖然不無妄想，但結果很成功。你可以說他們捏造「現實」，他們獨特的心境在別人眼中不見得「有道理」，卻能為他們的才華和能力提供最大表現機會。講求邏輯的話，老虎伍茲（或任何高爾夫球手）落後 12 桿，就不該再指望贏得錦標賽；講求邏輯的話，愛迪生測試失敗了幾千遍，對於電這種物質又不甚了解，應該放棄開發儲電裝置。傑森想像每個走進展售間的客人當天都會買車，也沒有合乎邏輯的理由。車業銷售分析數據鐵錚錚地攤在眼前，他的想像簡直是天方夜譚。為什麼還要抱持這種心態，捏造一己的「現實」呢？因為這往往帶給他極大機率銷售成功。同樣的解釋也適用於老虎伍茲、愛迪生和其他人：當我們抱持這種有把握的心態，天賦才能、訓練出來的能力和累積的經驗，當下會結合起來引出最好的表現。這能保證每一次都會得勝嗎？當然不能。能防止凡人的不完美影響我們嗎？肯定也不能。但是這麼做，可以幫助我們在無可避免的犯錯之間，做到當下最好的表現，而這永遠能帶來最大的勝利機會。

為自信心打一場心理勝仗

自信心終歸是自己的。我們努力透過管理記憶、自我肯定、預想未來，累積起信心戶頭，但這個戶頭很容易受到攻擊。我們的自信心脆弱，需要保護。隊友、同事，以及我們自己，就算動機良善也做了最大努力，依然有可能犯錯，因為我們是人。即使思考經過鍛鍊，腦中持續不斷地自我對話仍不免會包含一些自我懷疑、事後諸葛和自我批評，攻擊我們的信心。但每一次攻擊其實也提供了一個選擇機會，看是要啟動防護措施，還是要任由周圍人事物的不完美或各種負面思考控制我們。你可以選擇把外在挫敗看成一時的、有限的、不具代表性的，也可以選擇在自我懷疑浮現的時候總結辯論。你可以選擇採納自己版本的射手心態，即便失誤犯錯，仍能增加信心。

心中的爭鬥不會休止，但只要採行這些防護措施，不論頻繁與否，都為自信心打了一場心理勝仗。防護措施每一次啟動、每一個應用，都是取得一次先勝。儘管為這一刻感到驕傲，你做了能做的事，控制了能控制的事。要說歷史可供借鏡的話，你動用的這些防護措施，也必會引領你取得其他勝利。

——— 第六章 ———

下定決心與眾不同

停下來想一想前面幾章討論了些什麼……

- 自信心的本質，以及自信心的終極來源。關乎我們如何思考自己、人生和生活中發生的事。
- 選擇性思考之必要，以及實行方法。運用自由意志，對想法進行心理過濾，突顯能提升能量、樂觀、熱忱的想法和記憶，同時有意識地捨去或重組其他想法和記憶。
- 建立信心戶頭的具體方法和技巧，包括管理記憶、複述有益的說法、預想期待的未來。
- 防止人生不可避免的挫敗、人固有的不完美、自身的負面思考榨取信心的心理工具和技巧。把挫敗理性解讀成一時的、有限的、不具代表性的，將每個負面念頭當成提醒自己停下來、應對問題、掌握局面的機會。

這一切的目的都是為了幫助我們取得先勝，在該表現的關鍵時刻展現果斷和信心。遵行上述原則，比較不容易在表現當下落入過度分析、自我批判、杞人憂天之中，因為我們已經（一）建立了龐大的可相信自己的理由；（二）把自我批評和自我干擾減至最低；（三）將心思專注在想做到的事、想表現出的樣子，而非滿心都是自己害怕或希望避免的事。這些方法都經科學實證有效，卻尚未納入學校主流課程，也未被現代社會廣

泛接受。我在序章提過，現代社會對自信心的看法十分矛盾，個人有一定的自信很重要，但過度自信又會遭社會唾棄，到底多少才是「剛好」從來就沒個準。

在這一章裡，我期待讀者能仔細思考，社會上對自信的養成和表達盛行著哪些觀念和成見。我們在成長階段，可能都曾經遇過，它們可能鼓勵的是合群，而非與眾不同、充分表現自己。《牛津英語辭典》給「社會化」的定義是「學習社會可接受之行為舉止」。這個過程猶如雙面刃。社會能提供安全保障，但不見得鼓勵我們追求個人卓越。如果有意在選定的運動、技藝或職業上探索自己能做到多好，並持續取得先勝，勢必會遭遇社會化的負面現實，想法也得要與眾不同。本章將提供具體可行的做法。

自信的人如何思考？

為能更進一步理解及實踐先勝，且由我做一次案例研究，檢視一個十足自信也表現非凡的人是怎麼思考的。我向來著迷於案例研究，針對擁有重要或有趣特質的人，仔細研究他們，再分享蒐集到的知識。我會推薦的運動心理學十大好書，其中一本就是英國田徑運動員、1968 年奧運 400 公尺跨欄金牌大衛・赫墨里（David Hemery）寫的《登峰造極：一探體壇強者的祕密》（*The Pursuit of Sporting Excellence: A Study of Sport's*

Highest Achievers）。因為書中記錄的，都是現實中有超群表現的真實人物。赫墨里訪問了 50 位各種運動賽事的冠軍選手和頂尖球員，希望看出「體壇強者之間是否有一些共通因素，適用於每個有志發揮長才的人」。赫墨里做的案例研究，提供了寶貴洞見（且不意外的是，受訪運動員有八成七都說自己擁有高度自信）。不少極具影響力的商管書也用了類似的案例研究方法。1982 年，管理顧問湯姆・彼得斯（Tom Peters）和羅伯・華特曼（Robert Waterman）合著出版《追求卓越：探索成功企業的特質》（*In Search of Excellence: Lessons form America's Best-Run Companies*），書中探討美國幾家卓越企業在哪些特質和做法上有別於其他企業。該書至今仍是商管領域經典之作。2001 年，詹姆・柯林斯（Jim Collins）出版《從 A 到 A+：企業從優秀到卓越的奧祕》（*Good to Great: Why Some Companies Make the Leap...and Others Don't*），闡述企業脫穎而出的特質和做法，也同樣成為暢銷書。

這三本書都採用了案例研究：不是先闡述對成功的觀點或理論，再找例子佐證，而是直接找上成功的企業或個人，了解他們哪些做法不同於他人、哪些原因使他們與眾不同。

本著這種精神，我想探討一個成就卓越的人是如何建立並維持令人驚異的信心戶頭，同時自覺想法與大眾主流多麼不同。這段案例研究會引導我們對影響自信心的潛在觀念與成見

提出質疑。那些觀念是否過度強調三思後行及其他無用的想法，妨礙我們取得先勝？或者能夠幫助我們進步，使我們有別於競爭對手？我們能不能接受比較有益的新觀念，幫助自己奪得先勝？當然可以。

每個參加過超級盃的人都會說，那是永生難忘的奇妙經驗。每個打過美國職棒世界大賽的人也都會這麼說。但全世界只有一個人既打過超級盃也打過世界大賽，他就是迪昂・桑德斯（Deion Sanders），美足聯名人堂傳奇防守後衛，也是美國職棒大聯盟退役外野手。他拿過兩枚超級盃冠軍戒指，八次入選職業盃（Pro Bowl）明星隊，在美足聯 19 次防守回攻達陣的紀錄直到 2014 年才有人打破。桑德斯自陳，「不想在任何方面平庸，要就要做到最頂尖」，而他也說到做到。桑德斯是不是最頂尖的，留給專家去決定，但我想沒人會否認，桑德斯和平庸絕對沾不上邊。

平庸（mediocre）這個單字，源自拉丁語「mediocris」，意思是「普通、平凡，無特出之處」，這些詞永遠不能用在綽號「黃金時段」和「霓虹迪昂」的這個男人身上。

桑德斯的職業美式足球生涯始於 1989 年，為亞特蘭大獵鷹隊效力的同時，也在職棒亞特蘭大勇士隊打球。1994 年美足聯賽季，他加盟舊金山 49 人隊，幫助球隊奪下該年度超級盃冠軍。也是在這個賽季，他接受 ESPN 電視專訪做了一段精采問

答（我認為啦）。在接受美足聯退役四分衛喬·泰斯曼（Joe Theismann）採訪的五分鐘裡，桑德斯做出五個絕妙陳述，可供每個希望奪得先勝的人借鑑。

採訪開始前，首先播了幾段桑德斯抄截傳球和慶祝達陣的精采鏡頭，接著只聽到他幽幽說：「我相信自己比你強。」語氣裡沒有囂張跋扈或耀武揚威，只有沉著務實。三十秒後，他又說：「這一次進攻我會做得比你好。」語氣同樣平淡無奇。又過不到二十秒，泰斯曼開始鋪陳下一個問題，但才剛開口說：「球飛上空中的時候……」桑德斯就沒讓他把話說完，直接打岔說出我在球員口中聽過最有見地的評論。對於飛上空中的球，桑德斯說：「球是我的！是傳給我的！不是給他，是給我的！球一飛上空中就注定往我這裡來。我認為這是防守後衛應有的態度。」第四個陳述是被問到他在攻防線上的腳法，桑德斯回答說：「我經常變換腳法。我讓他們顧忌我，動搖他們心中整套觀念。他們看到我就得提防我，擔心我接下來會怎麼做。」最後被問起新東家 49 人隊，桑德斯回答：「他們必須相信自己，這也是我在做的事，我幫助二線球員相信自己。」每一個陳述都能讓人窺見桑德斯的心理濾鏡，以及他贏得先勝的做法。我們仔細逐一分析吧。

一、我相信自己比你強

是不是事實並不重要。桑德斯真的比他被指派防守的外接手「強」嗎？這個問題留待專家和統計員去回答就好。重要的是，桑德斯真心相信自己比較強。每次上陣，他都相信自己比當下的對手強。內心的聲音常使人遲疑，但這個信念為他解開束縛，能在最少有意識的狀態下執行動作。這個信念「合不合理」同樣不是重點，我們在介紹射手心態時也看過了，有些時機場合該用邏輯佐證我們的感受和信念，但也有時候最好拋開邏輯，相信勝算始終對自己有利。我鼓勵每個客戶和學生接納並練習這種心態。相信自己比遇到的對手都強，這是引出最佳表現的必要條件，不管「對手」是另一個人，還是一份待完成的報告、一場待演出的演奏會、一條必須手術繞道的阻塞動脈。你願意選擇相信自己比當下的對手強嗎？或者你選擇相信其他說法？先勝的重點在於，抱持必定成功的信念來應對每項任務。

二、這一次進攻我會做得比你好

身為防守後衛，很多規則對你不利。精英腳程的外接手按照計畫好的路線，全速斜向往你衝來，而你只能後退跑，設法判斷他們打算跑向哪裡。雖然有不凡的速度天賦，也辛勤訓練過快速後退跑，但包括桑德斯在內的每個防守後衛，在比賽中

總難免有幾次跑不贏對手，在進攻中敗下陣來，被對方越過防守完成傳球，甚至被盯防的人達陣成功。但這種事發生時，桑德斯會運用李小龍的「充分解釋敗因」原則，把失敗視為一時的（只是這一次進攻）、有限的（只限在這個位置）。利用這種選擇性記憶，桑德斯會忘記你上一次進攻是不是擊敗過他，發揮全部的精力和才能，在當下的進攻中擊敗你。先勝的重點在於，唯一重要的時刻，只有當下；放開來自過去的一切約束，盡情發揮。

三、「球是我的！是傳給我的！不是給他，是給我的！」球一飛上空中就注定要往我這裡來。我認為這是防守後衛應有的態度

　　這句話乍看荒謬之至，空中的球怎麼想都不會是要傳給桑德斯的。敵隊的四分衛、接球員和教練團隊，每個星期花上大把時間設計及練習進攻，就是為了讓球遠離桑德斯。但在高度選擇性且注重實用有益的心態下，桑德斯卻認為空中的球是專門傳給他的。

　　我鼓勵客戶和學生把「空中的球」想成某個結果未定的狀況。當球在空中旋轉飛行，沒人確定會落向哪裡，最後會發生什麼事。有可能被接住，可能落在某人手上，可能被碰了一下改變方向，也可能落在草地上誰也沒碰到。這個結果未定的狀況可以用多種方式看待。我們可以用比較中立的角度想成「看

看會發生什麼事吧」，也可以懷著懼怕和不祥預感，想成「不妙，這可能對我／我們不利」。事實上，對於飛在空中的球，乃至任何不確定的狀況，你也可以運用實用樂觀的心理濾鏡，想成「結果注定會對我／我們有利」。

　　想一想，每天自己在職場、運動、專業上，面對哪些「不確定狀況」。對於每個狀況，有沒有桑德斯那種「球是傳給我的」的心態？我建議，每一個參與球隊試訓的球員心裡都要想：大名單上那個空位就是要給我的！我也建議球隊裡的每一名球員要想：先發名單上的空位是我的！我更建議球隊先發球員要想著：全聯盟或全美國最佳球員獎會是我的！桑德斯說：「我認為這是防守後衛應有的態度。」我說：「我認為這是每個運動員、專業人士、能力者都不可少的態度。」先勝的重點在於，每個不確定的狀況都注定對你有利，懷抱絕對的確信行動吧。

四、我經常變換腳法。我讓他們顧忌我，動搖他們心中整套觀
**　　念。他們看到我就必須提防我，擔心我接下來會怎麼做**

　　我不敢說桑德斯是不是真的動搖了對手的「觀念」，但我完全同意他的行動原則。他不是想著：「好吧，我得全力防守某某某，免得他用大比分虐我們。」桑德斯的態度是：「那個誰誰誰想打敗我可沒那麼容易。他想從我手上取分可得拿出全力。」

他想的不是自己必須變強才比得上對手,或在新狀況中取勝。他(以及每個心理堅強的專業者)的觀點是,新對手或新情境必須配合他現在的程度才行。這一來壓力就不在他身上,而在對方身上了。提醒你,桑德斯會非常用功準備,以求到時有高水準表現,但他也選擇相信自己的準備絕對充分,現在該有壓力的是對方,這是關鍵。

桑德斯防守頂尖外接手,而你相對應的對手又是誰呢?你的競爭者是誰,你通常如何看待他們?他們是橫亙的阻礙還是進逼的力量,逼得你必須勉力挖掘自己的潛力或才智,才有可能得勝嗎?你會想,我必須真的很厲害,才有可能打敗某某人或趕上期限,而把壓力加於自己身上嗎?或者你會允許自己保持淡定,想著對手必須擊敗我才行。我只要照常比我的比賽/做我的工作就沒事了。壓力是在你身上,還是在必須擊敗你的對手身上?是你為了趕上期限備感壓力,或是期限必須挑戰你的鎮定才該有壓力呢?

換個角度看這種態度。電影《怒海潛將》(Men of Honor)改編自卡爾·布拉西爾(Carl Brashear)的真實故事,他是首位獲頒美國海軍一等士官長職銜的非裔美國人,也是首位獲此榮譽的截肢者。他在海軍服役三十年,期間因為參與在西班牙外海海床打撈核彈頭的任務,腿部受到重傷。布拉西爾不想就此離開海軍,讓當士官長的夢落空,所以堅持自膝蓋以下截肢

受傷的左腿，堅信自己經過復健，學會用義肢跑步、游泳、潛水後，依舊能當個有用的打撈潛水員。電影中有一幕特別勵志，演的是布拉西爾出席公聽會，會中將裁定他手術復健後是否能繼續服役。主持會議的是一位多疑的海軍上校，海軍對打撈潛水員的體能要求嚴苛，他懷疑布拉西爾的體能負荷不了。小古巴・古汀（Cuba Gooding Jr.）飾演的布拉西爾對此做出答辯。上校問：「你快四十歲了，又只剩單腳健全。你真的認為自己跟得上身強體壯、年齡只有你一半的潛水員嗎？」布拉西爾的回應，不管是好萊塢編劇寫的劇本，還是本人當時的真實回答，總之和桑德斯的訪談發言如出一轍。他說：「長官，您該問的是，他們跟得上我嗎？」先勝在於，壓力永遠在對方身上，我們只管用自己熟知的方式打好比賽。

五、他們必須相信自己，這也是我在做的事，我幫助二線球員相信自己

這裡我必須謹慎下筆。桑德斯是自信運動員的榜樣，但我不知道他是不是個好隊友。在為本書整理相關資料時，我沒找到隊友稱讚他在更衣間或會議室帶來激勵啟發的評論，倒是有不少人說桑德斯比較在乎自己的數據和榮譽，沒怎麼在乎效力的球隊是否成功。所以我們該怎麼理解這句「我幫助二線球員相信自己」呢？

　　我認為，這裡的先勝重點是散發真心自信的氛圍（這點桑德斯肯定有做到），在情勢對自己或隊伍不利時，示範樂觀和心理韌性（他也做到了）。這兩件事對任何團隊都是寶貴貢獻。我們每個人都身屬某個團隊（有時更身在多個團體），就算從事個人運動（高爾夫、網球），也總有指導教練，八成也有伴侶或配偶。個人藝術家和單打獨鬥的小企業主也一樣。就算是獨奏音樂家，也須仰賴燈光、音響、錄音等專業團隊讓表演順利開展。每位外科醫師都需要與包括麻醉醫師和多名護理師在內的團隊合作。這些與我們合作、支援我們的「隊友」，應當因我們的自信而受惠。他們沒理由要看到我們最壞的一面，或當個聽我們抱怨訴苦的人（除非是心理諮商師）。你的隊友從你身上看到什麼？他們會說，不論順境逆境，你都能保有良好態度嗎？有句話稍嫌老套，但確實是至理明言，每個待過團隊的人都會認同：「態度是會感染的。你的態度值得傳遞給別人嗎？」我雖然不能保證，但我敢說，桑德斯在防守位置上的替補隊友，肯定曾因為感染他的自信心而表現得更好。先勝的重點在於，散發真心自信的氛圍，示範樂觀和心理韌性。

抗拒社會化的制約

　　「謝謝你幫我重回軌道，博士，」說這句話的是在國家冰球聯盟出戰十七年的退役球員丹尼・布里埃（Danny Brière）。他

最著名的特點就是，總有能力在重大比賽的關鍵時刻拿出最佳表現。布里埃身高 173 公分，體重 77 公斤，憑藉速度、謀略，以及信心，生涯總計在 124 場史坦利盃（Stanley Cup）季後賽中得到 116 分。布里埃職業生涯早期在鳳凰城土狼隊（Phoenix Coyotes）就接觸到運動心理學，當時養成的自信心態幫助他成為冰球聯盟的頂級球員。2005 到 2007 年在水牛城軍刀隊（Buffalo Sabres），他也出任隊長。但 2007 年與費城飛人隊（Philadelphia Flyers）簽約後，情況變了。新城市、新球隊、新教練，加上又是一份很大的合約，種種適應調整都讓布里埃分心，連帶使他信心低落。在賽場上，布里埃不再有「我比其他球員巨大兩倍」的心境，他開始懷疑自己，自然也連帶影響進球表現。

但疑慮沒有持續太久。布里埃找我協助調整心態，用持之以恆的預想練習和自我肯定陳述（例如我在賽況膠著時得分）重建信心戶頭，同時也採行桑德斯「球注定飛向我」的觀念。2010 年正規賽季最後一場比賽，飛人隊必須獲勝才能挺進季後賽，布里埃憑藉他以與眾不同但有益的心態所累積的信心，通過了考驗。比賽終場平手，進入射門大戰。兩隊各選出三名球員，輪流站上罰球位置，在無人防守下與對方門將對決，最後進球數較多的一隊獲勝。布里埃為飛人隊打頭陣，對決賽中最佳守門員、紐約遊騎兵隊的亨利克·倫德奎斯特（Henrik Lundqvist）。就在布里埃準備就位的同時，關鍵時刻的壓力也

悄悄爬上身。「我知道這一球很重要，也知道大家都在看我，挺進季後賽的希望繫於一線，接下來的表現攸關重大，」但他旋即轉念一想：「這就是我的使命……我注定要當改變局勢的人……這一刻為我而生！」布里埃擊出冰球，球高速穿越守門員破網得分，飛人隊最終獲勝。之後布里埃打出冰球史上最佳季後賽表現，合計十二顆進球、十八次助攻，飛人隊一路殺進史坦利盃決賽。

回想當時的表現，布里埃對我說：「我道不盡對你的感激。我們的練習真的造就不同。很少球員懂得這樣想，真的很不可思議。」

布里埃沒說錯。養成內心的確信，在比賽關鍵時刻發揮出來，真的有用。雖然無法百分百保證每次都能成功，但永遠能給我們最大機會。既然如此，為什麼只有少部分球員（和少部分人）充分接受並經常使用呢？

答案簡單但也難解。因為這種思考方式，有違學校和社會風氣教導的處世原則和成功之道。多數人在成長過程中吸收了社會普遍觀念，習慣貶抑像拳王阿里這樣直率自信的人，認為這樣的人太狂妄、太自負、太自我中心。在小學、中學或大學階段，總是鼓勵我們相信自己是所從事領域裡最厲害的人，不論現在發生什麼事，下一個機會一定能成功，只要努力，所有不確定的狀況終將對我們有利，這樣的老師你遇過嗎？如果

有，你真的很幸運。

多數人沒這麼幸運。在本於善意的老師、教練和其他權威人士教導下，多數人不知不覺「社會化」了。他們建議我們找到屬於自己的位置，好好融入社會，而非鼓勵人們建立自信，追求出類拔萃。問問自己這些問題：

我的思考習慣、情緒表達傾向、對自己的認知主要源於哪裡？現在這些想法是怎麼學來的？

在成長階段教導我、指引我的人和機構，關心的是協助我探索能成長到多厲害，還是更在乎我能不能好好融入社會常規，不要過於離經叛道？

我被公開鼓勵或隱約暗示應當追求什麼？是充分表現我的天賦才能，還是現代生活各種便利科技提供的安心與安全？

對於追求成就與滿足，周圍的人教給我的想法是什麼？

在此，我提出一個小小挑戰。三十多年來，我的客戶和學生帶著各種觀念想法來到我的辦公室，這些都是他們在校就學、生涯初期和成長訓練階段，於社會化過程中學得的觀念，我們不妨仔細省思一番。我將說明這些觀念是如何造成那些減損信心的念頭。這些觀念個別來看，都不至於摧毀信心，但若結合在一起，又經年累月受到權威人士說教強化，就很有可能妨礙我們養成前幾章介紹的實用思考習慣。拒絕接受固有觀念，在心中一隅抵抗社會化的制約，將能幫助我們接二連三贏

得先勝。

制約一、牢記失敗和錯誤

這個觀念會不斷扯我們的信心戶頭後腿,把不對的記憶放入思考總和,將顯著耗損自信心。犯錯的記憶所引起的憤怒,或許能暫時激發能量,但是維持不久,而且還會留下不是滋味的心情,得額外費心去消化。不如使用另一個燃燒更乾淨、時效更長久的能源,那就是我們努力、成功、進步的記憶,以及真心盼望實現的未來預想。

制約二、做自己最嚴厲的批評者

有些時候當然有必要正視弱點,承認過錯和缺失,但有時該做的正好相反。可惜社會觀念堅信,既然一定量的認真嚴肅和自我反省對我們有好處,多一點豈不更好。因此,持續自我批判很可能悄悄成了預設值,甚至深信自我批判是在幫助自己。事實上,這麼做只是在打擊自己,耗用信心,從而迎來平庸。承認吧,如果在練習中不斷批評自己,練習以外想的又都是該進步的地方,到了比賽當天,心中自信全無,想必也不奇怪。把自我反省和批判留待無須行動的適當時刻,到時再平靜理性地承認缺點,不用譴責自己,也不必貶低自己。

制約三、三思而後行

上學基本上是邏輯推理練習。花在學習九九乘法和語言文法的時間，讓我們逐漸習慣凡事都可拆解成零件，再按照邏輯重新組裝。音樂課和美術課可能是少數能自然發揮創意的機會，但學校的教學方式也常是統整出規則和邏輯結構，要學生理解背誦。但事關自信心，邏輯不見得管用。依照邏輯，最能預測未來行為的莫過於過往的行為，上一次擊敗你的對手，今日會再次擊敗你；每次都很棘手的事，往後也會一樣棘手。如果縝密的邏輯真能解釋所有事，人人行事也都依循邏輯，那麼萊特兄弟永遠不會離開地面，班尼斯特也永遠不會在 1,600 公尺賽跑打破四分鐘紀錄。只講「邏輯」會使我們忘卻創意、喜悅、對新事物的探索，但正是這些賦予生命最豐富的意義。

制約四、永遠要累積更多知識、更多練習機會

不斷搜尋最新最好的技術訣竅和內部消息，聽來絕對是求進步的好辦法，但也不乏一些少有人知的缺點。首先，認為凡事總有「解答」，只是還沒找到，這種觀念能鼓勵我們向外尋找，而非向內省視自己的思考習慣。但限制我們表現與發展的，真的是知識不足（不知道該做什麼或怎麼做）嗎？或者我們其實早就知道怎麼做了，只是自信不足，不敢去做呢？會不

會認識自己才是讓我們的運動、興趣、專業升級的最佳辦法呢？再說，這個觀念鼓勵我們把心思放在具體的技術操作上，但之前討論過很多次，一旦做過頭容易導致我們慌亂想太多。更進一步說，這個觀念容易使我們陷入消極的完美主義，不管知識再充足、投入再多努力都覺得不夠。事實是，在表現的當下，心中想得愈少，大腦和神經系統反而更能有效率地運作。

制約五、要先很厲害，才能有自信

這個觀念會狡猾地戲弄我們，不斷踢開我們的自信心，看得見摸不著，永遠對自己沒把握。它會讓我們不禁自問一些危險的問題，比如：我做得夠好了嗎？我做得夠多了嗎？我還能做什麼訓練／改進／準備？這些問題讓自我懷疑有機可乘，正好從我們動搖的隙縫闖進來，不相信當下的自己，堅持還需要更多時間或資源。除了不相信當下的自己，這個觀念引來的自我質疑，也幾乎保證了我們永遠不會真正感到自信，總是茫然無措，因為永遠有更多還能做的事。這裡必須明白一件事，一個人有什麼樣的心境、有多大的把握，關乎選擇，而非身處的狀況，也不在於事前做了多少準備。

制約六、聽從專家，敬畏贏家

不記得第一次在哪裡聽到了，但每次聽到這句話，總覺心

頭一涼：「心中有偶像，那我就永遠只能屈居次位。」我們從小讀到華盛頓、林肯等偉人故事，社群媒體和大眾傳媒也不斷用影音訊息轟炸我們，使我們嚮往某個電影明星、億萬富翁或體壇偶像。也許有人能受到名人榜樣鼓舞啟發，但更多人到頭來只會開始懷疑自己，覺得此生無望達到那樣的標準。別怨我毒舌，刊登在報章雜誌、影音廣播和社群媒體上這些天神般的偶像形象，大多都是虛偽不實的。創造那些形象，目的不是讓人認識名人的真實面，而是要獲得廣告收益以維持媒體營運。為什麼要聽信雜誌或電視上勾勒的虛幻形象呢？仰望被抬舉的偶像，只讓我們學會與對手比較紀錄與成就。結果呢？我們開始高估對手，卻低估自己，但其實根本沒這個必要。

制約七、總而言之，不能搞砸

我發現最會耗損並摧毀信心的，莫過於害怕在表現時犯錯。說來矛盾之至，我們都在社會化過程中學會懼怕犯錯。為了避免犯錯綁手綁腳，結果反而表現更差。一旦心中害怕犯錯，你會變得謹慎保守，而非果敢進取；過度仰賴分析，而非讓能力自然發揮。這個觀念還暗示了優秀的選手或表演者幾乎不會犯錯，萬一真的信了，就會陷入另一個不實的心理陷阱，以為只要犯下一、兩個錯，就會自動被淘汰出局，再也與優秀無緣。人生而不完美既為事實，失誤犯錯實屬難免，認為「失

誤最少的隊伍會贏」只會害自己經常處於緊張擔心之中。

　　上述源自社會化的自信耗損因素，每一項都是可抵抗的。這些觀念只有在我們選擇認同的時候才有力量。我們可以選擇代之以其他關於追求成就的觀念，或許和從小濡染的觀念不太一樣，但有助於培養信心。有了信心，永遠有最大機會成功。我們可以選擇持有與眾不同的想法，一旦這麼做，就給了自己一個表現與眾不同的機會。有鑑於此，以下是七個制約觀念的替代方案，採納這些觀念能幫助我們建立桑德斯或布里埃程度的自信。不妨把它們想成是信心戶頭的額度擴充和優惠利率，讓信心戶頭的餘額能以最好的條件向上增加。

先勝觀念一、記住希望擁有的事物，頭腦和身體會因此改變

　　誠實回答以下問題，哪一個能創造更多渴望和前進動力：是在心中重播方才的挫敗，感受隱隱作痛的心情，還是重播最成功的某一個時刻？西點軍校摔跤隊一名學員這樣回答：「想起輸的時候，我感覺到巨大的疲勞，但想起贏的時候，我的全身輕盈又有活力。真有趣，明知不管輸贏，當下都一樣筋疲力盡，但不同記憶帶給人的感覺卻截然不同。」這樣的陳述受到最新科學支持，相當多研究顯示，「回想正面內容的自傳式記憶」，簡單說就是「回想美好時光」，能減少生成壓力感的腦迴

路活動（下視丘—腦垂腺—腎上腺軸）。[68]另有一些研究指出，回想正面記憶較不容易陷於抑鬱。[69]壓力或抑鬱都無助於學習、提升現有技能，或在壓力情境下表現。相反地，喜悅和興奮經證實有助於學習及表現。[70]所以就像經典搖滾樂歌詞說的，「讓好時光上演吧！」養成習慣，把希望擁有更多的事物畫面放進自己的念頭。

先勝觀念二、做自己最好（也最誠實）的朋友

你絕對會挺最好的朋友，對吧？你會用愛包容對方的缺點和不完美，無論如何都會鼓勵及支持對方。即使對方出包闖禍了，也不離不棄。萬一對方真的誤入歧途，你可能會把他拉到一旁說：「聽著，我知道你也不想，但你真的闖禍了，現在必須改正過錯、彌補殘局。可能很難，但我知道你做得到。希望我怎麼幫你，儘管跟我說。」經過這番交心懇談，好友知道你願意站在同一陣線時，通常會鬆一口氣，打起精神來收拾殘局，同時慶幸有你這樣的朋友。

但你對自己也是這樣嗎？你也給予自己同樣程度的支持、同樣程度心理學上所謂的「無條件正向關注」（unconditioned positive regard）嗎？我發現做到的人很少。大家對朋友滿懷同理心，尤其是當對方傷心煎熬的時候，但輪到自己難過的時候，卻少有憐憫。為什麼呢？因為大家相信了社會編織的謊

言，以為接受自己的不完美、對自己表示同情，就會怠惰自滿，導致拙劣的表現。

如果你也接受了這個人生謊言。聽聽海倫·瑪洛利斯（Helen Maroulis）的話吧，她在 2016 年里約奧運擊敗史上最成功的女摔跤選手、日本隊的吉田沙保里（吉田十六年來在國際賽沒輸過任何比賽），成為首位奧運奪金的美國女子摔跤選手。2016 年奧運選拔賽的一個月前，瑪洛莉絲還需要減重 6.8 公斤才符合規定的 53 公斤體重。美國訓練隊深表擔心。但瑪洛莉絲一邊認真訓練一邊節食減重的同時，也設法做自己最好的朋友。在這關鍵的四星期裡，她仍撥出時間與男友相處、到海邊遊玩、舉辦青少年摔跤運動講習，藉此卸下一些背負的壓力。她在為她拍攝的紀錄片中說：「你需要退一步，放鬆身心找回平衡。去蕪存菁想得透徹永遠才是重點……不管我有沒有入選（代表隊），都不會影響我是誰。」[71] 而後在奧運選拔賽期間，瑪洛莉絲果真成為自己最好的朋友。她寬恕了自己上一屆沒入選奧運代表隊，「那是我上場比賽之前，最後一件必須想辦法消化的事。」然後她上場了，以總計 64 比 2 的得分擊敗五名對手，為自己鋪下奧運冠軍之路。

2018 年，我在西點軍校各校隊學員和教練等一干聽眾面前，與瑪洛莉絲進行座談。她再度強調要做自己最好的朋友、像對待朋友那樣接受自己的缺點，是很重要的。

「奧運比賽五天前,我回頭翻日記才發現:哇,我老是在追求完美,但我永遠不可能找到。追求完美不是壞事,壞的是我有這種心態,代表我從不滿意自己擁有的東西。我自問,完美然後呢?追求完美實際想要的是什麼?追求完美是想要比人優秀,那我有沒有可能不完美也比人優秀?可以的。我只要得分比對手多,足夠贏下比賽就行了。所以我現在常說:我贏了,帶著我所有的優點,也帶著我所有的缺點贏了。我們似乎很容易忘記這點,以為只要有缺點就不可能贏、不可能做到某件事。其實就算有缺點,你還是能做到那些事。」

接納、寬恕、同情,這些支持朋友追求成功的寶貴方法,同樣也適用於自己。善用它們吧。

先勝觀念三、善用邏輯與創意,
創造屬於自己的現實

有些時機場合需要自我檢討,有時需要謹慎的邏輯分析。但誠如前文討論過的,同樣也有些時機場合需要的是自我同理。更明確來說,在某些時候我們確實需要拋開現實和邏輯,全心信任自己擁有的才能和能力。我常常告誡我的客戶,把謹慎的邏輯思維用在訓練單項技能的練習中就好,例如棒球中單純的傳接球,或是美式足球中的「壓低重心,快速給球」。至於其他同時牽涉多項技術的複雜練習,我會建議他們關閉邏輯

分析，只要「看見然後行動，感知然後反應」就好。為什麼？因為有意識的心理分析會妨礙技術性動作（運動、表演藝術、外科手術）順暢執行，也會妨礙身體自動檢索記得的資訊（考試、即席問答、反駁辯論）。人腦有意識的分析能力確實神奇，但心靈無意識的力量也同樣可貴。

只可惜，多數人只知道發展邏輯思維，如果他們能允許自己少一點「務實」，多一點玩心和創意，就能體驗更多可能性。很多人非要邏輯分析顯示起碼有五成勝算，否則永遠不做任何嘗試。

唐娜·麥卡勒（Donna McAleer）是西點軍校 1987 年的學生，就不是這些「多數人」。她從來不是鋒芒畢露的運動員，卻毅然辭去企業工作，接受兩年的全天候訓練，希望入選奧運雪車代表隊。她還兩度在猶他州代表民主黨競選國會議員，猶他州女性選舉從政人數在全國排名僅第四十三。她深知這些目標都「不切實際」，但仍堅定熱情地追求，相信只要自己夠努力也夠聰明，最後定能脫穎而出。懷疑的人會說，她既沒入選奧運代表隊，也沒當選參議員，豈不是在浪費時間，但麥卡勒不這麼想。她認為摩門教徒居眾的猶他州，出現一個天主教徒民主黨女性參議員，不只合理之至，也正是世界需要的。這是她選擇創造並相信的「現實」。另一個「合邏輯」的現實是，現任共和黨男性候選人必定會連任的現實，只是為消極不作為

找藉口。她 2010 年的著作《鋼鐵堆中的白瓷》(*Porcelain on Steel: Women of West Point's Long Gray Line*)引起不小關注。麥卡勒在書中介紹了 14 名西點軍校畢業、往後闖出可敬事業(軍中將領、奧運代表、商業領袖)的女性。她們個個都拒絕接受現狀,選擇創造自己想要的人生。她們的故事,讓我想起老虎伍茲二十一歲初次贏得美國高爾夫球名人賽冠軍(史上最年輕)後,上節目對歐普拉說的話:「我始終相信,人永遠不該為自己設限。你要是畫地自限,就只能待在框框裡。發揮創意,跳脫期待,不光是別人對你的期待,也包括社會對個人的期待。跳脫它,求新求變。這是我做到的一件事,也是我能勝過其他人的原因,因為我的心中沒有界線。」[72]

年僅二十一歲就贏下名人賽、寫出一本見解獨到的書、艱難地競選議員的同時還要維持生計,這些非凡成就永遠始於一個人拒絕接受「界線」和「至少要有五成勝算」的制約邏輯。日常的小事,可以善用務實邏輯做決定,但思考長遠目標時,何妨多用些創意,再怎麼「不切實際」都沒關係。

先勝觀念四、有了知識,能穩定應用才是關鍵

個人和團隊想要進步,「做得更多,也做得更好」似乎是不變的真理。這個想法當然不壞,但就如前面討論過的,也有缺點。研究生時代的一段經驗,使我從此認知到「不如在幾個

關鍵處累積足夠知識和技能，然後持續穩定應用」這個觀點。

當時，我在維吉尼亞大學為教授工作，研究 PGA 巡迴賽獲勝的決定因素。我負責將 PGA 賽事資料手動輸入到學校的大型主機裡（1980 年代末的科技遠不如現在），包括全賽季每位選手的各項數據。之後再要求電腦分析資料，判斷哪一項數據（平均擊球距離、打上果嶺桿數等）最能預測收益，也就是說，哪一項高爾夫球數據，對選手獲得的獎金多寡最有影響？電腦統整所有資料後得到的結論是，區別獎金最高與最低者的因素只有一個，就是選手每一輪的穩定推桿數。巡迴賽的每個選手擊球距離都很遠，也都能把球打上果嶺，但少數能穩定把推桿打好的人，通常能把高額獎金抱回家。

我認為這傳達了寶貴的一課。能穩定做到一兩個關鍵點，對總體表現有何影響？能不能每天把心思聚焦在這一兩個關鍵點上，熟練到可以無條件信任它們？又或者總是在不停尋找新知識，希望擴充自己的能力？吉姆・柯林斯在《從 A 到 A+》書中把這些可以信賴的核心能力稱為「刺蝟」。這個比喻源自一則古老寓言，狐狸狡點機敏，刺蝟遲緩笨拙，狐狸千方百計想困住刺蝟，卻每次都無法得逞。因為刺蝟會捲成一團，向外伸長刺鬃，牠只會這一招，卻總是能憑這一招化險為夷。刺蝟永遠能信任自己的刺鬃，PGA 頂尖高爾夫球選手總是信任自己的推桿。我們可以信任什麼呢？

美軍特種部隊上尉湯姆・漢崔克斯（Tom Hendrix）決定信任自己對戰場局勢的理解。2014 年，他最後一次派駐伊拉克，負責指導及訓練伊拉克本土特種部隊士兵。當時，他指揮轄下的伊拉克士兵，突襲一座遭伊斯蘭國把持的煉油廠。未料作戰第三小時，他與現場的無線電通訊斷了。「他們自己的指揮官已經陣亡，現場全體部隊遭到敵軍的強大火力壓制，我和他們的直接通訊又斷了，」漢崔克斯回憶說。但他沒有放棄協同作戰，持續呼叫空中火力支援剩下的伊拉克士兵，同時判讀無人機在上空回傳的影像，即時轉譯空拍畫面，分析需要「投彈」的位置，最終守下了煉油廠。「我聽不到他們，他們也聽不到我，但我能想像戰場空間，也知道作戰計畫，所以我必須相信自己對計畫的認知。」後來一名伊拉克生還士兵的父親緊緊抱住漢崔克斯，感激涕零地喊：「多虧你，我僅存的兒子才能活著回家！」這位父親在對抗伊斯蘭國的戰爭中已經失去了兩個兒子。「我做的事稱不上英雄壯舉，」漢崔克斯自謙說，「我只是活用我的能力，並且對我的能力懷抱信心。如果你都不相信自己，別人又何必相信你？有些時候，你必須相信自己擁有的已經足夠。」

找出自己的核心能力，找出自己的刺蝟，然後持之以恆投入實用。也許我們不會在伊拉克戰火下拯救性命，或在 PGA 巡迴賽中贏得高額獎金，但不論從事的是什麼事，都會站上得勝

的有利位置。

先勝觀念五、信念能催生行為，所以信心先行

　　能力或信心，何者在先？各家學說為此爭辯了幾年、幾十年，甚至幾百年（孫子的先勝說可溯及西元前五世紀，可見在當時就有人在討論這件事了）。我的立場認為，初始信心的迸發（先勝）必須在先。我的理由有二：

　　首先，沒有初始信心的迸發，也不會有充分的能量、動力、動機、自覺去培養任何能力。這裡說的不必然得是桑德斯那種程度的信心，只需要隱約感覺到可能性，有足夠的把握去嘗試。前面說過，不會騎單車是什麼感覺你可能不記得了，但當時你多多少少知道，別人能學會，你當然也能。心底有股聲音聲音告訴自己，即使現在摔倒沮喪、膝蓋擦破，但你早晚能學會的。你對最後必定能夠成功懷有足夠信心，因此有動力反覆嘗試直到學會。信心就在那裡，只需要用持續的進步去餵養它，每一次往成功更靠近一點，這種積極的思維終將使我們獲得勝利。

　　第二，我見過很多人明明充分勝任，能力俱足，卻自陷於平庸和無作為，因為他們拒絕建立自信。這些人很擅長用一種有趣的說法說服自己：不管現在有多少實力都還不夠格。他們說服自己，高中時代的冠軍經歷不足以在大學階段建立信心；

讓他們登上目前位階的職涯資歷，不足以讓他們獲得下一次升遷。但他們幾乎無一例外都是錯的，事實是，你永遠不知道自己多有實力，除非拿出十足的信心行動。取得先勝，其他所有勝利方有機會跟上。

先勝觀念六、認識自己，相信自己。沒有人是不能打敗的！

是時候拒絕聽信那些關於對手的公關宣傳和謠言八卦了。這個媒體充斥的世界傳遞了太多無濟於事的資訊，未加適當地抵抗，一般人很容易不假批判就把某些書寫或報導的吹捧宣傳視為真理。尊敬對手、研究對手、向對手學習是一回事，知己知彼絕對重要，但同時也有必要保有一些先勝觀點。教練或經理人有時候會不自覺地忘了這點，向團隊說明對手的球探報告或分析市場競爭對手時，只一味強調對方的狀態、優勢和成就，忘了用同等的時間分析對手的短處和弱點。我建議，可以換個角度看待自己可能遭遇的競爭對手，不論他們的公開形象有多令人敬畏。不妨發揮一點想像力，想像那個人早上六點穿著拖鞋走進浴室，睡眼惺忪、頭髮蓬亂、邊打呵欠邊咕噥嘟嚷的樣子。他們懶洋洋地摸索牙刷或笨手笨腳洗臉時，看起來是什麼樣子？這時候還會有人對他們肅然起敬嗎？只要想像一個人早晨盥洗的模樣，你就會看見他們最普通、最脆弱、最容易

擊敗的狀態。這個簡單的反思點出了一個重點：就算是被吹捧如神的明星，也和我們一樣都是人，也會有各自的恐懼、疑惑和不完美。

凱莉·寇威（Kelly Calway）費了些時間才學會這點。寇威是名優秀的長跑者，三度在奧運馬拉松國家代表選拔賽中入選。就讀北卡羅來納州立大學期間，她並不是田徑校隊長跑組的首選，面對那些績優生，她一直自慚形穢。是到大四那年在杜克邀請賽擊敗對手，她才意識到自己以前有多退縮。2012 年接受奧運馬拉松選拔訓練，與我合作培養心態的時候，她學會把名列前茅的女跑者視為與她一樣的平凡人。她們就和她一樣，有希望有夢想，和她一樣喜歡比賽享受贏，也和她一樣有恐懼有疑慮，當然也難免有受傷的時候。寇威自己說，這個練習「改變了我的人生」。往後站上起跑線，她不會再想著：我怎麼有資格在這裡，跟頂尖冠軍站在一起？她學會在起跑前專心想著自己的配速計畫，在比賽中穩定維持自我肯定。寇威現在是服務於軍事情報部門的美國陸軍上校，同時也執教美軍馬拉松隊，並養育兩個女兒。每當跑步的時候，她看重自己，不亞於尊敬任何對手。

所以，忘了那些創造排名和吹捧的「專家」吧。全然相信那些宣傳形象對自信心沒好處。每個對手都是人，都有可能被擊敗。每個狀況都可以觀察認識，也都有可能取勝。

先勝觀念七、無論如何,為勝利而戰

2012 年 2 月 5 日,第四十六屆超級盃總決賽剩下最後 3 分 46 秒,紐約巨人隊四分衛伊萊・曼寧從所在的 11 碼線中央冷不防把球傳出。眾人看好的新英格蘭愛國者隊這時以 17 比 15 領先,巨人隊此波進攻如果未能得分,八成就會落敗。曼寧看了看球場右側,發現接球手都被嚴密看防。他回頭望向左側,接著一個墊步,高拋物線把球擲出。球在空中飛了 43 碼,完美落入接球手馬力歐・曼尼漢(Mario Manningham)手中。兩名愛國者隊防守球員撲向曼尼漢上空,但那一球給得精準之至,就算沒被曼尼漢接住也會彈地出界。這一傳後來公認是該場比賽的最佳美技,不只為巨人隊的致勝達陣拉開序幕,也為曼寧贏下他的第二座超級盃 MVP。

兩天後的 2 月 7 日,曼寧在 ESPN 廣播電台全國聯播節目接受主持人麥可・凱伊(Michael Kay)採訪。對於曼寧關鍵時刻長傳的決定,主持人問:「你當時想過失敗的後果嗎?」曼寧的回答很簡單,但切中要旨:「當下最不能那樣想。」[73] 他停頓一秒,接著說:「該回想的是每一個關鍵時刻的成功。回想之前對愛國者隊第四節傳球取勝,回想對達拉斯隊第四節傳球取勝,對邁阿密隊,對水牛隊皆是如此。要忘記曾經傳球失敗、錯失機會的比賽,只回想勝利的比賽。必須刻意忘記壞的,只

記得好的。那就是我當下的感覺。」

　　這就是先勝之兵會說的話。與其相信「失誤最少的隊伍（或球員）才能獲勝，我現在最好別冒險」，曼寧相信「就算失誤犯錯，表現好的隊伍（或球員）終究會贏」。前一種觀念使人擔心已經犯的錯和可能犯的錯，而擔心又會導致肌肉緊繃，反而拖累表現，讓人陷入典型的下水道循環。後一種觀念則促使人們思考現在能怎樣表現最好，怎樣展現出受過的訓練和練習，將擁有的能力充分發揮在當下。這些念頭會催生曼寧所說的「感覺」，激發身體力量，但又不至於過度緊繃，美技表現因此有最大機率出現。

　　無論如何要為勝利而戰，以及前述的其他替代觀念，的確都與社會化教我們的觀念相去甚遠。但別忘了，社會化的用意是鼓勵合群從眾，維繫現行的社會秩序，不是為了幫助我們發掘潛在才能。社會化是為了支持群眾而存在的，如果對與眾不同還心存顧忌，可能會選擇繼續隱沒於人群，做個「正常人」，但你真的想這樣嗎？我有些客戶也承認，採納這些新觀念感覺不太自在，為自己尋求曼寧那種程度的自信心好像有點奇怪。我總會提醒他們，這是特立獨行，還是離經叛道，差別完全只存於自己心中，我們每分每秒都要為自己做選擇。此刻的你做了什麼選擇呢？是隨俗從眾，還是用使自己與眾不同的方式思考呢？能否取得先勝，端看自己的選擇。

第七章

信心上陣

　　明天，中尉喬許·侯登（Josh Holden）有機會實現長年的夢想；他將參加職業棒球隊的選拔，在競賽中與頂尖大專球員較量，爭取候選名單上寶貴的缺額。

　　再過一個小時，神經外科醫師馬克·麥克羅林（Mark McLaughlin）就要踏入手術室，為患者的三叉神經進行顯微血管減壓手術。手術過程需要他在患者的耳後顱骨上開一個差不多硬幣大小的洞，挑起壓迫患者三叉神經、引起顏面疼痛的微血管，在血管與底下的神經之間墊入米粒大小的鐵氟龍隔片。

　　一小時之後，中尉羅伯·史瓦特伍德（Rob Swartwood）就要率領轄下陸軍偵查排進入伊拉克城市法魯加（Fallujah）的街巷，蒐集叛亂組織的火力與位置情報。分成三組六人小隊和六組三人小隊的他們，將遭遇迫擊砲火、土製炸彈，以及誓言要他們「生不如死」的當地居民。而且他們必須在夜色掩護下摸黑行動，因為天光只會讓部屬更容易被當靶子。

　　再過十五分鐘，馬術教練兼選手的克莉絲汀·亞德勒（Christine Adler）就必須站上台前，在親朋好友面前，執行人生至今最艱難的任務，為剛過世的父親宣讀喪禮悼詞。

　　以上幾位都曾經是我的學生，每個人都即將踏上「表演場」。對外科醫師麥克羅林來說，每個星期一跟四他都得上場，他明白自己接下來的表現，將左右患者的人生。對於陸軍排長史瓦特伍德、每位戰地軍事指揮官，以及每個第一線應變

人員來說，他們每天都得上場，明白自己要為他人的性命負責。對棒球員侯登和馬術教練亞德勒來說，原因雖然不同，但這都將是人生只會踏上一次的舞台。他們各自在棒球場或馬場比賽過幾百次，只是這一次賭注更高，神經活動也更激烈一些。至於職場中成千上萬的工作者，每天也都要上場執行自己選為專業的工作。

場域雖然各不相同，每個人上場的動機和情境也多所不同，但所有「工作者」上場時，同樣都必須打開個人的信心戶頭。每個人都會從平常心切換進入前面描述過的個人自信狀態：對自己的能力有一定把握，因而能忽視或降低各種自我抑制的有意識念想，或多或少無意識地執行能力。取得這樣的先勝，讓棒球員侯登能精準感知每一球並做出反應，讓外科醫師麥克羅林能放鬆緊繃的手指，在細小的神經細胞簇之間精密操刀，也讓排長史瓦特伍德能在戰火下保持冷靜。

但人不會自動切換到自信狀態。狀態的切換是有原因的，需要依循刻意的步驟。用運動心理學的行話來說，叫做「賽前儀式」。擁有賽前儀式能幫助我們平息內心的混亂和可能的干擾，在上場的那一刻全神貫注於當下，準備好執行能迎來成功的行動。

全天下工作者有多少，賽前儀式的形式就有多少，但有效的賽前儀式都包含三個關鍵步驟：

- 能力盤點或自我評估。

- 分析表現情境，也就是接下來該做哪些事、當前的競爭者是誰，有什麼干擾因素、發生位置在哪裡。

- 認定自己擁有足夠的技術、知識、經驗，足以在該時該地取得成功。

　　本章將詳述這些步驟，有助於我們在上場前的最後時刻打開信心戶頭，進入自信狀態，懷抱專注、熱忱、使命感，甚至帶著喜悅（打仗除外！）發揮表現。讀完本章，你會獲得「心理準備」的工具，能從準備展開比賽、會議、行動，進入現場展現狀態；從累積技術、知識、能力，進入釋放技術、知識、能力的程序。倘若能順利切換狀態，便達成先勝。

　　先提醒你一件重要的事，我們經常聽到教練說選手有必要做好「心理準備」，也不難聽到選手在重大比賽前夕提到，他們已經做足「體能準備」，現在「心理準備」才是首要考量。每當聽到這類發言，我總會想起多年前參與的一場摔跤工作坊，輔導中學與高中運動員。當時的客座臨床講師是巴比・韋福（Bobby Weaver），1984 年奧運蠅量級自由式摔跤金牌冠軍。他先率領高中摔跤運動員進行一系列技術與情境操演，之後坐下來接受提問。有個學生問：「比賽前你都怎麼做心理準備？」想必很期待聽到奧運冠軍分享自己用哪些儀式來提振士

氣。殊不知，韋福的答案簡單扼要。他說上場前的心理準備其實沒什麼，就是平日規律踏實練習，賽前並沒有特別能讓人「精神為之一振」的儀式，因為所有準備早已在每日踏實的練習中悄悄發生。要我說，同樣道理也適用於先勝。因為天天練習有益的思考習慣，日積月累取得先勝，而不是因為上場前做了什麼神奇儀式所以能取勝。

丹尼爾·麥金（Dan McGinn）的著作《士氣大振》（*Psyched Up*），探討習慣、儀式與迷信，書中最後幾段寫道：「大量專注的練習是無可取代的。心理準備建立在實質練習之上，目的只是給你一點小小的提振和額外優勢。」[74] 他總結說：「在我們表現導向的文化裡，小小的提振能造就很大的不同。」為保你在上場前能獲得最後這一劑「提振」，把有益的思考習慣發揮到極致，以下是你建立賽前儀式可以依循的三步驟。

自我盤點信心帳戶

《孫子兵法》有云：「知己知彼，百戰不殆。」句中的「知己」，意思是對現有能力和長短期進步展開心理盤點，基本上就是確認信心戶頭當前的結餘。我們從一開始就強調，自信心是對自己、對所處情境、對周圍發生之事所有念頭的總和。此刻，準備上場的你，總和是多少？這時，記錄每日 ESP 練習的筆記本就派上用場了。筆記能具體提醒我們至今做過哪些努

力、訓練中做對哪些事、到現在進步多少。自我肯定陳述也有相同效用。現在，正是時候複誦這些話，重新對自己述說這些肯定句代表的故事。

重要比賽前進行建設性自我盤點，比利・米爾斯（Billy Mills）提供了很好的範例。1964 年東京奧運，這位美國長跑選手跌破眾人眼鏡，成為首位在 1 萬公尺賽跑項目奪金的美國人。米爾斯三度在全國賽事獲頒全美最佳的殊榮，但 1964 年前往東京參賽時，他在國際賽跑界籍籍無名。金牌表現後，他在許多採訪及演講中都說，複習日記和練習筆記的內容，使他確信自己做得到沒人指望的成就。「我翻到 9 月 5 日，距離比賽還有六個星期，我再度提筆寫下：『我狀態很好……我的最後衝刺愈來愈有力……我準備在東京 1 萬公尺賽事中跑進 28 分 25 秒……』」[75] 米爾斯為這場比賽累積信心超過一年。到了奧運前兩天，他回頭檢視一年來做的練習，盤點自己這段時期做過的事和給過自己的肯定。他的結論是：「我有十足的信心，我能贏。」

另一位美國長跑冠軍卡拉・古謝兒（Kara Goucher），2020 年在應用運動心理學協會研討會發表專題演講，談到為選拔賽和奧運做最後準備，她也提到類似做法，像是回顧訓練期間的「信心筆記」，複習自己蒐集的有益記憶和肯定陳述。

網球名人堂冠軍安德烈・阿格西（Andre Agassi）在他精采

自傳《公開》（*Open*）裡提供了另一個例子。米爾斯和古謝兒用回顧筆記的方式打開信心戶頭，阿格西則是利用賽前淋浴的二十分鐘時間，提取過去勝利的記憶。「我會在這時候跟自己說話，一遍遍重複瘋狂的念頭，直到我信以為真。比如我會說，瞧我這樣半癱的人也能打美網（2006 年，阿格西患有嚴重坐骨神經痛，仍出賽美國網球公開賽），我三十六歲也能擊敗年華正盛的對手⋯⋯耳邊水聲隆隆，正像場邊兩萬名觀眾的吶喊，我就伴著水聲，回想特定幾場勝利。不是球迷記得的那些勝利，而是至今仍會讓我夜半興奮坐起的勝利。在巴黎擊敗斯奎拉里。在紐約擊敗布雷克。在澳洲擊敗山普拉斯。」[76]

侯登在棒球隊選拔前的自我評估，包含重溫他還是西點軍校學生時期，贏得愛國者聯盟打擊冠軍過程中擊出的二壘安打、三壘安打和全壘打。麥克羅林會在術前回想自己幾百次順利完成顯微血管減壓手術，隔天到病房探望患者舒適康復的情景。史瓦特伍德則會回想美軍剛出兵阿富汗，他第一次派駐當地指揮的幾次偵察行動，屬下士兵一個也不少，全都平安無事歸來。這些是他們檢視信心戶頭時找到的記憶。

當表現在即，翻開你的信心戶頭，好好看看裡面有什麼。如果你有依照前幾章的方針勤奮累積，這時你絕對會回答：「裡頭可多著呢！」

盤點目標、對象、地點

我們從一開始就強調，帶著多少信心走進表現場地，會決定自己能多充分地展現能力。而信心的多寡，則取決於我們如何看待自己（所以上個步驟才很重要），以及如何看待這個場合。孫子「知己知彼」一語之中的「彼」，不見得只指敵人，也可以指所處情境。把「知彼」詮釋為「認識自身所處狀況」，我想與兵法寓意也不會相去太遠，畢竟並非每個人面臨的都是真人對戰。自我盤點之後，賽前儀式的第二步就是盤點當前狀況，像是有待完成的任務是什麼、必須考慮的對手是誰、變數有哪些、執行的環境背景在哪裡。

目標：任務是什麼？

表面看來，目標顯而易見，不就是贏得比賽、談成生意、實踐行動、測驗拿到好成績嗎？但若進一步想，會發現要贏得比賽或談成生意，眼前首先有另一個任務，那就是表現途中需要集中心力在每個當下重要的事，而不能光想著結果有多重要。足球員如果老是回頭去看教練對他的表現滿不滿意，或還在為稍早錯失的機會懊惱，又或是一直擔心時間不夠，他便很難看見並直覺反應場上動態。業務員如果滿心想著當前的協商對自己的年度業績有何影響、能不能額外拿到業績獎金，就很

難聽見客戶說話，也難以充分施展銷售策略。亮眼成績、滿座喝采、計分板上分數領先，這些無疑是表現者盼望達成的結果，但表現者真正的任務，是在當下保持專注。結果絕對很重要，也必然會在你腦中占去一定容量，但要想達成那個結果，最大勝算不在於提醒自己結果有多重要，而是把思緒感知牢牢投向此時此刻於眼前開展的態勢上。

侯登在棒球選秀中真正的任務，是把注意力集中在投手身上。這麼一來，他才可能達成期待的結果，入選球隊。麥克羅林在手術室真正的任務，是耐住性子做好每個步驟，即使知道手術有潛在併發症，在操作器械時，也不去注意手部的緊張。唯有如此，他才可能達成期待的結果，緩解患者的疼痛或幫助患者恢復活動能力。即將再度執行危險偵察任務的史瓦特伍德，他的真正任務是隨時準備接收部屬的回報，然後下達沉著清晰的指令。如此一來，才可能達成期待的結果，蒐集到夜間情報並讓所有士兵安全回到基地。

認清任務中應當有怎樣的過程，才能獲得期待的結果，這是賽前儀式的重要步驟。孫子的「知己知彼」是否包含這層涵義，留給中國學者去琢磨，但我相信這句話暗中指出，人們往往過於關心期待的結果，以至於未能全心全意關注「戰鬥」中每一個微小的關鍵時刻。

對象：哪些不利的變數？

刺探未來對手的實力，或調查生意對象的需求和交易史，都是標準的事前準備，也是對「知彼」最淺顯的解讀。但正如同「任務」有雙層意義，除了指期待的結果，也代表達成那個結果所必要的過程。「對手」同樣也有表淺和更隱晦的雙重含意。表面上，運動員彼此較量，以期贏得比賽和錦標冠軍；商家互相競爭，爭取顧客和市占率；音樂家、樂手、演員與同行較勁，爭取交響樂團的席位、音樂廠牌合約，或舞台及大銀幕上的角色。但在這層淺顯的「對手」之下，還存在其他抗力，看不見、摸不著，但影響力不亞於前。這些抗力包括比賽局勢，涵蓋試驗、協商、行動每時每刻的變化，有各種變數會誘惑我們，使我們放棄當之無愧的自信心，自陷於各種惶然不安的情節之中。有效的賽前儀式應當包含一次簡短但誠實的檢視，看看上場後有哪些變數可能干擾我們發揮，然後妥善應用第四章的爆胎演練，提醒自己，若有萬一能如何盡速回到正軌。

對於準備為父親唸追悼詞的亞德勒來說，她潛在的「對手」是講稿的其中一段，每當述及那段故事，她總會忍不住激動哽咽。她知道屆時這很可能會發生，所以她準備在情緒湧上心頭的時候，停下來微笑，調整呼吸。對於要在選秀中與其他數十名優秀大專生競爭的侯登來說，他潛在的對手是一旦想到此次選拔是一生僅有一次的機會，不成功便成仁，他可能會不

自覺地對自己施加壓力。他意識到這個可能，於是多次練習置換想法，漸漸熟練於告訴自己：這是我的一個機會，去做我想做的事，因此得以保持放鬆。這兩人都認知到，自己的情緒有可能會危及成功，所以在上場前做了對應的準備。在你的下一次表現中，有哪些情境可能引發恐懼、憤怒或不適等無益的情緒？將這些對手挑明了指出來，它們便無法暗地裡攻擊你。

重申一次，我不知道孫子所說的「知己知彼」有沒有這層意思，但我知道你最強的對手，很可能不是身穿敵對顏色球衣或坐在談判桌對面的那個人。你最需要悉心提防的對手，很可能是某個意想不到的事件，使你的放鬆和專注頃刻化為緊繃和遲疑。認識這些敵人，做好對應的準備！

地點：熟悉場地本身

可能只是傳言，但我聽說，NBA 職籃傳奇球員「大鳥」賴瑞・博德（Larry Bird）賽前有個習慣，會在即將出賽的球場來回運球，而且不是運個幾趟而已，他會慢慢地把球場每一吋都走遍，摸透地板上的每一個「死角」。身為一名好勝的球員，大鳥希望「擁有」他出賽的每一座球場，他不想在自己運球上籃或立定跳投的時候，忽然意想不到踩到一塊軟凹的地板，打亂他的準頭。有心求勝的高爾夫球手，一定會到之後要出賽的球道試打一輪，不是為了改進揮桿技巧，而是要盡可能適應每

座球場的特色。冰上曲棍球名人堂球員保羅·卡里亞（Paul Kariya）也有類似習慣。他會利用開賽前幾個小時，坐在球隊分到的休息區裡，想像自己上場後會如何進攻得分。別人問他用意，卡里亞總是說：「我喜歡想像我在冰上會往哪個目標行進。」這麼具體的心理準備，讓他大學時代的教練尚恩·沃許（Shawn Walsh）也不禁誇他：「這傢伙心理素質高人一等。」[77]

我建議各位在實際上場前，先讓自己「適應」每個球場、教室、手術室、法庭。任何新環境都難免有陌生和意外，先熟悉場地能讓你覺得自在一些，並把陌生和意外的因子降到最低。我督促我所有的運動員客戶，賽前先到新場館或場地做一次完整的「個人導覽」，讓自己在新環境中能像在主場一樣自在。導覽路線如下：

登上看臺，到最高處的座位坐下來，鳥瞰整片球場、草皮、泳池或跑道。花點時間，好好熟悉這個自己即將出賽的地方。辨認出這片新場地裡，之後的休息區或座位會在哪裡，會從哪裡進場、在哪裡暖身、計分板和重播螢幕架設在哪裡。花一分鐘，從內部觀點想像自己的表現開始和結束的時刻，以及其他某些關鍵時刻。觀眾日後觀賞比賽時，會看見你在做什麼？現在想像場中坐滿興奮激動的對方球迷，滿心希望你的對手得勝。你會怎麼應對那樣的氣氛和喧鬧？現在往下回到地面，來到你的座位或球隊休息區。從這裡再度眺望球場、賽道

或泳池，想像自己的表現、聽見群眾的鼓譟、感受現場的氣氛。將這片場地化為「你的」，是你即將大展身手，展現訓練成果、做（但願是）喜歡之事的地方。

如果我在奧運賽前擔任比利・米爾斯的顧問，我們一定會在他的萬米長跑賽前來到東京的比賽場館，坐在看台高處，預想 25 圈賽跑的每一圈，指出他會在賽道的哪一段加速、維持慣性，或往終點衝刺。

對於舞者、音樂家、演員、外科醫生、庭審律師和職業演講者來說，演練也是一樣的：從廣角俯瞰你的表現場地，可能是舞台、手術室或法庭，用生動色彩和環繞音效想像你期待的表現在眼前展開。

個人導覽演練的一種版本，是我在維吉尼亞大學為我的論文答辯做的準備。博士論文答辯是我截至當時、專業生涯中最重大的「表現」。維吉尼亞大學的博士生，依照傳統會在歷史古蹟「圓廳」圖書館的北橢圓室進行論文答辯。圓廳是建校即在的其中一棟建築，由開國元勳湯瑪斯・傑佛遜（Thomas Jefferson）親自設計建造，獲聯合國教科文組織選為世界文化遺產。學生必須提前幾個星期預約會議室，然後在指定時間到場布置發表場地，祈禱教授抵達後一切順利。可惜，學生在這之前通常一步也沒踏進過那間會議室。這代表在研究所多年的努力眼看就要結成碩果，他們卻要到開始前一刻，才能盡快搞

清楚投影機插孔在哪裡、口試委員該坐哪裡、他們又該站在哪裡講解論文。多數人因此無法懷抱信心上陣，反而得勉強自己在最後一分鐘臨陣解決無數問題。我不想自己到最後一分鐘還要處理場地的突發狀況，我希望在十足的信心下發表論文，於是早在表定的答辯日前就預約先到北橢圓室預演。幸虧有事先「偵察」，我才發現許多座位、間隔、視角方面的眉角，不然我根本不會知道這些事。

第四章我們見過加拿大跳水選手希爾薇・貝尼耶，她出賽奧運決賽時，很清楚計分板和評審的位置。我就和她一樣，現在能明確「看見」每位口試委員會坐在哪裡、我的投影片在哪裡播放、我該坐在哪裡接受教授輪番拷問。也和貝尼耶在奧運泳池「看見自己完美入水」的經驗一樣，我「看見」我在會議室的發表完全按照預期展開，我知道會被問到很多難回答的問題，但我做好了準備。幾天後，實際面對口委的時候，會議室完全是「我的場子」。

你的下一次表現會在哪裡進行？到時你能從容適應那個「場地」嗎？也許礙於時間或旅行的限制，你沒辦法事先親臨現場勘查，但或許可以找一找場地的照片，或者向去過的同事打聽一些細節。就算這些都做不到，你還有想像力能依靠。預想自己在新環境裡從容自在地做好該做的事。只要願意花時間去熟悉，任何場地、舞台、法庭或會議室都能成為你的最愛。

判定自己萬事已備

我們已經打開信心戶頭盤點，也適應了表現場地，現在賽前儀式的下一步，是做出最關鍵的決定：判定戶頭存款已然足夠。不管表現場地是球場、手術室、辦公室，或伊拉克危機四伏的巷弄，每次走進場地，我們都有一次選擇。不論是每天進辦公室朝九晚五，還是每個星期天下午上場進行職業美式足球賽事，相同的選擇都擺在眼前。走進球場、舞台、會議時，是否覺得已然準備充分，足夠在這一刻獲得成功？上場的時刻，是否已經取得先勝，對眼前的任務和環境需求有充分認知，同時也能順應直覺，自然流暢地回應這些需求？

答案必須是對。否則就等於認定自己某些方面還不太足夠，而這種想法不免會引起疑慮，導致緊張及表現平庸。所有做過的「練習」，包括讓自己更強、更快、更靈敏的身體練習，以及建立且保護信心戶頭的心理練習，只有當我們總結認為自己現在夠好了，無論這個場地裡潛在什麼狀況、面臨什麼比賽，都夠格做該做的事了，這些練習才有具體價值。下此決定，能觸發內在最關鍵的心態變化，從獲取技術／知識／能力的自我累積心態，切換成釋放出至今累積的一切。也就是說，從相對謹慎的儲蓄者，切換成相對無畏（但不是隨便）的消費者。從一匹照章行事的可靠勞役馬，化身為活力旺盛的賽馬。

從決定自己萬事俱備的那一刻起，不會再擔心要變得更好，此時唯一要做的就是拿出全力。

美國游泳名將「飛魚」菲爾普斯，生涯奪下的奧運金牌（23 面）遠多於人。如今他已退休，致力於推展年輕運動員的心理健康服務。菲爾普斯是我們觀察這種心態轉變的絕佳案例。探討菲爾普斯何以能稱霸奧運的文章很多，在我看來，最能闡述如何信心上場的一篇，當屬 2008 年 8 月刊於《運動畫報》的報導。作者蘇珊‧凱西（Susan Casey）在這篇名為〈金牌思維〉（Gold Mind）的文章中指出：「雖然萬眾目光皆聚焦於運動員的體能，但奧運勝利的關鍵，有一大部分落於大腦。」她回憶與菲爾普斯聊到參賽的時候，「他整個人氣場為之一變，瞬間從一個悠哉的小夥子，化身為沉靜兇悍的猛獸。然而其中沒有一絲吹牛，只有與老虎伍茲談論高爾夫球可望聽到的那股沉著自信。」[78] 這般瞬間的「化身」，就是菲爾普斯打開信心戶頭、準備釋放出經由縝密訓練所累積的速度時會發生的事。

從儲蓄戶轉變為消費者，從勞役馬化身為賽馬，並沒有單一「正確」方法。亞德勒的方法是單純勸慰自己，唸悼詞的時候，只要說出的是肺腑之言，就無愧於她對父親的回憶。侯登則利用西點軍校時期我們一起錄製的音檔來切換狀態，錄音檔引導他想像自己「傳球阻殺跑壘者，打擊擊中球心，比賽末段盜壘成功助全隊士氣大振。」想像自己將接受測驗的每項能力

都能有絕佳表現，使他進入熟悉的興奮把握狀態，進入在充分認知後臨場直覺發揮的理想狀態。

想在全美大學體育協會第一級別曲棍球錦標賽取勝，需要速度、準確和強度。為了調整到「正確」心態，2015年西點軍校畢業生喬許·理察森（Josh Richards）利用以下這個預先錄製好的「心理核對清單」，每一段都會配上相應的背景音樂：

- 阿姆，《豁出去》（Eminem，Lose Yourself）。上吧，開始了，是時候專注在今晚的比賽了⋯⋯這是我全力以赴的機會，我會成為冰上旋風⋯⋯首先把心思集中在呼吸⋯⋯感受空氣吸進來吐出去⋯⋯保持一分鐘，專心吸吐，放下其他一切⋯⋯現在看見球場⋯⋯看見今晚的球衣⋯⋯聽見觀眾鼓譟⋯⋯感覺冰刀劃過冰面，球棍控著球，那股興奮、速度、強度⋯⋯這就是我今晚的狀態。

- 豪爾赫·奎特羅《300小提琴樂隊》（Jorge Quintero，300 Violin Orchestra）。我在防守區保持眼觀四面。我清除我方強側的阻礙，彌補弱側的弱點⋯⋯任何狀況我都知道該守哪裡⋯⋯我橫擋阻截傳球路徑⋯⋯我和隊友溝通良好⋯⋯我們全隊都能適時調整隊形⋯⋯球門周圍10呎是我們的地盤，我們一見球來就會抄起球棍阻截射門、清除反彈球⋯⋯我們以隊伍為榮，球隊就是我們！

- 小韋恩,《我們不好惹》(Lil Wayne,We Be Steady Mobbin')。攻守交換後,我向前奮進……對弱側我攻勢猛烈,對強側我鎮定尋求突破……我的視野開闊,我會傳球給我方弱側防守球員,讓他加入進攻……身為持球者,每有進攻人數優勢,我會創造得分機會……未持球時,我強力衝擊中線,為邊線隊友製造空間……如果當前沒有攻勢,我會放緩步調,盤點攻線……。

- 機關槍凱利,《野男孩》(Machine Gun Kelly,Wild Boy)。盤點我隊攻線,F1 強勢切入,將冰面劃分為二……F2 支援,阻斷對方防守傳球……F3 巧判局面,把球傳出或控住……我希望我是攻線上的第一人……我確實逐步完成盤點……我自動重新蓄足馬力……我創造反擊攻勢,給我方得分機會……防守者都怕我,因為我把他們逼向死角……那一球是我的!

- 比爾・康堤,電影《洛基》原聲帶,《勇者無懼》(Bill Conti/Rocky Soundtrack,Going the Distance)。以多打少時,我的小組最擅於攻入禁區……身為持球者,我的責任是靈活機警地控球……我牢記「持球重於站位」……球掉了我會搶回來……我有信心和沉著能夠突破……我讓球保持移動,從低位到高位,高位到低位……我的球門前站位是全聯盟最佳,我張開身體,阻擋守門員視

線……如果射門沒進，我會進入「滿意空間」，保有總進球數 50 球的得分手應有的耐心，把機會留待下次！

• 阿姆，《豁出去》。這就是今晚的比賽，我最精采的曲棍球，按部就班、全心投入……我從開賽的對峙就定下比賽基調，讓對手顧忌我……回到板凳席我也不會鬆懈，讓下一次上陣時依然保有正確心態，平靜但充滿動力、全神貫注、無人能擋……這才是真正的我，這就是我今晚的表現！上吧！

馬克・麥克羅林醫生每次踏進人命關天的神經外科手術室，為了切換到理想的信心狀態，他會遵行自創的「五 P」步驟。[79] 第一步始於換穿好手術衣，仔細清洗雙手後走出更衣間。經過門廊走進手術室時，他會停下來暫停（Pause）片刻，讓自己紛擾的思緒完全靜下來。和多數人一樣，他在人生中身兼多角，除了是外科醫師，還為人夫、為人父，也是青年摔跤隊教練及一間醫療機構經營人。透過刻意按暫停，他能有意識地分別收起這些其他角色，免得它們稍後在棘手時刻跳出來干擾。暫停的時間短則三十秒，長可到五分鐘，端看當天生活中發生了哪些事，以及即將動的手術困難與否。走進手術室後，閉上眼睛，雙手平舉於兩側，從準備到表現的切換就此開始。

等他感覺到期望的平靜後，心思會移轉到關於這名患者

（Patient）的資訊上：患者當初向我求診的原因是什麼？他們希望手術帶來何種改善？目前什麼症狀使他們不舒服？手術過後能一舉收穫哪些益處？這是他們人生中最重要的一刻，而他們交託到了我手裡。

下一步是計畫（Plan）。麥克羅林會想像手術過程的每個重大步驟，從劃下的第一刀直到結束：取得充分的視野和照明，放置適當的引流管，於需要處安嵌骨板、骨釘或墊料。花三十秒預想計畫，能為他的信心戶頭多添一筆存款。

接下來，他會開啟一連串正向思考（Positive thoughts）：你繼承了楊醫師與詹內塔醫師的智慧、技術和經驗（這兩位神經外科名醫，是麥克羅林住院實習時期的恩師），此刻能夠站在這裡，是我的榮幸和特權，這是你生來的使命！這段簡短的自我肯定會帶給他感謝的心情和力量。

最後，麥克羅林會獻上一段祈禱（Prayer）：「上帝，請助我盡展所能，以緩解患者的苦痛。給我力量度過手術中的所有狀況，賦予這名病人新生。」做為他賽前儀式的最後步驟，祈禱讓麥克羅林進入一種恩典狀態，感覺受到一股超越的力量祝福，讓他此時此刻能在這間手術室為這名患者施展所有的才能、訓練和經驗。在那個當下，麥克羅林醫師充實飽滿。在完成這項個人儀式，獲得那種感覺後，他才睜開眼睛，看著手術團隊說：「好了，我們開始吧。」狀態轉換完成。麥克羅林做好

準備，現在要來施展了。有一次，一名年輕女性因顱內出血性命垂危，必須緊急手術，以下是麥克羅林在刻不容緩的術前準備中實際使用的 5P 儀式：

暫停：馬克，閉上眼睛，讓思緒到角落安靜片刻，關閉周圍的一切。

患者：這個女生現在需要你，她的父母也需要你。

計畫：先裝上引流管，這能爭取一些時間。然後迅速讓她呈臥姿，盡快打開顱骨。

正向思考：馬克，你行的。這是人生難得的一刻，你可以造就改變……很大的改變。

祈禱：上帝，請幫助我為患者施展出全力。請幫助我的雙眼雙手做到該做的事，挽救她一命。感謝祢賜予我這項天賦。

史瓦特伍德在步兵作戰的危險世界裡切換狀態，靠的是核對所有安全與責任清單，然後花時間緩和情緒，像麥克羅林一樣，進入重要的平靜狀態。他向我說明過他的步驟：「每個夜晚，為了幫助自己做好準備，我首先做的就是放棄想要控制偵察行動結果的感覺。每一次我都會提醒自己，我控制不了的事大有可能發生，我知道我不能讓自己困於可能的結果，擔心自己或某名士兵可能回不來。我必須放下擔心不可控制的事，才能專注於職責和行動，這些是我能控制的事。」一旦能專注於職責和行動，史瓦特伍德就覺得準備好施展了。

那我呢⋯⋯？

如果你不是奧運游泳選手、世界級神經外科醫師，也沒有即將踏入戰場呢？如果你是成千上萬的「職場」悍將一員，你的「表現場地」是辦公大樓、教室或建築工地呢？是不是也有適合你的賽前儀式？當然有。自我盤點、熟悉狀況、判定自己已萬事俱備，這幾個關鍵步驟，凡是希望有最佳表現的人都可以遵行。況且對「職場悍將」來說，可能每一天都攸關重大。

作家史蒂芬・帕斯費爾德（Steven Pressfield）提供了一個寶貴案例，讓我們看到人可以怎樣抱持信心，踏入日日煎熬的職場。帕斯費爾德在其優秀著作《藝術之戰》（*The War of Art*）中，分享自己（其實我們大多數人都是）天天面對一股抗力，他稱之為「抗拒」，包括內心交織煩亂、疑惑和恐懼，以至於無法發揮最高效率做事。帕斯費爾德對這股抗力再熟悉不過，那在他這一行叫做「作家瓶頸」。而他每日戰勝瓶頸的方法，就是遵守一套自創的儀式，讓他能在書桌前坐下來，產出有品質的作品。他的儀式內容如下：

「我起床，沖澡，吃早餐，讀報紙，刷牙。如果有電話要打，我會在這時候打完。現在咖啡煮好了。我穿上幸運工作鞋，束緊姪女梅瑞迪絲送我的幸運鞋帶。回到書房，打開電腦。我的幸運連帽衫披在椅背上，還有我在法國濱海聖瑪麗鎮只花大約美金 8 元向吉普賽人買來的幸運符，以及有一次做夢

夢到之後印製的幸運名牌。我把這些都穿戴上。我的同義詞辭典上擺著朋友巴布‧維桑提（Bob Versandi）從古巴莫羅城堡買給我的幸運大砲。我把砲口指著我的椅子，讓大砲對我發射靈感。我唸誦祈禱文，是荷馬史詩《奧德賽》祈求謬思女神降臨的一段詩文。然後我坐下來，俯首工作。」[80]

帕斯費爾德的個人儀式，幫助他的心境從紛亂轉為專注，從猶疑變為確信。過程中用到一些「幸運物」當輔助，但他知道，不是這些東西賦予他自信，這些東西只是幫助他想起過往的成就，這是他自我盤點的方式。他很清楚任務狀況和風險報酬，產出一定頁數就是他的今日目標。最後他向超驗力量敞開自己，感覺萬事俱備。完成狀態轉換，現在可以坐下來工作了。

不管是誰、從事什麼工作，都可以用類似的個人儀式開啟每一天，為自己帶來信心和決心。找出最好的自己，辨認有待完成的關鍵任務，決定已然擁有所有必要的知識和技術，而你萬事已備。就是這麼簡單，卻也不容易做到。

是該下定決心的時候了

上述例子提供了各種轉換狀態，從準備進入施展、從勞役馬化身賽馬的方法。你「怎麼」下定決心不重要，重要的只有你已經「下定了」決心。

我承認，對很多人來說，切換狀態很不容易。永遠有一股

力量引誘你在上場之際對自己說：要是我先前更用功／做了更多／練習更多遍／更了解這個客戶就好了。但念頭與表現會相互影響，這麼說只會打開自我懷疑的大門，將我們推入無濟於事的下水道循環裡。如果期盼發揮最高水平，那麼下水道循環絕非我們所願。同樣地，你也很容易問自己：這場比賽／測驗／會議／發表，我準備好了嗎？這個問題也會打開自我懷疑的大門，招致恐慌。最好在跨過某個時空門檻之後，徹底暫停提出任何疑問。我稱此為「只做陳述」（Statement Only）原則，簡稱SO原則。只要過了某個時間點，或跨過了某條界線，就克制自己不再對自己或隊友詢問任何問題，只做事實陳述。

　　要理解SO原則不難，設想一下「比賽日」。職業美式足球員是星期天，大專球員是星期六，多數高中球員是星期五。當天早上你一醒來，腳一踏到地板，身體一離開床，就要拒絕再問自己或旁人任何問題，同時刻意向自己和旁人陳述你將會有好表現。即使是看似無害的問題，如「你的心情怎麼樣？」或「今天準備好了嗎？」也一律禁止，因為這些問題表面看似單純無害，其實也能在心中誘發一連串更深沉、更嚴肅、更負面的疑問。星星之火可以燎原，這些看似無害的問題，可能害你（和隊友）自問：「我真的準備好了嗎？……我真的為今天做足了該做的準備嗎？」比賽當天問這些問題毫無用處，只會削減信心戶頭，把我們推入下水道循環。反過來遵守SO原則吧，

對自己和周圍相關的人做出肯定陳述，像是「這是個大好機會……你今天必定能做到……我們現在有機會立功！」

即使不是人人都有指定的「比賽日」，SO 原則也依然適用。麥克羅林醫師走進手術室的每一天，都是他的「比賽日」。史瓦特伍德中尉率領部隊出外偵察的每個晚上，都是一次「比賽日」經驗。作家帕斯費爾德每一次在書桌前坐下，寫出當日的頁數，也都置身於「比賽日」心境：不再計畫或準備，只專注於「表現」。每當你在工作中需要「表現」的時候，朝九晚五的上班族可能每日多次，巡迴樂團可能是每天晚上，或如職業球員的每星期一次，原則都一樣：只要「上了場」，對自己和旁人就只做肯定陳述。菲爾普斯會化身「沉靜兇悍的猛獸」，你可以找到自己的版本。如果你喜歡侵略感不那麼強的象徵，何妨想像自己是一匹毛髮順亮的優雅賽馬，已經準備就緒，只待起跑門一開便拔腿狂奔。

常有人問我：「可是我心底明明知道，我並沒有做足該有的準備，卻還是得上場應考，那怎麼辦？」我的答案是，你過去一個星期如果天天待到圖書館關門，能給自己多大信心，就懷著和那百分百相等的確信上場應考吧。為什麼我這樣回答呢？我們不都知道，要怎麼收穫先怎麼栽嗎？因為永遠不知道自己的「水缸」究竟裝了多滿，除非把它全倒出來。書念得不夠？你怎麼確定？練習得不夠？除非你上場用最大的信心和鬥志較

量過了，否則你怎麼知道呢？何況到底多少練習／用功／準備才算「足夠」？你永遠不知道身上的「錢」夠不夠買某樣東西，除非掏空口袋，把全身上下的「錢」攤在檯面上。所以，為什麼不打開信心戶頭，相信裡面足夠你取得追求的目標呢？

柴德‧艾倫（Chad Allen）是歐本海默金融公司（Oppenheimer & Co.）的投資常務董事，並不是一進入財富管理產業就對市場週期和投資組合無所不知，讓潛在客戶都對他刮目相看。他當初具備的，只有在西點軍校當過軍官和袋棍球員的經驗，不過這些經驗教會他專注於自己可控的事，將個人優勢善用到極致，像是誠實、忠誠和機智。在他準備踏入業務會場與潛在客戶會晤前，這名二十五歲的菜鳥知道，他控制不了競爭對手的行動，也不確定對方第一次見到他，會不會看他年輕就打退堂鼓。所以他依照自己能控制的事（我能控制今天見面的談話）和能做的事（我能做到使他們答應見第二次面），調整對會面的想法。與侯登和麥克羅林一樣，會晤到來前，艾倫靠一連串正向思考打開信心戶頭：我有資格站在那裡，因為我夠聰明，而且知道怎麼幫助一般家庭規劃財務生活。他們找到我就對了！艾倫肯定不是公司學識最淵博或經驗最豐富的理財專家，但他並未因此放棄懷抱信心踏入表現場地。世間普遍認為，凡事須經過1萬小時練習或訓練才可堪稱為專家，艾倫無疑尚未累積到此標準，但他並未因此卻步，仍然在關鍵的第一次會面

掏出自己當時具備的每一分專業。

認定自己做得再多都不夠、練習再多都嫌少，這個陷阱正虎視眈眈地等著每個人上鉤。假如不慎落入陷阱，你踏進考場前可能還在焦急複習筆記，走入業務會議時還在一字一句努力背誦銷售話術，盼望這些臨時抱佛腳的練習，能奇蹟似地彌補自己的準備不足。對於每一個受到迷惑、臨上陣前才懊惱「練習／用功／知識到用時方恨少」的人，我會建議你，認清自己此刻具備了什麼、為此刻做過哪些練習，然後闔上筆記對自己說：我準備好了，我已做了最大準備，現在的我足夠了！來吧，看看用我現在的能力能做得多好。

摔跤選手海倫·瑪洛利斯把「我已經夠好了」當成箴言，踏進奧運摔跤決賽賽場，對抗衛冕奧運金牌兼世界冠軍，雖然她們此前兩次對戰，這名對手都痛宰她。「那是我對自己說過最解放的一句話，」獲勝後，瑪洛利斯接受採訪時說，「我曾經以為，要在奧運奪金，我必須臻至化境才行，但其實你不必是個神人。你只要覺得自己夠好了，就能成為奧運冠軍。」[81]

你準備好了嗎？下一次走進表現場地，你會不會符合本書一開始提出的自信心的定義：心中對自己的能力有充分把握，而能在有意識的分析念頭干擾最小的狀態下執行能力。當下你會不會切換到「充分認知後直覺發揮」的狀態，先盤點自己和環境狀況，然後判定自己的信心戶頭非常充足？這既是等待著

我們的考驗，也是機會。

想像自己很富有

或許不及亞馬遜創辦人貝佐斯那般富可敵國，但所有合理想要的東西也都買得起。而且，你的財富是憑努力工作和聰明理財累積下來的，不是繼承有錢親戚的財產，或中了樂透彩票。這表示你雖然有錢，但多少還是很愛惜財產。

現在想像一下，這個富有的你正要出門購置新車，你已經決定了品牌型號和附加配備，前往經銷商的路上，臉上掛著得意的笑，因為你知道銀行戶頭綽綽有餘，足夠買下新車還有剩。這種綽綽有餘而能安心消費的感覺，會為你的心態帶來重大轉變。長年以來，你努力工作存錢，累積起戶頭裡的財產，而且你用錢謹慎，懂得保護存款、明智投資。但此刻你的態度不同了，因為你對自己在戶頭裡存了什麼十分篤定，也明白自己擁有的已經足夠。

懷抱這樣的心態，走進展售間，你完全不會擔心得不到想要的東西，也不會擔心吃悶虧。因為擁有強大心靈力量的你，能夠主導對話，並且擁有最終決定權。這種感覺不是很好嗎？

第八章

完成一場自信的比賽

　　很好，你走進場中，做完了賽前儀式，盤點過狀況，也確信自己「夠好」了。現在，你可能在會議室或演講廳滿座觀眾前被介紹上台，或者在場邊列隊聽唱國歌，又或是剛與第一線應變團隊抵達火場或意外現場。在各種情境下，你的信心和能力即將受到考驗，而考驗可能十分艱難。會議室的聽眾可能質疑個沒完；場上對手可能強得不得了（而且和你一樣想贏）；剛進入的事故現場、火場或戰場，可能和地獄沒兩樣。此刻你面臨的不只是單一個「關鍵時刻」，而是一連串的「關鍵時刻」，每一刻都需要你拿出全力。本章會告訴你該怎麼在演講、在比賽、在日常任務中，一次又一次打開信心戶頭，持續為自己注入一劑劑我「夠好」了的感覺，接連取得一次次先勝。

　　但老實說，想在任何表現中從頭到尾取得先勝，難度很高。我若告訴你，你已經累積了高額信心戶頭，有充分理由相信自己，也已經完成賽前儀式，在上場時感覺「富有」，所以開始後，你的信心也會自動隨時保持高昂，而且可以持續下去，讓你自始至終每一分鐘、每個動作都有最佳表現，那我可就有點虛偽了。的確會有幾個瞬間，你在演講、比賽、會議、任務上彷彿如魚得水，頭腦清晰又泰然自若，但也非常有可能會有比較難捱的時刻，需要刻意重新取得掌控，重申你的信心。人類注重負面的傾向（經過漫長演化保留下來的特點，因為這個傾向幫助人類先祖躲避危險）活躍得很，不論你多「富

有」，都會找上門來。再加上一般人上場時，很高機率會因某事而表現得不如預期完美。如我們所見，生而為人也並不完美，三不五時會犯點錯。既然不可能完美，心理上就必須準備好在失誤發生時不予理睬。此外還有「對手」，可能是另一個真人、時限，或惹人心煩的環境不定因子，例如設備故障，這些都可能在我們步伐跨到一半、話說到一半時從中作梗。還有社會盛行的觀念，認為愈到重要時刻愈要「三思而行」，而非憑藉充分認知後的直覺反應行事。這些現實狀況都會讓人更難時時刻刻取得先勝。好消息是，不論當下處境有多棘手，永遠可以選擇自己怎麼反應，永遠可以一次贏得一個先勝。

遇到這些考驗人的時刻，第五章介紹的方法既是我們的防禦盔甲，也可做為反擊的有效武器。記住，把表現中每個不完美的瞬間視為（一）一時的，發生「僅此一次」；（二）限定的，「只在這裡」發生；（三）不具代表性，發生了也「不代表這就是我」。這個心理技巧能防止我們落入擔心「我又開始了」的陷阱，產生「我會把整件事搞砸」的懷疑，陷入「我真沒用」的耗弱狀態。每當雜音開始叨唸，你可以平靜地認出它、堅定地制止它，然後自信地將它置換成信心戶頭裡的有益陳述。最後，心靈兵器庫裡永遠有一樣乍看矛盾但非常有用的利器，叫做射手思維。透過這個能力，任何失誤、過錯或挫敗在你眼中只代表了下一次更會投進、下一個動作更會做對。隨著

比賽、任務或工作開展，成功機率只會愈來愈高。以上方法都能保護我們的信心，即使不可避免地受到內外在對手攻擊，也能不為所動，幫助我們逐一贏得小小的先勝。防護措施穩固到位了，就讓我們開始一場自信的表現吧。

放下思考，回歸感官

回到 1960 年代，心理學家弗里茨・皮爾斯（Fitz Perls），完形治療學派創立者，創造「放下思考，回歸感官」（Lose your mind and come to your senses）這句名言，期以幫助患者逃脫消極思考的陷阱，過上更快樂的人生。他心中所思，我想應該與貫徹一場自信的比賽無關，但他的見解正中紅心。聽從皮爾斯的建議，對自己正在做的事停止多餘思考，改而注意周圍實際正在發生的事，有助於我們把任務執行得更好。每次我請學員回憶自己表現最好、最成功、最心滿意足的時刻，不管是運動選手、音樂家，還是金融服務團隊的經理，都會說到兩件事，與皮爾斯的建議不謀而合。首先，他們會提到當下覺得「自動……直覺……無意識」，意思是他們的判斷行動、他們的自我問答，似乎都沒怎麼思考就發生了。換言之，他們「渾然忘我」的當下沒有自我批判，也沒在想結果或後果。其次，他們會形容當下感覺「清醒……集中……沉浸」，意思是眼、耳、手、腳，所有「感官」都參與其中，甚至比平常還敏銳幾分，

幫助他們覺察周圍動靜並做出有效反應，不論那是足球場上 20 名敵我球員的動態，還是交響樂團指揮最微小的一個手勢。

這些對高效表現時刻的心境描述，聽起來可能有點靈修的意味，但其實是經神經科學的最新發現支持的。現代腦部掃描和神經生理回饋技術，讓針對人類行為表現的神經科學研究大增。而多數研究都支持，「靜心」的概念，也就是相對捨去有意識分析思考的狀態，最能使人高水準地執行能力。神經科學家布萊德・哈特菲爾德（Brad Hatfield）和史考特・凱里克（Scott Kerrick）在 2007 年《運動心理學手冊》（*Handbook of Sport Psychology*）合著〈優異運動表現的心理機制：從神經科學觀點看認知與情感〉一章，結論說到：「現有科學文獻泰半支持此一觀點，高水準表現背後都有同一特徵，即其心理過程的基礎是腦活動的節約。」[82] 這裡的「節約」，意思就相當於「靜心」，關閉與任務表現無涉的腦中樞和神經迴路。哈特菲爾德接受 FitTV 訪談時，解釋得簡明扼要：「從神經科學角度來看，全神貫注的意思就是，任務執行所必要的腦結構全數參與，不相關的則全數休息。」[83] 當心思處於這種安靜、節約的狀態下，大腦能全速處理感官接收的刺激，使人反應更快，動作協調更流暢。我的客戶形容完「渾然忘我」和「感官全開」的感覺後，每個人都嘆口氣說：「真希望我能一直處於那種狀態。」

我也希望他們可以，但就算無法在每次表現都處於那種

「境界」或感受到那種「心流」（我沒遇過誰能時刻保持在狀態上的，即使是奧運冠軍也不例外），只要採取正確步驟，就可以更接近並更常進入那種狀態。你也能做到，前提是先建立信心戶頭，判定自己足夠「富有」，然後在每一次「交戰」前（棒球投出的每一球、網球的每一分、生產線上每一次品檢），刻意放下有意識的、分析的、小心確定我沒做錯的思考，把眼睛、耳朵和其他感官打開。

中尉安東尼‧蘭道（Anthony Randall），西點軍校 1996 年級畢業生，在面臨個人從軍生涯的最大考驗時，選擇了放下思考，回歸感官。那是他在美國陸軍遊騎兵學校遭逢的考驗，在為期九個星期的「受難祭」中，特種作戰士兵和軍官必須肩負超過 50 公斤的背包，在起伏的山地或泥濘沼澤行進 15 公里。日夜操勞之間，還必須執行小組戰術演練，包括偵察、埋伏、突襲等，但每天只能吃上一兩頓飯，晚間也只能在野外席地小睡三小時。每天會有幹部教官輪流來為學員評分，評量他們的自我管理、領導同儕及至最後指揮全排的表現。訓練內容是不是比海軍的海豹部隊辛苦，留待別人去爭論，但這九星期的「表現」機會，需要夠大的信心戶頭和反覆取得先勝。

隨著遊騎兵學校的最後修業階段逼近，蘭道尤其需要一次先勝。教官叫他指揮全排策畫一場夜間突襲的時候，他遠不在最佳狀態。這幾個星期以來，他足足瘦了 13 公斤，十指傷痕累

累，只能用電工膠帶先纏起來，才有辦法拿背包握武器。他已經兩次被「回收」了，意思是他在某個訓練階段不合格，必須與新班一起重修才能通過（只有三成的人不曾重修就從遊騎兵學校畢業，全體畢業率更只有四成）。這是蘭道的最後機會，如果這次夜間突襲行動未獲教官認可，他就會三度也是最後一次失格，再也沒機會重來，並重挫他前途光明的軍旅生涯。

　　儘管困難重重，又是他的最後機會，只許成功不許失敗，教官喊到他的學號時，蘭道卻全然平靜。對於眼前的考驗，他為自己創造了必要的把握感和信心。他向我追述當時的經驗：「我有十五分鐘時間與排士官長和班長商議行動。我一接到指令就下了決定，我要運用我受的心理訓練，善用我在西點軍校學到且練習多年的方法，建立不多想的心境（蘭道版本的「放下思考」），敏銳到能支配環境（他的版本的「回歸感官」）。」說完最後一句：「兄弟們，開始了！一切由我們主宰！」蘭道率領全排出動，布置好火力班，選擇了進攻班之後，把剩下一班分散到四周負責警戒。「槍聲響起時，我處於一種完全無意識的信心狀態，突襲進行期間，我能徹底掌控自己，而且與周圍一切動靜完全調和。教官後來說，這是他們看過執行得最好的任務。」蘭道拿到了遊騎兵學校臂章，踏上預期中光明的軍旅生涯，在空降師任跳傘長多年，兩度派駐伊拉克後於喬治亞州的班寧堡基地任駐軍牧師。

習慣成自然

為讓你在長時間表現過程中比較容易放下思考回歸感官，我推薦的方法在運動心理學領域稱為「出手預備動作」（pre-shot routine），將一個慣例動作當成載體或路徑，直接引導思緒專注於手上的任務。這個「預備動作」是你會固定做的一個習慣，用來確保你做到期望的結果。就像你會定期刷牙以保牙齒健康美觀，你也可以養成習慣，經常重申對自己能力的信心，以保你在比賽中、任務中或工作中取得最大勝算。

想像高爾夫球手在 18 洞的比賽中設法讓自己每一桿都打到最好，或四分衛在美式足球比賽設法讓自己每個動作都執行到最好。這些運動員在每一輪或每一場比賽中，至少要讓自己專注進入信心狀態 60 次之多，所以他們會利用一些刻意的習慣來幫助自己做到，透過這一個簡短的心理程序來取得先勝，讓思緒就定位。不同運動在動作前有長短不一的間歇時間，運動員同樣也必須在每一次「交戰」前讓自己重新進入狀態。網球選手面對下一分、棒球打擊者面對下一球、曲棍球選手每一次輪換上場、足球和籃球員在每一次暫停結束之後。就算是長跑或划船等連續運動，為了維持速度、忍受疲勞，也需要定期打開信心戶頭，不斷贏取小小的先勝。在職場奮鬥的人也一樣，要從頭到尾貫徹「自信的一天」，耐住性子回覆收件匣內無窮的

信件，或在值班護理站的十二小時內看顧一整層樓的病人，也需要一次接著一次取得先勝。出手預備或交戰預備動作，就像一組門鎖或手機密碼，輸入正確，就能「進入」狀態。

一套有效的出手預備動作有幾個重要效果：它讓你不再去想過去或未來，專注於現在；它也會帶走多餘的分析、無謂的評論和危險的自我批判，讓感官即刻集中於當下最重要的事情上。合宜的預備動作，能把你的注意力從這些干擾的念頭和擔憂上轉移開來，讓自信心、個人有把握的感覺發出光亮，得以專心執行，不會有多餘的擔憂和念頭耗用寶貴的心理處理效能和能量。「戰鬥」火熱的當下，不管是真實的戰場交戰，還是日常在球場、舞台、職場上的小小戰鬥，一套可以依靠的預備動作是你最忠實的朋友，有助於打開戶頭，提領必要的信心。

你可以遵循以下「CBA」三步驟，建立「放下思考，回歸感官」的預備動作：

- **提示信念**（Cue your conviction）
- **為身體打氣**（Breath your body）
- **集中注意力**（Attach your attention）

第一步、提示信念

你如果是棒球迷，可能記得 1999 年的電影《往日柔情》，

凱文·科斯納飾演不再年輕的大聯盟職棒投手,在對他滿懷敵意的球場登板出賽。片中從頭到尾,主角面對一名又一名打者,每投出一球之前都會動用心理準備動作。首先他會對自己說:「開始清場。」這句個人自發的陳述,就是他給自己的心理提示,讓自己脫離場邊偏袒敵隊的球迷嘲弄和噓聲,專注於一次投好一球。這種簡短卻有力的陳述,很適合做為出手或交戰前的預備動作,用來「提示」自己的信念。你的預備動作第一步,就是要提醒自己進入信任和信念的狀態,讓「當下要有好表現的決心」浮上檯面來。

使用提示字詞,在運動心理學是行之有年的做法。且證據顯示,提示字詞是控制注意力、控制情緒影響的有效工具。此外,就如第三章討論過的,也能有效鼓勵人們持續努力。運動心理學研究證明,提示字詞對各種運動(網球、花式滑冰、滑雪、短跑、高爾夫球、袋棍球、摔跤、籃球、曲棍球)不論新手或專業表現者都有效。[84] 這些研究中的運動員於上場表現時,利用簡單的提示字句,例如「順暢」(高爾夫)或「爆發」(短跑),以便保持專注於有用的行動或水準,避免執著於思考技術或擔心比賽結果。

研究建議,你的出手或交戰前預備動作,應該始於一句簡短有力的陳述。要簡短,因為你身在場上,時間恐怕不多;要有力,因為當下需要拿出最好的自己;必須是陳述,因為現在

是比賽日，應遵守只做陳述原則。以下是幾個簡短有力提示的例子，我的客戶在比賽或表現中用以當成預備動作第一步：

> 我就這麼做！（職業冰球員）
>
> 當一面牆！（職業袋棍球守門員）
>
> 放鬆，燃燒！（職業美式足球員）
>
> 照你知道的做！（超級盃 MVP）
>
> 放開踢！（大專足球員）
>
> 我的機會來了！（投資顧問）
>
> 我練習過！（美軍候選蛙人）
>
> 巡航時間開始！（奧運選拔賽馬拉松選手）
>
> 我是第一裝甲師！（新到營連長）

凡是能提升或強化表現決心的語句都有效。遵照與自我肯定陳述相同的規則：肯定句（說「當一面牆」，不說「不讓任何人得分」）、現在式（說「我是第一裝甲師」，不說「我會是第一裝甲師」）、用詞有力（說「我練習過」，不說「希望我準備好了」）。另外要注意，使用的提示要著重於成功的過程，而非想望的結局；著重於當下你需要做的事，而非追求的結果。對馬拉松選手來說，說「巡航時間開始」會比「我要破三小時」有用。游泳巨星「飛魚」菲爾普斯長年的教練麥克·波曼

（Mike Bowman），為兩者的差異做了很好的說明：

「你絕對不會希望自己想著：天啊，我這麼辛苦努力就是為了現在。因為這麼一來，你的心思全都聚焦於結果，但你需要全心關注的是取勝的過程。我聽過一堂很精采的課，課程上播放了奧運賽事兩名花式滑冰選手的影片。那是決賽多由俄羅斯選手和美國選手競爭金牌的年代。她們的最後一戰將決定誰能勝出。影片照見教練和選手出賽前的樣子。美國教練走向選手說：『你這麼努力就是為了現在。』選手聽了明顯很緊繃，而關注結果會提高喚醒程度。之後他們想擊掌打氣卻沒有擊中，這就是過度緊張的徵兆，做不好一些精細的小動作。選手上場以後果然表現拙劣。影片接著播出俄羅斯選手與教練，她和教練交頭接耳，但其實沒特別聊什麼。教練只對第一跳的某個動作給了很小的技術指導，選手看得出很放鬆，因為談論動作過程會降低喚醒程度。我們指導選手就該這樣。比較高興、心情比較好的人，表現永遠會勝過於非常緊繃、嚴肅的人。」[85]

選定一個能提升行動信念或喚起某種心情的提示。怎麼知道你想到的提示有用？只要每次重複那句話，你會產生自己已十分足夠、確實「富有」的安心感，那就對了。

第二步、為身體打氣

借助有力的提示，感受到那股安心之後，舒服地深呼吸一

兩次，讓安心的感覺遍及全身。你可能聽媽媽或外婆說過，開始做一件事前先「深呼吸」，她們說得可沒錯，只是可能不清楚好在哪裡，或怎麼做才是有效的深呼吸。呼吸被我們視為理所當然，很少有人明白呼吸也可以是提升表現的強大技巧。更少有人矢志學習有效呼吸，並把這項知識融入日常訓練。有效呼吸做為交戰前預備動作的第二步，起碼有以下好處：

- 讓注意力集中於當下。當你刻意正確地呼吸，會把自己從過去或未來帶回「當下」。
- 幫助釋放負面想法和自我懷疑。正確的呼吸能讓你「吹散」一時的挫敗或單純的人性缺點。
- 提升身體能量層級。充分吸氣能將重要的氧氣送入血管，有力的吐氣能送走促成乳酸堆積的二氧化碳。
- 減少腦中雜念。從十幾個（或百來個）紛亂嘈雜的念頭，降為目標一致的單一意念。
- 在困難中也能掌握自己的感受。當你刻意正確呼吸，控制場面的便是你，而不是比分、對手或局勢。

假如這些還不足以說服你重新考慮站上爭球線或展開協商，保持正確呼吸有多重要，聽一聽空手道大師大島劫的這句話吧：「呼吸，是黏連意識與無意識的膠水。」大島劫的觀察準

確且合乎科學；只有呼吸這項活動，是我們既可以有意識地控制，但同時也在我們的控制之外，也就是在無意識中運行的。這是因為我們的呼吸肌（等等就會詳細解說）受到雙重控制。第一重控制來自軀體神經系統，當我們決定抓起乳酪漢堡或蔬食漢堡時會用到的系統。第二重控制則源自於自主神經系統，也就是當我們吞下漢堡之後完全自主運作，以消化漢堡、萃取吸收其中養分的系統。這暗示了幾個重要事實：透過刻意有意識地呼吸，可以影響許多平常自律自主的功能，像是血壓和心跳。這也代表，呼吸可以影響我們對自己的表現，從有意識的控制（分析、機械化、批判、自我批評）轉換到無意識的控制（自動、接納、信任）。無意識是儲藏了諸多能力的巨大倉庫，只有在我們「放下思考，回歸感官」時得以進入。所以你若希望取用存於潛意識當中的力量、技術、奇想，正確呼吸是任何表現都需要的重要步驟。貝里莎·凡尼許（Belisa Vranich）在她的出色著作《健身者、運動員呼吸訓練全書》（*Breathing for Warriors*）中寫到：「專注於呼吸，代表我允許身體在不受大腦干擾下，取用它熟知且練習過的記憶。」[86]

有效的呼吸會動用兩組有力的肌肉，讓空氣吸入吐出肺部。沒錯，肌肉！呼吸是一組肌肉運動。與常見的理解不同，我們的肺並不會製造或控制呼吸。肺只是兩個大「口袋」，配合呼吸肌運動產生的壓力擴張或收縮而已。肺擴張吸入空氣，

靠的是吸氣肌收縮收緊，吸氣肌包括位於肺和胃之間、區隔胸
腔和腹腔的橫膈肌，以及位於肋骨之間的肋間肌。這些肌肉一
收縮，會把胃和消化器官向下擠、肋骨往外推，擴大胸腔空
間。正確有效的吸氣會用到這些肌肉，產生「向下向外膨脹」
的感覺，使腹部鼓脹起來，而不是有聳肩「向上」的感覺。肺
收縮吐出空氣，靠的則是吐氣肌，也就是身體正面及側面（內
外斜肌）的腹部肌肉。吐氣肌收縮（吸氣肌放鬆）時，會把腸
胃向上推、肋骨向內收，縮小胸腔空間。正確有效的吐氣會有
「向上向內緊收」的感覺，小腹收起，腹肌收緊。以上兩組肌
肉協調運作，肺就能順利舒張收縮，使空氣吸進吐出。

　　試試看吧，找一張椅子坐直或輕鬆站著。先從吐氣開始，
收緊腹部，感覺腹肌往脊椎推擠，讓空氣自然吐出。接著放鬆
腹部，收縮橫膈膜，慢慢吸氣，感覺空氣注入進來，把肚子四
面往外推，下半部肋骨往外升起。緩緩重複三到四次循環，享
受呼吸帶來的活力和放鬆。動用吸氣和吐氣的肌肉，現在你掌
控了自己的能量、心情，開啟了無意識的能力。呼吸練習就是
這麼基本的步驟，只會用到生為人神奇的呼吸裝置。不論是假
日出征的高爾夫球手，還是精英軍事戰術運動員，每個能力者
只要像鍛鍊其他肌肉一樣，持之以恆細心鍛鍊呼吸肌肉，都能
從中受惠。一旦認識這些肌肉，熟悉肌肉的運動，力量、耐力
和專注力都會大幅增進。配合兩到三次深呼吸，依照第一步對

自己提示信念後，用一次強而有力、沉澱定心的吐氣收尾，你
對此時此刻的把握感會隨之提升。你已經決定「照自己知道的
做」或「當一面牆」（回顧第一步的列表），刻意地呼吸將幫助
你把信念扎根於全身。

第三步、集中注意力

　　是時候完成預備動作了。透過刻意提示信念和調整呼吸集
中於當下，基本上已經「放下思考」，平時腦中干擾的雜音被
擱到一邊。現在，需要「回歸感官」，方法是把注意力集中到
當前最重要的事物。可能是對手即將發來的一球；樂曲開頭小
節的最後一個音符，即將要加入演奏；眼前含有決策資料的試
算表。把注意力集中到「目標」上，就是交戰前預備動作的最
後一步，它將幫助你自信表現。

　　「集中注意力」聽起來像是需要正經研究的複雜心理程
序，但其實並非如此。其實就是讓自己為即將要做的事著迷，
讓自己對眼前的事、周圍的動靜、即將要做的動作無比好奇，
無比感興趣，所有感官因此徹底沉浸於其中。只要你曾經停下
腳步凝望美麗的夕陽，一定能理解讓自己為某件事著迷是什麼
意思（假如你很久沒凝望夕陽了，我強烈建議你去看看）。這
種著迷的感覺，會幫助你「回歸感官」，把你完全帶進表現的
此刻當下。

老虎伍茲在 2004 年的授權訪談 DVD 裡，一派單純地形容自己會對即將揮出的一桿「貫注入迷」，所有背景噪音和念頭剎那間彷彿都消失了。「我的人簡直像是抽離了，大概是被潛意識接管了吧，」他說。[87] 這番話證明他「放下」了自我批評和判斷思考，開啟了無意識的能力。值得一提的是，採訪當下，他已連續 264 個星期排名世界第一，再度寫下新紀錄。

即將接發網球嗎？讓自己為對手拋起的球著迷吧。即將開始下一段演講？讓自己為說出口的每一個字的發音著迷吧。練跑中途準備放寬距離、放慢速度嗎？讓自己為步伐穩定的節奏、肩膀的擺動，或最重要的呼吸肌肉的運動著迷吧。

要說對目標入迷的例子，少有人的故事比得過美國雪車奧運選手道格‧夏普（Doug Sharp）。有些人第一眼就給人強烈印象，夏普就是這樣的人。他身高 178 公分、體重 93 公斤，金髮理得極短，綠眼睛目光熾烈，加上層層疊疊的肌肉，活像電影裡走出的超級英雄。我對他和美國陸軍世界級運動員計畫雪車組其他隊員自我介紹過後，夏普馬上用他洞穿人心的目光看著我說：「你能分給我們多少時間？」我很快得知，小夏（大家這樣叫他）大專時代曾是全國名列前茅的撐竿跳選手，但在奧運選拔賽失去冷靜，表現不佳。他意識到自己因為任由思緒亂竄，以致錯失寶貴機會，現在有機會與運動心理學專家合作，他可不想錯過。

　　往後十四個月，我花了很多時間指導夏普和隊友麥克‧孔恩（Mike Kohn，現為美國奧運雪車計畫總教練）與布萊恩‧席莫（Brian Shimmer，當時正為第四度入選奧運代表隊受訓）。儘管面對重重阻礙，他們各自都學會找到最好的自己，建立了可觀的信心戶頭。2001 年 12 月，夏普、孔恩、席莫與丹‧史提爾（Dan Steele）組成的隊伍，爭取到以雪車二號隊資格代表美國出戰奧運。

　　時間快轉兩個月，來到第十九屆冬季奧運會。賽事首日比完前兩輪比賽後，雪車二號隊排名第五。以一支無人看好奪牌的隊伍來說，是很不錯的名次。來勢洶洶且奪牌有望的德國一號隊，緊接在後排名第六。

　　賽事第二天也是最終日，夏普和我一早在猶他州鹽湖城奧運村外一間鬆餅屋吃早餐。傍晚夏普和隊友將會再跑兩輪，有兩次機會爭取奪牌。過去四十多年來，還不曾有美國雪車隊伍拿下過奧運獎牌，但我看得出夏普對他們的機會充滿期待。他的心理濾鏡全開，只想到他們目前領先德國一號隊，而且落後第四名的瑞士隊也僅差 0.01 秒。服務生端來餐點後，我對他說：「你們現況看好呢，小夏。」夏普回頭看了一眼，像要確定後面沒人偷聽，然後才低頭湊近他的鬆餅和歐姆蛋，目光似乎比平常更明亮了。他壓低聲音但語氣興奮地說：「博士，我們現在狀態正好。我們感覺很好，只要有最小的突破點，我們會奪

牌！」我當下就知道，夏普已經取得先勝。

　　幾個小時後，夏普和雪車二號隊的三名隊友真的獲得了他們期待的突破口。排名第六的德國一號隊駕駛員因為腿傷，宣布他和隊友退賽。這下子場地忽然開闊了，美國二號隊立刻把握住這個契機。當天傍晚在全世界注目下，夏普的隊伍跑出了出色的兩輪。他們的推發強勁有力，駕駛員席莫也像瘋子似地全速狂飆。他們充分把握住德國隊退賽所打開的機會小窗，奮力超越了在首日賽事排名第二和第四的兩支瑞士隊伍，最終奪得銅牌，終結了美國雪車隊四十多年的獎牌荒，也堵上了所有不看好他們的批評之嘴。

　　自從那次在鬆餅屋聊過後，我經常建議把「留意最小的突破點」納入心理準備或任何心理韌性鍛鍊中。留意最小的突破點，在 CBA 三步驟當中屬於「集中注意力」的一環，重要性表現在兩方面：第一，留意最小的突破點，代表注意力是向外關注的，代表你「回歸感官」，掃視周圍環境尋找任何可能的幫助。第二，留意最小的突破點，代表某種程度上相信真的存在著「突破點」，只要發現就能善加利用。這樣想吧，如果你不認為某物存在或不覺得找得到，你也不會去尋找它。去尋找這件事本身，就是一個小卻重要的樂觀表現，與過於常見的「我絕不可能突破」或「今天我們就是倒楣」的感受對比鮮明。其實，區別勝負成敗的差距往往小到不可思議，所以最小的突破

點或最小的機會可以造就很大的差別。但若不積極尋找或像夏普一樣等不及想撲上去，你根本看不到它，遑論加以把握。

在你的世界裡，什麼事相當於德國隊雪車駕駛員腿肌拉傷？哪些細小變化可堪當做「最小的突破點」？是潛在客戶幾乎看不出來的微微點頭？試算表揭露出的數字趨勢？歷史老師出的期末考試題全都出自你最熟的一章？你是否有在尋找那「最小的突破點」，那「一點小幸運」？務必留意最小的突破點，準備好一發現就撲上去。

有一種常見的誤解以為，要在關鍵時刻控制注意力，進而維持專注，是既難又複雜的事，但這無非是誤解罷了。其實，把注意力連結到當下最重要的事物上，以至於為之入迷，這是人天生固有的能力，隨著每一次使用又會更熟練。現代世界不斷引人分心，社群媒體和網路新聞平台每天二十四小時資訊轟炸，充分塑造出我們無力控制自己注意力的印象。但控制念頭，進而控制注意力，是取得每個先勝的必要條件。不論周圍上演何事，我們都可以選擇一次一點取回掌控。注意力要放在哪裡，放在對行動結果的猜想，還是行動本身，這是我們每一分鐘、每一次交手都須做的選擇。可以把注意力集中在任何自己選擇的事物上，把感官專注於當下最重要也最有益的事物上。我們永遠可以贏得下一個先勝。只要在每一次演練或練習前、在游泳賽每一次熱身前、在上班日的每一場會議前，遵行

自己的 CBA 三步驟。

人類每一種表現活動幾乎都包含一連串的交手時刻，這時你集中心思、施展能力，之間則被恢復和準備時間隔開。美式足球就是這樣的活動，比賽時而啟動時而暫停，五秒的激烈對抗之後，是二十五秒（甚或幾分鐘）的反省和準備，再接著下個五秒的激烈對抗。你如果是進攻線上的球員，希望在一系列進攻中帶領隊伍達陣，你的責任就是在每一次發球前取得先勝。不論上一個進攻發展如何，不論隊友剛才的進攻表現，也不論你上一次與這名對手的交手情況。這代表在這一整場比賽裡，起碼要重複 60 遍交戰前或「發球前」預備動作，每一遍都帶你重新進入期望的信心狀態。以下的「就位－判讀－反應」（Ready-Read-React）是我多年來傳授給無數美式足球員的預備動作。這個恆定的心理運輸工具，包含了能喚起信念的特定「提示」、把信念沉澱至全身的特定「呼吸」，以及在發球前把感官導向「集中」適當目標。

聚商——就位

- 聽四分衛的進攻指令
- 「看見」我被分配到要衝撞或守住的敵隊球員
- 「看見」本次進攻的結果（推進碼數，或取得首攻）
- 鼓掌表示「準備好了！」

- 走上爭球線時，想著我會讓你付出代價！

爭球線上──判讀

- 看見我的翼鋒位置，聽見中鋒口號，吐氣站穩腳步
- 吸氣同時確認對手線鋒和線衛位置
- 吐氣同時發出阻擋指令，聽哨鋒回應，確認指令
- 開啟我的邊緣視覺
- 在視野內看見他（心理關注我被指派對抗的對手球員）
- 聽讀秒

發球瞬間──反應

- 聽四分衛聲音從定位上爆發

冰上曲棍球是另一種停停走走的比賽，無數積極「交手時刻」被相對休止的時間隔開。我們在第六章見過的國家冰球聯盟退役球員丹尼‧布里埃，平均每場比賽在場上總共十五到二十分鐘，每次上場約四十五秒，間之以在板凳席休息約九十秒。在那九十秒間，他會遵行一套「輪換」預備動作，並以自己獨特的 CBA 步驟收尾。布里埃的預備動作，他從場上回到板凳席時使用的恆定心理運輸工具，是這樣的：

- 十秒，聽取教練群對上一輪表現的評語
- 十秒，把犯的錯「沖掉」，把好表現「揉進」身體

- 三十秒，重新充電，緩慢地深呼吸三到五遍
- 三十秒，關注比賽，看球的動向，熟悉賽況
- 十秒，熱起來！

提示信念：「戰鬥吧！」深呼吸後放鬆，集中注意力在冰上，也就是「向外看」。具備了「戰鬥」的信念，身體經由妥善的呼吸放鬆並注入活力，感官向外專注於冰上，丹尼·布里埃在信心狀態下展開下一次輪換上場。

神經外科醫師麥克羅林在手術執行過程中，同樣也會遇到多次暫停和重啟，每一次也都需要他重申信心和能量。美式足球比賽分成四節，西洋棋賽依序可分成開局、中局和殘局，神經外科手術也一樣可分成多個步驟。麥克羅林醫師在每個階段都會遵行自己的 CBA。他會停下來，評估自己已進行到手術的哪一部分，然後刻意重申他所謂的「認知主宰」，也就是個人對進入手術下一步驟的掌握感。他會發起正面思考（C），然後深呼吸一次（B），再刻意把注意力導向與手術現階段相關的解剖構造和器械上（A），以此在每一步驟取得「主宰」。麥克羅林每次手術常得進行好幾個小時（最長的一次是十八小時），如果你一次執行也得持續好幾個小時，在中間短暫休息的時間固定遵行 CBA 步驟，能幫助你保有新鮮感、專心和信心。

壓力下也維持習慣

CBA 的概念很簡單，但就算在最艱難、最嚴苛的時刻，在龐大的壓力下，也對你有幫助。讓它有用的關鍵，其實就是明白了身處關鍵時刻有眾多選擇，而決定在自信的心境、放鬆而有能量的身體、專注的感官下行動，永遠能使我們有最大機率表現得好。表現愈攸關重大，愈有必要讓自己免於擔憂、疑惑、恐懼和其他可能干擾我們發揮全力的因子。錯誤觀念常告訴我們，某件事愈「重要」，愈應該謹慎行事，「三思而行」。在本章我們已經看到，不論是客觀的神經科學，還是關鍵時刻有高水準發揮的人們的主觀經驗，都不認同過度思考，反而支持一種專注於任務本身、充分認知後直覺反應的狀態。你很清楚自己的一舉一動，因為你已經充分練習過了，行動時相對接近自動或無意識。

很多人達不到充分認知後直覺反應的理想狀態，是因為對「壓力」的理解有誤。我們都聽過「壓力造就鑽石」和「殺不死你的會使你更強大」，或者「想望成功如溺水之人想望空氣，你就會成功」等等說法。是不是常有人告訴你，你必須比別人更「想要」（勝利、升遷、成就）才會得到？你聽過多少類似說法，說某件事如果對你很重要，你遲早會找到方法實踐？我們生活在成績至上的世界，不停接收各種明示暗示的鼓勵，

要我們多對自己施加壓力，多點「想要」，把日常事務尤其是關鍵表現，看得更急迫、更重要。

聽我說一個不同的觀點吧。壓力確實能「造就鑽石」，但在鑽石成形、該讓它發光的時候，你要小心拿好它，放在適當的環境裡，讓它的美被看見。這時你肯定不會再繼續擠壓這枚鑽石，鑽石之美恆久遠，放著讓它自行發光才對。刻苦訓練確實能讓你更強，但到了該展現力量的時候，你不會希望自己是疲憊、分心或折衷（被壓扁）的。溺水之人需要空氣沒錯，但當他的頭浮出水面吸到了一點氣，就可以別再那麼用力呼吸了。要是上岸許久以後，還繼續過度換氣，很可能會讓血中二氧化碳含量過低，導致供應腦部的血管收縮而昏厥。所以，我們在此建立的一個觀念是：施加在對的時間地點，「壓力」的確能幫助我們在運動、技藝或職業上進步。這也是訓練和練習的意義所在，且為了承受那份壓力，為了夠充分、夠頻繁地鞭策自己養成能力，確實必須迫切「想要」才行。但過了準備時間，來到了施展的時刻，繼續對自己施加壓力，滿心想著不能不做好，這種「迫切想望」只會有反效果。為什麼？因為這會（一）占滿我們的心理頻寬，難以察知現場實際發生的事；（二）為擔憂（萬一我沒做到……）打開大門；（三）令情緒激動升溫，引起不利的肌肉緊繃。其實，只要自律神經系統自然啟動，就會生成所有需要的能量和專注了（所以我們才有自律神

經），因此我們要讓自己保持在勝利循環裡取得先勝，不要為表現灌注太多意義。想著「我現在有機會做好／贏下大比賽／談成大生意／享受好時光」（任君選擇），會比想著「現在事關重大／不成功便成仁／必須完美才行」對你有用得多。

太強調或誇大當前行動的重要性，身體的喚醒程度會升高到超出自然狀態，帶來潛在危害。喚醒程度提高會製造緊繃，緊繃又會干擾執行能力。最重要的先勝也許是要克服誘惑，不要給當前這件事添加太多意義，不要一心掛念結果，以至減損了當下的執行能力。沒錯，比賽很重要。面談、會議、協商、演奏、手術都很重要，但想成功做到重要的事，祕訣反而在於適當抑制事件的重要性。這代表你有時候其實要淡化表現的意義，在情緒上退一步，減輕壓力，不去想「我這麼用功、犧牲這麼多就是為了現在」。摔跤選手瑪洛利斯在 Vogue.com 專訪影片中說得很好：「我在賽前幾乎得拋棄夢想，才有辦法放開手腳去摔跤，展現我最強的實力。」[88] 所以，她在比賽前習慣「哼唱我聽過最開心、最快樂的歌」。神經外科醫師麥克羅林在複雜且漫長的手術中，為讓自己回到良好狀態，常常想起他的恩師、神經外科手術界的偉人彼得‧詹內塔（Peter Janneta）會在進行最精密危險的手術時一邊哼歌。傳說棒球名人堂教練凱西‧史丹格（Casey Stengel）每見投手緊張，例如打者滿壘的時候，他會先喊暫停，然後走上投手丘，溫和地提醒投手說：

「中國有五億人根本不在乎這場比賽的結果。」藉此緩和投手緊繃的情緒。不管這只是傳聞或真有其事,值得注意的是這故事要提醒我們的:你是不是太在意勝負輸贏,反而讓自己表現不出最強或接近巔峰的實力?焦慮的投手經過開導,往往能按下暫停,「開始清場」,調整好呼吸,目光重新盯緊捕手手套,然後將球投出。你也可以。就算你確實年復一年日日奉獻無數小時在運動、技藝或職業上,就算你的表現對你和家人確實攸關重大,你還是可以適當看待這件事的重要性。要怎麼做到?承認這麼做永遠能帶給你最大勝算。

萬一真的很重要呢?

你的表現愈攸關重大,愈有必要讓自己豁免於擔憂、疑惑、恐懼等干擾你發揮全力的因子。這時真的需要退一步,別再去想表現結果和後果。愈是顧念結果,注意力愈是分散,當下發揮出的實力也會愈小。這也是為什麼,像救護車駕駛、警察、消防員、軍人,以及踏上世界舞台的職業運動員,很有必要內化一套像 CBA 這樣的心理預備動作,幫助他們打開信心戶頭,找回一些把握。錯誤觀念告訴我們,事情愈「重要」,愈應該「三思而行」。在本章我們已經看到,不論是客觀的神經科學,或是關鍵時刻有高水準發揮的人們的主觀經驗,都不認同過度思考,反而主張專注於任務本身,充分認知後(清楚自

己在做什麼）直覺反應（做的時候相對「自動」或「無意識」）。把謹慎和三思留在準備階段，這樣在發揮的時候，才能心無憂慮、果斷明快，處於適當的「無念」當中。

我們在第一章開頭見過金妮・史帝文斯，臨危受命被上司指派在滿座公司副總面前發表簡報的那位中階主管。如果當時她已經有一套熟練的 CBA 預備動作（她現在有了），遇上突如其來的工作任務，她的反應應該會更好，而不至於像當時那樣驚慌失措。她的 CBA 會是什麼樣子？

提示信念（C）：我很熟悉產品。保持冷靜清晰。

為身體打氣（B）：吐氣收腹，吸氣開胸；吐氣放鬆肩膀，吸氣充入感恩的心情；吐氣……。

集中注意力（A）：環顧會議室，微笑，眼神交流。

現在，史帝文斯每天在工作上切換任務時，會運用多種版本的 CBA 預備動作，一次一點刻意取得小小的先勝。人人都做得到。人生而有自覺和自律的能力，善用這些能力，覺察自己是否處於適當心境，有助於發揮最大實力。用自律調整我們的思考、情緒和感官設定，再奪下一個先勝。

第九章

保證下一次先勝

「千里之路，行999里，也只在半途。」——大島劫

結束了。

終場哨音響起，比賽結束，你離開球場。

掌聲淡去，演奏結束了，你走下舞台。

上完了一天班，你走出辦公室。

慢著……還沒完呢。你還有一件事沒做。如果你有意取得下一個先勝、在下一次機會有好表現的話，這件事很重要，那就是針對為方才的表現所做的準備和執行的結果，做一次誠實的評量。軍中用語稱為「任務後回顧」（After Action Review，簡稱 AAR）。若沒做完一次個人 AAR，從剛結束的比賽、剛謝幕的演奏會、剛上完的一天班學到一切可學的教訓，這場比賽、演奏會或上班日就不算真正結束。本章將說明有效的 AAR 有哪些步驟，讓你從上一次的表現汲取最大價值，懷著最大的自信面對下一個機會。別擔心，步驟不難，盡可等到換掉制服回家以後再進行，但你絕對會慶幸自己有做這件事，因為經由誠實檢視自己，你會找到更多可存入信心戶頭的資產。

有效的任務後回顧，基於三個問題分成三步驟：

- What？怎麼了，剛才的表現過程發生什麼事？
- So what？所以呢，從發生的事能歸納出什麼結論？

- Now what？從事情始末歸納出結論後，現在要繼續做什麼、開始做什麼、停止做什麼，確保下一次有好表現？

我們很容易忽略這三個步驟。這是個急性子的社會，我們往往衝得太快。比賽、測驗、協商才剛結束，我們又急忙跳向下一場，鮮少反思自己剛才做了什麼、從中能學到什麼、之後有哪裡能換個做法。我指導過數百名西點軍校學員，對各項作業、報告、期中期末考遵行一套簡單的準備，以及執行和評量程序。猜猜哪一個環節最常被忽略？對，就是評量環節。借助AAR，我們可以仔細檢視自己在測驗或報告中哪裡得到分數、哪裡被扣分，測驗成績透露你哪些讀書習慣。不要跳過這個部分，你的信心戶頭和隨之建立的自信心會感謝你的。

第一步、發生什麼事？

有效的個人（及團隊）AAR，始於冷靜公正、不加批判地評估發生的事。先從整體開始（總體評估執行表現和信心），再進入細節（表現最好和最差的具體時刻）。聽起來簡單明瞭，但需要一定程度的誠實，很多人因此而逃避。現在就是你當自己最嚴厲的批評者兼最好朋友的時候，兩個角色各有不同幫助但都很重要。

以下是我帶領學員進行 AAR 第一步用到的問題。參考這

些問題，再對應從事的運動、職業或應用的場合，就能看出需要用哪些問題釐清發生的事：

一、結果如何？你的表現得到什麼分數、成績或結果？我不認同「只有贏才算數」這種觀點，但我很清楚結果很重要。

二、你執行得好不好？回顧「技術」表現，但不帶批判。中立的觀察者或攝影機看到的是什麼？

三、你有沒有保持適當心態？你是否抱持自信心，以及不慍不火的冷靜與熱血？你有沒有取得先勝？

四、你在表現過程中有沒有遵行 CBA 預備動作？你取得幾次小的先勝？你充分專心、在充分認知後直覺反應的狀態下行動的時間長短？

五、你在哪些時刻跳脫了專注的信心狀態？你有馬上把自己拉回來，還是任其發展？

六、表現中有哪些時刻，你感覺自己「如魚得水」？

七、哪些是你的精采鏡頭？如果有攝影機拍下你每一秒的表現，哪些片段可以剪輯出體育頻道會播的「精采花絮」？用心理濾鏡把這次的表現過濾一遍，篩選出珍貴集錦，例如五大最佳表現、三個最佳時刻等等。這是增加戶頭信心的好時機。

八、哪一刻你情願沒發生過？你搞砸的一次進攻，你最醒目的過錯。從客觀角度去看它、承認它，然後原諒自己的不完美。從中學到一切教訓以後，這一刻就不再具有任何意義，可

以讓它淡去了。

　　進行 AAR 的這個環節，你需要在寬待自己和嚴以律己之間取得平衡。天平兩端會依情況有些微變化，不會永遠是五五平。如果你回顧的是輸球、壞成績，或其他拙劣表現，不妨讓平衡多偏向寬待自己。此時你最需要一些善意，卻也是你最不可能給予自己善意的時候。這不代表你忽視過錯缺失，完全不是這樣的。你還是會檢討缺失，但比起只單獨糾結於缺失（人確實很容易這樣），你要奉獻更多時間蒐集行動中發生的微小成功。你篩選後看見的「寶石」，要多過於隨便都能認出的「垃圾」。以數據來說，你的反省時間應該有八成用於回顧「寶石」，兩成用於「垃圾」。不要覺得對「垃圾」只花兩成時間心力「不夠」，這已經很多了，這段時間裡你的心理濾鏡還得奮力保護自己的信心戶頭。本書從頭到尾一直強調，運用自由意志，專注於希望擁有更多的念頭和記憶，而不要執著於自己想避免或害怕的事，這是建立及維護信心的關鍵。可惜我們受社會觀念制約，只懂得自我批判，尤其是當表現失常或努力仍然失敗以後。但這通常不會改善狀況，只會每況愈下。

　　反過來道理亦然，回顧勝利或整體成功的表現（希望你有很多）時，值得謹記一句武士格言：「勝利之後，繫緊兜帶。」獲勝之後，你自然會處於正向的情緒狀態，所以不妨把自我反省的天平往自我批判多移動一些，從努力但失敗後的兩成移動

到四成。你還是能享受勝利的歡喜餘韻（享受是應該的，那是你掙來的），但也務必要克制人在獲勝後容易鬆懈的傾向。

不論你回顧的是大勝或痛苦的失敗，AAR 的第一個反省步驟，永遠是要以在記憶中注入好的片段、精采剪輯，以能夠增進信心的努力、成功、進步的時刻作結。而這需要紀律！第二章的「篩選」技巧這時就大為有用了。不用至少部分更新過的力量和使命感去回顧發生什麼事，那麼你的「經驗」半點也不能使你進步。動用寶貴的自由意志，從每個經驗中汲取教訓，辨認出表現良好的時刻並為之自豪。建立你的信心戶頭！

第二步、這些告訴你什麼？

古希臘哲人蘇格拉底指出：「不經審視的生活，不值得人活。」所以現在是時候進入更深一層的自我檢視了。總結你在第一步整理出的事實，更充分理解其中的意義。你剛走下球場、走出手術室、從辦公室回到家。你誠實回顧了今日的成就和挫敗，現在更仔細地審視所有資訊：

一、對於當下身為表現者的你，那個資訊透露了什麼？你的這個表現透露了哪些強項和弱點？

二、結束最近這一場比賽、演奏會、座談演講後，你認知到哪些之前不知道的事？

三、再來是我最愛的兩個問題：你最近這一次表現想教導

自己什麼？你從這一次表現學到什麼？

　　詢問自己這些問題，得到的每個答案都價值無窮。你的答案將顯示，在「比賽」中，哪些範圍是穩定可靠的，哪些範圍需要多留心。美式足球四分衛為回答這些問題，回顧上一場比賽後可能會告訴我：「我知道了我能打反擊路線；我知道了我們兩分落後也能追回來；我知道了看到特定防守陣形必須更快把球傳出去。」高爾夫球手回顧剛結束的錦標賽可能會說：「我現在知道幾乎任何果嶺我都能準確判讀；我還是討厭在強風下打球；挖起桿是我比賽時最弱的環節。」公司主管回顧 2020 年因新冠疫情必須居家隔離時的表現，可能會說：「辦公室成員一開始聯繫混亂，我處理得很好；我現在知道就算只能遠端操作，我們一樣能提供客戶良好服務；我現在知道我必須格外照顧自己的健康。」

　　這些新的認知，是你成長的原料，提醒你哪些事需要繼續做，讓你思考哪些事有必要開始去做，甚至可能告訴你哪些事應該停止再做。知道這些以後，你就能誠實告訴自己現在應該怎麼做，方可提升或準備你在下一場比賽、簡報或辦公室的表現。下一場比賽前，是不是需要做某些練習來克服你發現的缺點？下一次發表或會議前，有沒有哪些主題需要再研究？有沒有哪些信心建立技巧（例如預想、總結辯論、CBA 練習）需要再多勤奮練習？有了這些見解，第三步就很簡單。

第三步、現在你要怎麼做？

你知道上一次表現發生的事，也從中學到教訓。現在你打算怎麼做呢？我希望，你至少做到三件事。

首先，依照第三章的原則，把你在第二步獲得的新認知重述成第一人稱現在式肯定句。例如：

- 四分衛會說：我次次都打出反擊路線；我們反敗為勝；我面對任何防守陣形都及時把球傳出。
- 高爾夫球手就說：我準確判讀果嶺；我在強風下維持表現；我的挖起桿每星期都更進步。
- 公司主管則會說：同仁聯繫問題我處理得很好；我們不論狀況都提供客戶良好服務；我照顧好自己，所以能照顧別人。

這些是你對一天的肯定，是你現在可對自己述說並用以累積信心的故事。

第二，開始做必要的練習。需要的操練就去做，需要研究就找書來鑽研，為下一次表現做好準備。距離下一場比賽，可能還有一個星期，或者明天就要上班了，只剩今晚在家的時間，無論如何，把握時間去做最重要的事（包括睡個好覺）。

不管你實際能投入多少練習，運用第二章的即時進步檢核法，把每一次練習中表現最好的部分記入腦海，允許自己為讀完的每一篇論文、章節或報告感覺有所更新，彷彿獲得新的力量。你投入的努力很重要，但練習過後你得到什麼、對自己有何感受，更是重中之重。繼續累積你的信心戶頭。

第三，想像下一次你在鎂光燈下希望獲得的成功。你的個人 AAR 的最後一部分，就是為你的成功許諾：明天，或者下星期，就在那個你盼望多時、對你來說不亞於超級盃或奧運的重大表現。你問過自己發生什麼事、這些代表什麼、現在怎麼做，就是為了確保未來獲得更多成功和實現。所以，回到你在第三章設立的個人空間，花一兩分鐘看到、聽見、感受自己經驗到成功：贏得下一場比賽、談成下一筆生意、成功完成困難的對話或協商。這麼做能帶給你更大的使命感、更清晰的意圖，為明天的生活添加一些愉快的「緊張」。這也是很寶貴的一次先勝。

結語
公車司機、陸軍上將和你

公車司機教會我的事

就在維吉尼亞大學的博士課程將結束前，我到紐奧良參加一場全國研討會。跟大多數研究生一樣，我在研討會中參與學術發表、與其他學生交流、到處遞履歷，希望一畢業就能找到工作。我也和大多數研究生一樣，經濟拮据，不可能住宿在舉辦研討會的豪華會議中心。幸好，我在紐奧良有個朋友樂意接待我兩天，所以發表演講、人際交流、投遞履歷之餘，我還有幸在本地人帶領下享受紐奧良的美食和夜生活。

但紐奧良之旅留下的最美好印象，三十年來我不曾或忘的回憶，不是研討會本身，也不是和朋友大啖什錦燉飯、暢飲波本酒的好時光，而是我從朋友家搭往研討會場的那一趟公車。更確切來說，是那位公車司機。研討會當天一早，我在路旁等候前往市區會議中心的公車，並未預期會遇到什麼奇特或難忘

的事。未料才一踏上公車，司機招呼我的方式，就好像我是久違不見的故友。「早安！」他扯開嗓門，臉上笑容大咧，「今天好嗎？見到你真好！」南方人熱情好客我素有耳聞，但就算是在紐奧良，這傢伙也有點友善過頭了吧。我找到座位坐下，拿出一疊期中考卷批改，但才不到三分鐘，公車靠向下一站，兩名乘客一上車也同樣受到開朗的招呼：「早安！今天好嗎？見到你真好！」難不成這傢伙一早灌太多咖啡了？片刻過後又有三名小學生上車，司機照樣溫暖問暖，但也板起臉問他們：「你們功課都帶了吧？功課沒帶不可以上我的車喔。」小學生笑著點頭，想必很習慣這套問候了。

　　公車司機問候方式逗趣，但最令我難忘的一刻，是在公車開上一條大路，加速行駛以後。司機抬頭望進後照鏡，表情仍和乘客打招呼時一樣笑瞇瞇的，對全車說了下面這番話：「大家早安！紐奧良今天也風光明媚！希望各位都有美好的一天。過得不開心的話，轉個念頭，享受這一天吧！」

　　轉個念頭就好，這麼簡單的一句宣告，對我卻如當頭棒喝。瞧瞧我，明明是個攻讀心理學博士的研究生，但這位公車司機剛剛教給我的道理，價值分毫不亞於教科書或學術期刊。儘管已經過了三十多年，他這句話還言猶在耳。

　　想一想，你是不是很常用「改變主意（轉念）」這句話，再仔細想想這幾個字的實際涵意。午餐本來想吃沙拉，又改成了

三明治，或本來出門想穿這一雙鞋，臨時又選了另一雙？承認吧，每天你「轉念」沒有百來次也有幾十次。但你會像公車司機勸告的那樣轉念嗎？從「好多事要做，而且都好難」，轉念想成「看看我能做到多少吧」或「我等不及把事情全部搞定，之後就無事一身輕」？你會不會從「可惡，我們從這個對手身上拿不到分」，轉念想成「我們繼續狂轟猛炸，諒他們也擋不住」？一旦能像司機說的「轉念一想」，你就跳脫了念頭與表現相互影響的下水道循環，爬上成功的循環。先勝到手。

好一陣子我都有點羞於承認，關於自信及成功的心理學，這位公車司機說不定懂得比我多，給予別人的幫助也比我多。但後來我轉念一想：多好哇，紐奧良這條公車路線的乘客，每天早晨都能聽到司機開朗的招呼，小學生每天都有人提醒他們要認真對待功課。2005 年，我遇到這名司機至少十五年後，卡崔娜颶風摧殘紐奧良，我又想起那位公車司機。我始終不知道他的名字，但從來忘不了他的音容，市區水淹起來的時候，他八成也幫助很多人到安全處避難。我想像他在權充緊急避難所的超級巨蛋球場裡遞發瓶裝水給民眾，或攙扶傷患平安搭上救護車，同時一邊鼓勵每個人轉個念頭，用希望代替絕望，在艱難之際贏得先勝。

這個故事告訴我們：你不必有心理學學位，也可以屢屢取得先勝，只要你願意轉念一想。

陸軍上將的強大信念也靠刻意練習

我服務於西點軍校的這些年,有幸與多位美國陸軍將領會晤、對談,也主持過正式的情資彙報,他們每一位都是不凡的人物。能當上將軍,不只要積極進取、有頭腦、有遠見,還要有能力傳遞這些特質。在我遇過的將軍之中,又有一位特別突出,就是(退役)將軍羅伯特・布朗(Robert B. Brown)。他是四星上將,美國陸軍系統的最高階位。軍中不乏一星、二星、三星上將,但四星上將總共只有 12 人。這 12 位四星上將統管逾 100 萬名現役、後備役和國民警衛隊軍人。布朗將軍是美國歷史上第二百二十一位四星上將,而第一位不是別人,就是建國之父喬治・華盛頓。試想與國家首任總統擁有相同軍階是什麼意思。這代表你身處於極精英的行列。

我在 2003 年春天初識布朗將軍,他邀請我和同事葛瑞格・布爾貝洛(Greg Burbelo)前往華盛頓州路易斯堡基地,為他統率的第二十五步兵師戰鬥隊軍官和非任命士官做績效心理學訓練。這是美軍第一次有戰術部隊接受這種訓練,但卻不是布朗初次接觸運動心理學。早在他還是密西根當地的高中籃球明星時,布朗就已經信奉視覺化想像和設定目標等方法。入學西點軍校後,布朗在傳奇教練麥克・沙舍夫斯基(Mike Krzyzewski)指導下打球,學到信念、韌性和心理彈性具有強大力量,能改

變人每天的存在經驗，不光是球場上的表現，還包含一個人的言行舉止。1988年，布朗官拜上尉後回到西點軍校在軍事訓育系任教，不久被校內新設立的行為表現促進中心（Performance Enhancement Center）選為訓練官，這是全國第一所專為運動心理學訓練設立的機構。他在這裡協助創建領袖心理能力課程，爾後才離開西點軍校，繼續他階位愈來愈高但領導考驗也愈來愈大的軍旅生涯。「我在西點軍校學到的強韌心理，往後我每一天、對每項工作、對轄下部隊的每個人都會用上。」回想三十八年的軍官經歷，他說。

為本書採訪布朗將軍時，我請他分享他「最自信的時刻」、哪一件事讓他的自信心最受考驗、哪一刻他非贏下關鍵的先勝不可。我知道布朗兩度派駐伊拉克，見過戰場的大風大浪，所以我以為會像訪問漢崔克斯、史瓦特伍德一樣，聽到又一段「戰地故事」。但布朗將軍告訴我的，不是一時一刻，而是更大更廣、更重要的事。

那是2004年12月，伊拉克城市摩蘇爾（Mosul）每星期遭遇的「事件」不下300起。汽車炸彈、簡易爆炸裝置、自殺炸彈天天讓老百姓喪命。當時的上校布朗率領的步兵旅，接到了保護伊拉克首屆民主選舉順利舉行的任務，由於有蓋達組織在後煽動激烈的暴力行動，他們這項任務並不輕鬆。上校布朗透過與伊拉克軍方緊密合作，以包含矇騙行動和全區大範圍協

調在內的縝密計畫，成功完成任務。他們對伊拉克政府內部疑似蓋達組織臥底的人故意洩漏假投票地點，最後人民投票率達到八成，真投票所一個都未遭遇「事件」。但在此成功之前，蓋達組織為了擊敗伊拉克軍和美軍，可說是花招百出，從沙烏地阿拉伯召募來自殺炸彈客混入伊拉克軍。2004 年 12 月 21 日，在一間滿是美軍和伊拉克軍士兵的食堂裡，炸彈客引爆了自殺背心，導致 22 人喪命，超過 100 人輕重傷。布朗就在爆炸點 6 公尺外，如果炸彈客不是坐在桌前，而是站立起來引爆的話，布朗恐怕活不到今天。況且，22 名死者中有 6 人是他轄下的美軍士兵。這天成了他「此生最悲慘的一天」。

但炸彈攻擊縱然恐怖，布朗上校和部隊弟兄當晚仍得出任務，往後幾個月也還是得繼續執行最複雜棘手的勤務。為了在那幾個月裡保有信心，布朗持續刻意努力，一次取得一個小小的先勝。「信念也需要練習，」回想自殺炸彈攻擊後那幾個月，他對我說：「你必須踏出那第一步，一次想像一趟任務成功，我們便是靠著這樣，將摩蘇爾的傷亡事件數量從一星期 300 起降低到兩起。」

「信念」確實需要「練習」。你以為信心會靈光一閃，忽然臨降，就像動畫裡神仙教母施予的祝福，這種想法令人安慰，但畢竟只是虛構。要是信以為真，你會苦苦等待某種神蹟介入，同時不停納悶事情為什麼老是不順你的意。事實就像將軍

說的，信念或信心是長久累積下的成果，需要練習、練習、再練習。你必須投入練習，哪怕世界把一籮筐狗屁倒灶的事往你身上倒，哪怕你內心有一部分只想尖叫放棄回家。這個故事告訴我們：獲取先勝是長遠的事業，是你耐心培養、悉心滋育的習慣，即使在「此生最悲慘的一天」也要練習。

輪到你了

　　該做個決定了。你願意聽公車司機的建議改變心念嗎？你願意聽將軍的忠告，每一天、每個小時，不論身在何種處境都盡力做到嗎？如果你願意，那麼在人生中任何你關心的領域裡，現在就能比以往更有自信，而且每天都能獲得更多信心。你需要的，就只有本書介紹的工具，和願意這麼做而已。

　　《孫子兵法‧形篇》說到：「勝兵先勝而後求戰，敗兵先戰而後求勝。」你是哪一種「兵」？操之在你。

附錄一
自我肯定想像範本

原本為世界級田徑選手亞莉珊卓·羅斯編寫

致讀者：此腳本分為建立信心的想像，以及為特定事件做準備和執行當下的想像兩部分。本來是供特定個人在美國奧運田徑選拔賽取得先勝，但若經過適當改寫，任何情境幾乎都可以應用。

我做到了，我熬過選拔賽前最後這幾個月。我的冬季訓練狀態良好，800公尺和1,000公尺都跑出飛快的紀錄。我一路走來付出應有的努力，爭取到在這裡的資格。現在我準備競逐夢想，以美國奧運代表身分前往雪梨，挑戰全球頂尖跑者。我會在沙加緬度讓結局完滿，今年是我表現的一年。

我知道我需要展現堅強的心理素質，我的心態和思維會是成敗關鍵。所以現在起，我承諾自己只用冠軍思維去思考和感受，全心相信1分56秒。

　　我明白在高階排位不同於以往，每個人都實力堅強，但這只讓我更期待表現我的能力，機會一來我將大展身手，我知道我能擊敗國內任何對手。記住亞特蘭大，那一場決賽至少有兩名跑者沒能堅定上場求勝，但那一天我很堅定。

　　現在起，我會更提高助我爬上頂尖的操守、動力、動機和渴望。我明白，不能理所當然地看待自己的工作習慣，我必須日日抱持明確目標，練習再練習。不維持熱度就只會冷卻。

　　現在起，只要想到賽跑，我就想到跑得很好。我接受世界頂尖跑者也會犯錯，但他們不會為錯誤糾結。優秀的跑者知道成敗全取決你如何看待失誤，關鍵不在於完美，在於犯錯也能跑好，過度反應才會造成問題。比起一年前，我應對不利局面的能力成長許多，我會維持良好心態，每一場賽跑、每一次練跑、每一次間歇之間都抬頭挺胸。

　　現在起，沒有全心全意下定決心使出全力，我不會踏上任何賽道。只要踏上賽道，我必會拿出全力，帶上最專注的態度：全然自信、全然集中、全然把握。我有良好的心態，我在暖身和賽前時刻維持良好心態，全然沉浸於世界級比賽的樂趣、機會、挑戰和興奮之中。

　　我知道我能保持速度，我知道我能贏。

　　現在起，我承認比起對自己施加更多壓力，釋放壓力更容易取勝。所以我摒除「早知道」、「我應該」、「我早該」等等

用語，我只想：我現在會跑出全力，不讓任何人事物阻撓我。我知道我不必訓練到完美也能跑好，甚至以我的實力，就算休息兩個星期回來也能跑出好成績。

現在起，我會遠離所有抱怨表現不好、天氣惡劣或賽事不公的人，哪怕是所謂的朋友也一樣。我的態度是享受世界級比賽予我的考驗。

現在起，我會跑得聰明，意思是不論遭遇何等情況，我只想下一個跑段要贏，意思是在賽道上，我控制思緒，全然信任自己會維持應有的步調。跑得聰明代表我不多想。

現在起，我會日日累積信心。我知道我怎麼想、怎麼做、怎麼在賽道上展現自己，會決定我的信心多寡，所以我刻意專注於喚起能量、樂觀、熱忱的念頭和記憶。例如北卡羅來納州青奧接力賽，我後來居上超越眾人，贏得全國榮銜。例如我超越維拉諾瓦大學那個女生，贏得大東部冠軍，也超越了詹姆斯麥迪遜大學那個女生。我想著高中時代五度拿下州冠軍，我想著我大腿拉傷還是跑贏，想著我在女子 400 公尺超越蜜雪兒擠進波士頓千人名單。我知道我的練習底子扎實，也很有耐心，我的速度足夠擊敗任何人，我只需要相信自己。愈專注於我的強項和實力，我愈覺得力氣蓬發，也愈準備好上場痛宰他們。

所以，我現在比以往都期待在下一場大賽跑出 1 分 56 秒。我會做足所有該做的事，像相信自己的強項和實力一樣，相信

我自己的速度。

　　賽前我至少提前九十分鐘抵達賽場，我環顧四周，為眼前熱鬧的景象欣喜。各色隊服的運動員抬腿拉筋熱身，只有賽場上能聽見的喧囂。我也如同往常，感受到比賽當日腎上腺素分泌的欣快感，我的胃、我的心臟、我的雙腿都感覺到了。我的身體發出訊號，切換到全新的生化反應模式。我揚起嘴角，力量順勢流遍全身，幫助我把表現提升到新境界。我知道其他跑者也很緊張，無不暗自祈禱忐忑發抖消失，但我不一樣，我知道這是力量的表徵，我等待多時就盼徵兆出現。現在徵兆出現了，我樂在其中。今天我的目標就是無所顧忌，豁出去跑，什麼都不能阻止我拋開恐懼，全心相信我受過的訓練，放手一搏。只要這麼做了，不管最後我的名次為何，我都是贏家。

　　我拿到背號，確認賽程，評估戰術。名單上的姓名多半熟悉，我想好能獲勝策略，然後牢記在心。離開裁判站的同時，我把懷疑因子逐個消除。我知道我能贏。

　　現在我在暖身區做簡單伸展，我脫掉鞋子，活動大腿、髖部、背部。我微笑與來往的朋友和訓練搭檔說話，其他跑者經過，我隨和友善地與他們打招呼。他們和我一樣想贏。我不擔心其他跑者，他們於我如雲煙。

　　還剩一個小時開賽，我開始暖身跑，用和緩慢速跑十到十五分鐘，讓汗水流出，忘卻一切雜念。沉浸於舒服的步調同

時，我在腦中看見比賽、聽見大會介紹選手出場。我感覺雙腿溫熱鬆弛，準備爆發，準備獲勝。

還剩四十五分鐘，我找到一個安靜角落，進入自己的天地，用真正的專注和應有的強度伸展熱身。我想到賽跑有多好玩，我有機會來這裡盡情發揮真是幸運。隨著我深呼吸吐氣，每條肌肉伸長再放鬆。最後一次伸展，我在心中看見戰術開展，感覺自己以絕佳狀態飛速跑完最後 200 公尺，一口氣超越所有人。

還剩二十五分鐘，我深長地呼吸，感覺興奮堆高。我開始做踢臀跑、高抬腿、單腳抱膝。我在暖身區來回走動，注意力逐漸內收。如果肩膀緊繃，我就伸展肩膀。敏捷而強壯是我現在的感覺。

剩下十五分鐘，是時候穿上釘鞋了。繫緊鞋帶之際，我心跳加速，注意力緊收。我與評審核對後別上背號，該開始衝刺暖身了。我的步伐流暢、輕鬆有力，我喜歡這種感覺。我想像自己接連超越對手，最後 200 公尺沒人追得上我。

剩下十分鐘，我讓膝蓋熱起來。我覺得強壯、迅速、準備充分，感覺前所未有的好，只需再等一下下。最後五分鐘，我踱步放鬆，想著我想要的結果。隨時叫到我，我都準備好了。

來到等待區，我保持身體放鬆。該做的都已經做了。我來到這裡就為現在。好期待打給老爸訴說我的表現。我到最後一

分鐘才脫掉熱身衫，走進賽場。腳底一碰到跑道，我心裡就想：對！我就愛這個！我來回大步走動，直到聽見「800公尺最後廣播，全體跑者請至起跑線就位」。太好了！終於該我了，可以跑個夠了！我走上分配的跑道，走向起跑點，看見我會內切搶道的那條線，我默想快速出動，並想像自己漂亮起跑。我覺得迫不及待、準備充分，而且滿心歡喜。「各就各位，預備」，我踮起右腳，放空思緒。砰！

我一躍而起，完美切入內道，跟在領先者身後，幾乎與她比肩。現在我進入狀態，調整呼吸，放鬆，鑽入她身後的空位，穩穩跟著她。吐氣、跨步、放鬆。吐氣、跨步、放鬆。吐氣、跨步、放鬆。第一圈200公尺我跑29秒30。很好，如我所料。這個速度我可以一直跑。我交給她去思考配速，我只要跟著她。大口吐氣、放鬆手臂，享受路程，放鬆享受。400公尺段我跑58秒，還在預期之內。比賽現在才真正開始。我感覺有人跟不上了，但我看著前方，專心盯著她肩膀的一點，頭不晃不移，目光灼穿她。她一往前，我就跟上，維持等距。我愛跑步，我來就是為了藉此機會，感受速度和力量釋放。我以1分27秒通過600公尺，我覺得渾身充滿前所未有的活力。我在預想的位置超越她。最後150公尺，我全力奔向終點。平穩快速過彎。手臂放鬆，呼吸灼熱，我臣服於我的速度，任速度帶領我跑得比以往都快。我完全被喜悅和速度吞沒，腳幾乎沒碰

到跑道。最後我加速衝破終點線，以 1 分 56 秒贏得比賽。好耶！我成功了！

　　這裡是我選擇的地方，這是我喜歡的事。接受頂尖較量的考驗，然後稱霸賽場，感受只有旗鼓相當才有的激情。如果我真心喜歡這件事，就代表我必須愛它的全部，不能只愛順利的時候。有時候確實很難，但要是不難，誰都可以來做。遇到困難，我會提醒自己我對跑步的愛。選拔賽來到時，我會充分準備使出全力，臣服於我的速度。我決定要跑，就沒人可以阻擋！今年屬於我！

附錄二

AAR 任務後回顧作業單

第一步、發生什麼事？

結果如何？你的表現得到什麼分數、成績或結果？

你執行得好不好？回顧你的「技術」表現，但不帶批判。中立的觀察者或攝影機看到的是什麼？

你有沒有保持適當心態？總體而言，你是否抱持自信，和比例適當的冷靜與熱血？總體來說，你有沒有取得先勝？

你在表現過程中有沒有遵行 CBA 預備動作？你取得幾次小的先勝？你充分專心、在充分認知後直覺反應的狀態下，行動的時間長短？

你在哪些時刻跳脫了專注的信心狀態？有馬上把自己拉回來，還是任其發展下去？

表現中有哪些時刻，你感覺自己如魚得水？

哪些是你的精采鏡頭？如果有攝影機拍下你每一秒的表現，哪些片段可以剪輯出體育頻道會播的精采花絮？

哪一刻你情願沒發生過？你搞砸的一次進攻，你最醒目的過錯。從客觀角度去看它、承認它，然後原諒自己生而為人畢竟不完美。

第二步、這些告訴你什麼？

對於當下身為表現者的你，這些資訊透露了什麼？這次的表現透露你哪些強項和弱點？

結束方才這一場比賽、演奏會、座談演講後，你認知到哪些之前不知道的事？

你最近這一次表現想教導你什麼？你從中學到了什麼？

第三步、現在你要怎麼做？

依照第三章的第一人稱、現在式、肯定句原則，重述並列出你在上一步獲得的新認知。

一、

二、

三、

四、

五、

　　做得好！現在列出三項你需要在下一次表現前做足準備的重要行動。務實為上，以現有的時間你能做什麼？

一、

二、

三、

　　為下一次表現投入努力和準備的同時，別忘了把練習中的最佳時刻也記下來（每日 ESP），持續累積戶頭的信心。

　　想像下一次你在鎂光燈下希望獲得的成功。回到個人空間，好好花點時間看見、聽見、感受自己經驗到成功。

致謝

　　沒有人是孤島，也沒有哪一本書只憑個人就能完成。本書
經眾人的努力奉獻才得以誕生，他們值得在此獲得感謝。

　　首先謝謝催生本書的三位大功臣：Peter Hubbard，我在
William Morrow 出版社的優秀團隊，打通所有必要關節（包括
我），實現本書的最終版本；Lisa DiMona，卓越的經紀人，將
我原本模糊晦澀的提議推向書市；還有 Linda Carbone，我耐心
超群的外編，將我雜亂無章的想法形塑成可以銷售的提案。

　　我最由衷感謝以下五個人，我能在運動心理學專業上卓有
所成，受他們的影響最大。

　　Miller Bugliari，私立賓格利學校的教師兼教練，他讓我第
一次窺見心念對表現的影響，雖然我不曾有機會在他指導的冠
軍足球隊踢球。已故的 Bob Rheault 上校，西點軍校 1946 年級
畢業生，美國陸軍綠扁帽特種部隊創始隊員之一，是我 1971 年
在颶風島外展學校的輔導官。他是改變我一生的榜樣，為我示

範了如何在挑戰與慈悲指引下活出人生。大島劼先生，首位在美國教學的空手道家，也是國際空手道修業系統的創辦人。運動心理學的起源，本可追溯到印度典籍《薄伽梵歌》對戰士心性修練的描述，而大島師父就是心性修練活生生的實例。世上沒有比他溫暖、謙卑卻又如此強大的人。能身為他的黑帶弟子，我至感榮幸。我在維吉尼亞大學的運動心理學指導教授 Bob Rotella 博士，才是本書的真正作者。在學四年間，他收我為研究助理，教導我成功心理學是一個人的選擇，也為我示範如何指導他人實踐。我對他有無盡的感謝。Linda Bunker 博士是我在維吉尼亞大學另一位恩師。她有一天拉我進辦公室，說她正在編寫教科書《應用運動心理學：從個人成長到顛峰表現》，問我是否願意協助編輯、更新、重寫〈建立信心與增進表現的認知技巧〉這一章。這和後來幾次習作，啟發了我對書寫自信心主題的嘗試。

有幾個人耳提面命要我務必貫徹己志寫出這本書。謝謝 Mark McLaughlin 醫生，我長年的客戶兼好友，始終不懈地支持我，多年前的某一天對我說：「奈特，這是只有你能寫的書。」此後一直敦促我趕快寫。我的知交好友 Gerry 與 Sandie Rumold 夫婦，不斷為我加油打氣，直到全書成型。我的好兄弟 Marty Aaron 遠在德州，也同樣不停予我鼓勵。

再來要感謝所有分享了書中所述經驗的客戶、學員和學

生，若沒有他們樂意貢獻，這本書會少去真實性和意義。Eli Manning、Stoney Portis、Jill Bakken、Connor Hanafee、Max Talbot、Ginny Stevens、John Fernandez、Bobby Heald、Anthony Stolarz、Allesandra Ross、Phillip Simpson、Gunnar Miller、Kevin Capra、Paul Tocci、Jerry Ingalls、Dan Browne、Mario Barbato、Maddie Burns、Joe Alberici、Nick Vandam、Jonas Anazagasty、Danny Briere、Donna McAleer、Tommy Hendrix、Kelly Calway、Josh Jolden、Mark McLaughlin、Rob Swartwood、Christine Adler、Josh Richards、Chad Allen、Anthony Randall、Doug Sharp，以及布朗上將。我真心感謝上述每一人。

我也同樣應向其他數百位客戶、學員、學生致敬並表示謝忱，他們的故事原都有可能出現在書中。我同樣要謝謝他們與我分享各自在體育、軍事、職涯上的追求。

謝謝多位長年來同意我訓練及輔導轄下運動選手的教練，包括 Tom Coughlin、Mike Sullivan、Kevin Gilbride、Pat Shurmur、Ken Hitchcock、Johnny Stevens、Peter Laviolette、Bob Sutton、Jack Emmer、Joe Alberici、Bob Gambardella、Paul Peck、Doug van Evern、已故的 Tod Giles、Chuck Barbee、Joe Heskett、Jim Poling、Russ Payne、Kevin Ward、Brian Riley、Kristin Skiera 及 Web Wright，各位的恩情我無以回報。

能在美國聯邦軍事院校教授運動心理學、為新兵學員效力，是我一生的榮幸。我與許多優秀同仁同享這份殊榮，其中有現役軍人，也有平民，或直接參與，或支援協助績效心理學程。他們是 Sandi Miller、Jen Schumacher、Kat Longshore、Jeff Coleman、Angie Fifer、Bernie Holliday、Dave Czesniuk、Greg Bischoping、Darcy Schnack、Doug Chadwick、Seth Nieman、Carl Ohlson、Jim Knowlton、Pete Jensen、Travis Tilman、Greg Burbelo、Pierre Gervais、Bruce Bredlow、George Corbari、Larry Perkins、Jeff Corton、Brad Scott、Rich Plette、Thad Weissman、Bill McCormick。這一切都須歸功於 Louis Csoka 在西點軍校草創運動暨績效心理學程，然後聘請我來使課程茁壯。

最後，因為她是我心中始終惦念的人，我要在此感謝我結縭三十九年的妻子金。借用巴布・狄倫的歌詞來說，「在我至暗之夜與至亮之日」，她都陪伴著我。我唯願與你攜手漫步在金黃麥田之中。

注釋

前言

1. 與紐約巨人隊總教練 Tom Coughlin 的私下談話，February, 2007.
2. Fox Sports TV 球評 Daryl Johnston 發言，December 9, 2007.

序章

3. 包含此段在內，Stoney Portis 中校的所有言論，均出自 2020 年 7 月的私下採訪。
4. Drew Brees, interview with Steve Kroft, *60 Minutes*, CBS, September 26, 2010
5. Harper Lecture with Sian Beilock, "Perform Your Best Under Stress," May 3, 2015, Hilton Garden Inn, Minneapolis, MN, uploaded to YouTube June 16, 2015, https://www.youtube.com/watch?v=nuH6X0Tx--I
6. CBS TV 轉播 2002 年冬季奧運賽事，Jill Bakken 的賽後感想，February 2002.
7. Bob Rotella, *Your 15th Club* (New York, Free Press, 2008), 6.
8. Peter King, "Who Let This Dog Out?," *Sports Illustrated*, January 29, 2001.
9. CBS TV 轉播 1998 年冬季奧運賽事，Ilya Kulik 的賽後感想，February 14, 1998.
10. Viktor Frankl, *Man's Search for Meaning* (Boston: Beacon Press, 2014), 66.
11. Frankl, *Man's Search for Meaning*, 66.

第一章

12. Redford Williams, *Anger Kills* (New York: Penguin Random House, 2012).
13. Jadranka Skorin-Kapov, *Darren Aronofsky's Films and the Fragility of Hope* (New York: Bloomsbury Academic, 2015), 96.
14. Kate Fagan, *What Made Maddy Run: The Secret Struggles and Tragic Death of an All-American Teen* (New York: Little Brown and Company, 2017).
15. Joachim Stoeber et al., "Perfectionism and Competitive Anxiety in Athletes," *Personality and Individual Differences* 42, no. 6 (April 2007): 959–69; Melissa Dahl, "Alarming New Research on Perfectionism," *The Cut*, September 30, 2014
16. Stoeber et al.,"Perfectionism and Competitive Anxiety in Athletes."
17. Joe Flower,"Secrets of the Masters: It's Not Just Technique That Makes These Athletes Extraordinary—It's the Attitude and Commitment They Bring to Their

Performance,"*Esquire*, May 1, 1987.

18. Simon Sinek,"Nervous vs Excited,"YouTube, May 16, 2018, https://www.youtube. com/watch?v=0SUTInEaQ3Q&t=2s.

19. Skip Wood, "Easygoing Ward Battles Nerves on March to MVP," *USA Today*, February 7, 2006.

20. Michael Johnson, interview with Bob Costas on NBC TV, August 1996.

21. Does Bill Belichick Ever Get Nervous? 'Every Week,'"CBS Boston, January 18, 2019

22. Richard Marcinko and John Weisman, *Green Team: Rogue Warrior* (New York: Pocket Books, 1995), 355.

23. George Leonard, *Mastery: The Keys to Success and Long-Term Fulfillment* (New York: Penguin Books, 1991), 16.

24. J. Pujol et al., " Myelination of Language-Related Areas in the Developing Brain," *Neurology* 66 (2006): 339–43; F. Ullen et al.,"Extensive Piano Practicing Has Regionally Specific Effects on White Matter Development,"*Nature Neuroscience* 8 (2005): 1148–50; T. Klingberg et al.,"Microstructure of Temporo-Parietal White Matter as a Basis for Reading Ability," *Neuron* 25 (2008): 493–500; B. J. Casey et al.,"Structural and Functional Brain Development and Its Relation to Cognitive Development," *Biological Psychology* 54 (2000): 241–57.

25. Dan Coyle, *The Talent Code* (New York: Bantam Dell, 2009), 32.

26. Leonard, *Mastery*, 49.

第二章

27. Richard Hoffer, "Fear of Failure; His Lifetime Average Is .335 and Climbing!─But as Tony Gwynn Zeroes in on a Sixth Batting Title He Still Hones His Stroke and Obsesses Over His Videotapes," *Sports Illustrated*, September 13, 1995.

28. 與退役上尉 John Fernandez 的私下談話，2018.

29. J. A. Bargh, ed., *Social Psychology and the Unconscious: The Automaticity of Higher Mental Processes* (Philadelphia: Psychology Press, 2006).

30. 與 Anthony Stolarz 的私下談話，2015–2016.

31. Julija Krupic, "Wire Together, Fire Apart," *Science* 357, no. 6355 (2017): 974–75, doi:10.1126/science.aao4159.

32. Bob Rotella, *Your 15th Club* (New York: Free Press, 2008), 8.

第三章

33. West Point Military Movement Course, https://www.westpoint.edu/military/department-of-physical-education/curriculum/military-movement. (Accessed 15 March 2020.)

34. Michael Biggs, "Prophecy, Self-Fulfilling/Self-Defeating," in *Encyclopedia of Philosophy and the Social Sciences* ed. Byron Kaldis (Thousand Oaks, CA: SAGE Publications, Inc., 2013).

35. W. I. Thomas and D. S. Thomas, *The Child in America: Behavior Problems and Programs* (New York: Knopf, 1928), 571–72.

36. Marcus Aurelius, *Meditations* (New York: Dover Publications, 1997).

37. Ralph Waldo Emerson, *Selected Essays* (London: Penguin American Library, 1982).

38. G. L. Cohen and D. K. Sherman, "The Psychology of Change: Self-Affirmation and Social Psychological Intervention," *Annual Review of Psychology* 65 (2014): 333–71, doi:10.1146/annurev-psych-010213-115137. PMID: 24405362.

39. D. K. Sherman, "Self Affirmation: Understanding the Effects," *Social and Personality Psychology Compass* 7, no. 1 (2013): 834–45.

40. Alia Crum and Ellen Langer, "Exercise and the Placebo Effect," *Psychological Science* 18, no. 2 (2007): 165–71.

41. Alexander Wolff, "Whooosh! To the Delight of Their Families and Fans, Dan Jansen Won at Last, and Bonnie Blair Won Again," *Sports Illustrated*, February 28, 1994

42. Marianne Williamson, "Our Deepest Fear" in *A Return to Love: Reflections on the Principles of A Course in Miracles* (New York: HarperCollins, 1992).

43. Richard Tedeschi, quoted in Lorna Collier, "Growth After Trauma," *Monitor on Psychology* 47, no. 10 (2016): 48

第四章

44. Bruce Newman, "At Long Last," *Sports Illustrated*, September 19, 1991.

45. Kai J. Miller et al., "Cortical Activity During Motor Execution, Motor Imagery, and Imagery-Based Online Feedback," *Proceedings of the National Academy of Sciences* 107, no. 9 (2010): 4430–35; J. Grezes and J. Decety, "Functional Anatomy of Execution, Mental Simulation, Observation, and Verb Generation of Actions: A Meta-Analysis," *Human Brain Mapping* 12, no. 1 (2001): 1–19; H. Burianova, L.

Marstaller, P. Sowman, et al., "Multimodal Functional Imaging of Motor Imagery Using a Novel Paradigm," *NeuroImage* 71 (2013): 50–58; M. Jeannerod, "Mental Imagery in the Motor Context," *Neuropsychologia* 33, no. 11 (1995): 1419–32.

46. T. X. Barber, "Psychological Aspects of Hypnosis, "*Psychological Bulletin* 58 (1961): 390–419.

47. J. Achterberg, *Imagery in Healing* (Boston: Shambhala Press, 1985), 3.

48. Edmund Jacobson, "Electrical Measurements of Neuromuscular States During Mental Activities: Implication of Movement Involving Skeletal Muscle," *American Journal of Physiology* 91 (1929): 597–608.

49. Miller et al., "Cortical Activity During Motor Execution, Motor Imagery, and Imagery-Based Online Feedback."

50. Jeannerod, "Mental Imagery in the Motor Context"; K. L. Lichstein and E. Lipschitz, "Psychophysiological Effects of Noxious Imagery: Prevalence and Prediction,"*Behavior Research and Therapy* 20 (1982): 339–45.

51. J. Schneider, W. Smith, and S. Whitcher, "The Relationship of Mental Imagery to White Blood Cell (Neutrophil) Function in Normal Subjects," paper presented at the 36th Annual Scientific Meeting of the International Society for Clinical and Experimental Hypnosis, San Antonio, TX, 1984; V. W. Donaldson, "A Clinical Study of Visualization on Depressed White Blood Cell Count in Medical Patients," *Applied Psychophysiology and Biofeedback* 25 (2000): 117–28, https://doi. org/10.1023/A:1009518925859.

52. Jodie Harlowe, Stephanie Farrar, Lusia Stopa, and Hannah Turner, "The Impact of Self-Imagery on Aspects of the Self-Concept in Individuals with High Levels of Eating Disorder Cognitions," *Journal of Behavior Therapy and Experimental Psychiatry* 61, no. 1 (2008): 7–13.

53. Emily Holmes, "Mental Imagery in Emotion and Emotional Disorders," *Clinical Psychology Review* 30, no. 3 (2010): 349–62.

54. D. Feltz and D. M. Landers, "A Revised Meta-Analysis of the Mental Practice Literature on Motor Skill Learning," in *Enhancing Human Performance: Issues, Theories, and Techniques.*, eds. D. Druckmann and J. A. Swets (Washington, DC: National Academy Press, 1988), 61–101; Adam J. Toth, Eoghan McNeill, Kevin Hayes, et al., "Does Mental Practice Still Enhance Performance? A 24 Year Follow-Up and Meta-Analytic Replication and Extension," *Psychology of Sport & Exercise* 48 (2020): 101672, https://doi.org/10.1016/j.psychsport.2020.101672.

55. Bernie Siegel, *Peace, Love and Healing* (New York, Harper and Row, 1989), 35.

56. Cal Botterill and Terry Orlick, *Visualization: What You See Is What You Get*, video, Coaching Association of Canada, 1988.

57. Maamer Slimani et al., "Effects of Mental Imagery on Muscular Strength in Healthy and Patient Participants: A Systematic Review," *Journal of Sports Science and Medicine* 15, no. 3 (2016): 434–50.

58. Melissa Couto, "Canada's Bianca Andreescu Says Meditation, Visualization Formed Winning Mindset," Canadian Press, September 8, 2019.

59. Brian Hiatt, "Lady Gaga: New York Doll," *Rolling Stone*, June 11, 2009, https://www.rollingstone.com/music/music-news/lady-gaga-new-york-doll-244453/.

60. *This American Life*, episode 513, "129 Cars," produced and hosted by Ira Glass, broadcast December 13, 2013, https://www.thisamericanlife.org/513/transcript.

第五章

61. Bruce Lee, *The Tao of Jeet Kune Do* (Burbank, CA: Ohara Publications, 1975), 68.

62. Martin Seligman and Peter Schulman, "Explanatory Style Predicts Grades and Retention Among West Point Cadets" (unpublished paper, December 1990).

63. Antonis Hatzigeorgiadis et al., "Self-Talk and Sports Performance: A Meta-Analysis," *Perspectives on Psychological Science* 6, no. 4 (2011): 348–56.

64. David Tod, James Hardy, and Emily Oliver, "Effects of Self-Talk: A Systematic Review,"*Journal of Sport and Exercise Psychology* 33 (2011): 666–87.

65. Anthony Blanchfield et al., "Talking Yourself Out of Exhaustion: The Effects of Self-Talk on Endurance Performance," *Medicine and Science in Sport and Exercise* 46, no. 5 (2014).

66. Alex Hutchinson, *Endure: Mind, Body, and the Curiously Elastic Limits of Human Performance* (New York: William Morrow, 2018), 260.

67. Chael Sonnen and Uriah Hall, "Chael Sonnen Coaching in *The Ultimate Fighter* about The Doubt," uploaded to YouTube by AGEMO, February 16, 2013, originally broadcast on *The Ultimate Fighter*, season 17, aired February 2013 on FX, https://www.youtube.com/watch?v=k5M8CKDYwM4.

第六章

68. Megan E. Speer and Mauricio R. Delgado, "Reminiscing About Positive Memories Buffers Acute Stress Responses," *Nature Human Behaviour* 1, no. 5 (2017),

doi:10.1038/s41562-017-0093.

69. Adrian Dahl Askelund, Susanne Schweizer, Ian M. Goodyer, and Anne-Laura van Harmelen, "Positive Memory Specificity Is Associated with Reduced Vulnerability to Depression," *Nature Human Behaviour* 3 (2019): 265–73.

70. D. P. Templin and R. A. Vernacchia, "The Effect of Highlight Music Videotapes on Game Performance in Intercollegiate Basketball Players," *The Sport Psychologist* 9 (1995): 41–50; D. Gould, R. C. Eklund, and S. S. Jackson, "1988 U.S. Olympic Wrestling Excellence: Mental Preparation, Precompetitive Cognition, and Affect," *The Sport Psychologist* 6 (1992): 383–402.

71. "Helen Maroulis: The Next Generation," History NOW, episode 5, April 1, 2016, https://www.youtube.com/watch?v=yVoUagBUxXA.

72. "Tiger Woods interview with Oprah Winfrey After 1997 Masters Victory," uploaded to YouTube by GOATvzn, 2018, originally broadcast on *The Oprah Winfrey Show*, April 24, 1997, https://www.youtube.com/watch?v=z36FCcr9j2w.

73. Eli Manning on the *Michael Kay Show*, ESPN Radio, February 7, 2012.

第七章

74. Dan McGinn, *Psyched Up: How the Science of Mental Preparation Can Help You Succeed* (New York: Penguin/Portfolio, 2017), 236.

75. Gary Cohen, "Billy Mills—September 2014," GaryCohen Running.com, http://www.garycohenrunning.com/Interviews/Mills.aspx.

76. Andre Agassi, *Open: An Autobiography* (New York: Knopf Doubleday, 2009), 9.

77. E. M. Swift, "Paul Kariya," *Sports Illustrated*, February 22, 1993, https://vault.si.com/vault/1993/02/22/paul-kariya.

78. Susan Casey, "Gold Mind," *Sports Illustrated*, August 18, 2008.

79. Mark McLaughlin and Shawn Coyne, *Cognitive Dominance: A Neurosurgeon's Quest to Outthink Fear* (New York: Black Irish LLC, 2019).

80. Steven Pressfield, *The War of Art* (New York: Black Irish LLC, 2002), vii.

81. "Helen Maroulis: 'I Am Enough,' " video, NBC Olympic Coverage, September 8, 2016, http://archivepyc.nbcolympics.com/video/helen-maroulis-i-am-enough.

第八章

82. B. Hatfield and S. Kerrick, "The Psychology of Superior Sport Performance: A Cognitive and Affective Neuroscience Perspective," in *Handbook of Sport*

Psychology Research (3rd ed.), eds. Gershon Tenenbaum and Robert C. Eklund (New York: John Wiley and Sons, 2007).

83. Brad Hatfield on FitTV episode, 2002.

84. S. G. Ziegler, "Effects of Stimulus Cueing on the Acquisition of Groundstrokes by Beginning Tennis Players," *Journal of Applied Behaviour Analysis* 20 (1987): 405–11; B. S. Rushall et al., "Effects of Three Types of Thought Content Instructions on Skiing Performance," *The Sport Psychologist* 2 (1988): 283–97; D. Landin and E. P. Hebert, "The Influence of Self-Talk on the Performance of Skilled Female Tennis Players," *Journal of Applied Sport Psychology* 11 (1999): 263–82; C. J. Mallett and S. J. Hanrahan, "Race Modelling: An Effective Cognitive Strategy for the 100 m Sprinter?," *The Sport Psychologist* 11 (1997): 72–85; N. Zinsser, L. Bunker, and J. M. Williams, "Cognitive Techniques for Building Confidence and Enhancing Performance," in *Applied Sport Psychology: Personal Growth to Peak Performance* (5th ed.), ed. J. M. Williams (Boston: McGraw-Hill, 2006), 349–81.

85. Bob Bowman interview, "The Mental Game," uploaded to YouTube by motiv8ireland, May 10, 2008, https://www.youtube.com/watch?v=lFbOKJEIJ00.

86. B. Vranich and B. Sabin, *Breathing for Warriors* (New York: St. Martin's Publishing, 2020), 217.

87. *Tiger: The Authorized DVD Collection* (Burbank, CA: Buena Vista Home Entertainment, 2004) DVD.

88. "Olympic Wrestler Helen Maroulis Fights Like a Girl," directed by Liza Mandelup, *Vogue*, August 10, 2016, https://www.vogue.com/video/watch/wrestler-helen-maroulis-rio-2016-summer-olympics-how-to-fight.

國家圖書館出版品預行編目資料

先勝心態：打造強韌自信，不再被壓力拖累，擺脫停滯和
平庸，改寫人生/納特.辛瑟(Nate Zinsser)著；韓絜光譯.
-- 第一版. -- 臺北市：天下雜誌股份有限公司, 2023.08
面；　公分

譯自：The confident mind : a battle-tested guide to
unshakable performance.

ISBN 978-986-398-918-9(平裝)

1.CST: 自信 2.CST: 自我實現 3.CST: 成功法

177.2   112012417

天下財經 505

先勝心態

打造強韌自信，不再被壓力拖累，擺脫停滯和平庸，改寫人生
THE CONFIDENT MIND: A Battle-Tested Guide to Unshakable Performance

作　　者／納特·辛瑟
譯　　者／韓絜光
美術設計／Javick 工作室
內頁排版／中原造像股份有限公司
責任編輯／王慧雲（特約）、何靜芬、張齊方

天下雜誌群創辦人／殷允芃
天下雜誌董事長／吳迎春
出版部總編輯／吳韻儀
出 版 者／天下雜誌股份有限公司
地　　址／台北市 104 南京東路二段 139 號 11 樓
讀者服務／（02）2662-0332　傳真／（02）2662-6048
天下雜誌 GROUP 網址／ www.cw.com.tw
劃撥帳號／ 01895001 天下雜誌股份有限公司
法律顧問／台英國際商務法律事務所·羅明通律師
製版印刷／中原造像股份有限公司
總 經 銷／大和圖書有限公司 電話／（02）8990-2588
出版日期／ 2023 年 8 月 30 日 第一版第一次印行
定　　價／ 480 元

THE CONFIDENT MIND, Copyright © 2022 by Nathaniel Zinsser.
Complex Chinese Translation copyright © 2023 by CommonWealth Magazine Co., Ltd.
Published by arrangement with Writers House, LLC, through Bardon-Chinese Media Agency
All rights reserved.

書號：BCCF0505P
ISBN：978-986-398-918-9

直營門市書香花園　地址／台北市建國北路二段 6 巷 11 號　電話／（02）2506-1635
天下網路書店 shop.cwbook.com.tw
天下雜誌我讀網 books.cw.com.tw
天下讀者俱樂部 Facebook www.facebook.com/cwbookclub

本書如有缺頁、破損、裝訂錯誤，請寄回本公司調換